HERÓIS DA IGREJA

HERÓIS DA IGREJA

Grandes nomes da história do cristianismo

VOLUME 4
A ERA MODERNA

—

Editado por
AL TRUESDALE

Traduzido por Cecília Eller

CIP-Brasil. Catalogação na publicação
Sindicato Nacional dos Editores de Livros, RJ

H48
v. 4

Heróis da igreja : grandes nomes da história do cristianismo :
a era moderna, volume 4 / editado por Al Truesdale ;
traduzido por Cecília Eller. - 1. ed. - São Paulo : Mundo
Cristão, 2020.
    240 p. (Heróis da igreja ; 4)

    Tradução de: The book of saints : the early modern era
    ISBN 978-85-433-0500-4

    1. História da igreja - Séc. XVIII. 2. Iluminismo. 3. Santos
cristãos. I. Truesdale, Al. II. Eller, Cecília. III. Série.

19-61707   CDD: 270.8
                                   CDU: 27-9"17"

Edição
Daniel Faria

Revisão
Natália Custódio

Produção e diagramação
Felipe Marques

Colaboração
Ana Luiza Ferreira

Capa
Maquinaria Studio

Publicado no Brasil com todos
os direitos reservados por:

Editora Mundo Cristão
Rua Antônio Carlos Tacconi, 69
São Paulo, SP, Brasil
CEP 04810-020
Telefone: (11) 2127-4147
www.mundocristao.com.br

Categoria: Espiritualidade
1ª edição: março de 2020
Impressão digital sob demanda

SUMÁRIO

Introdução	7
Jonathan Edwards (1703–1758)	11
John Wesley (1703–1791)	29
George Whitefield (1714–1770)	44
John Woolman (1720–1772)	55
John Carroll (1735–1815)	64
William Wilberforce (1759–1833)	70
William Carey (1761–1834)	82
Elizabeth Ann Seton (1774–1821)	86
Thomas Chalmers (1780–1847)	92
Augustus Wilhelm Neander (1789–1850)	100
John Henry Newman (1801–1890)	116
Phoebe Palmer (1807–1874)	124
Søren Kierkegaard (1813–1855)	133
John Charles (J. C.) Ryle (1816–1900)	154
Frederick Douglass (c. 1818–1895)	164
Hannah Whitall Smith (1832–1911)	169
Charles H. Spurgeon (1834–1892)	182
Dwight Lyman (D. L.) Moody (1837–1899)	195
James Orr (1844–1913)	206
Teresa de Lisieux (1873–1897)	218
Fontes bibliográficas	227

Assim como a torrente das águas leva para as profundezas do mar tudo o que encontra em seu caminho, ó meu Jesus, a alma que se aprofunda no oceano infindo do teu amor traz consigo todos os seus tesouros.
TERESA DE LISIEUX, *HISTÓRIA DE UMA ALMA*, CAP. 11

+ + +

O presente mais extraordinário que os seres humanos receberam foi a escolha. E só há uma maneira de preservá-la. No instante em que ela é reconhecida, em resignação completa e incondicional, devolva-a para Deus, juntamente com todo o seu ser.
SØREN KIERKEGAARD, *DIÁRIOS*, 1850–1854, P. 189

+ + +

Deus cria a partir do nada — maravilhoso, você pode dizer. Sim, sem dúvida, mas ele faz algo ainda mais incrível: transforma pecadores em santos.
SØREN KIERKEGAARD, *DIÁRIOS*, 7 DE JULHO DE 1838, P. 59

INTRODUÇÃO

A chegada da era moderna trouxe desafios e oportunidades singulares para a fé cristã. O desafio central foi o surgimento de esforços para explicar e avançar as dimensões intelectual, social, moral, religiosa e material da vida humana sem lançar mão das tradicionais crenças judaico-cristãs, nem tentar harmonizar com elas. "Secularização", "autonomia", "homem maduro" e "pós-cristã" são termos que costumam ser usados para identificar esse movimento. A modernidade não pode ser tratada como um todo homogêneo, pois há muitas e muitas exceções e variáveis.

As sementes de um arcabouço conceitual moderno são observáveis desde a era escolástica na Idade Média e o Renascimento do século 14. Em tempos mais recentes, houve as guerras religiosas europeias (c. 1524–1648) e a Era da Razão, ou Iluminismo, do século 18. Filósofos como Francis Bacon (1561–1626), René Descartes (1596–1650) e Baruch Spinoza (1632–1677) estiveram à frente da onda moderna. A princípio, as ciências em desenvolvimento se enxergavam a serviço do Deus judaico-cristão, operando dentro desse universo intelectual. Contudo, à medida que as ciências avançavam, as contribuições proporcionadas por uma estrutura de referência religiosa foram diminuindo. As ciências naturais e sociais desenvolveram metodologias de pesquisas, metas para o conhecimento e critérios para verificação que não se baseavam em nada da religião. A gama de explicações da ordem natural e da organização da sociedade, tradicionalmente suprida pela religião judaico-cristã, foi gradativamente reduzida. No entanto, o processo de secularização não foi necessariamente ateu (secular). Muitos líderes cristãos trabalharam com sucesso na articulação entre a contínua presença redentora e criativa de Deus dentro do contexto da "maioridade" do mundo. Os "heróis da igreja" incluídos nesta obra são uma amostra disso.

A história da igreja e da teologia cristã modernas é, em grande medida, um relato da diversidade de reação dos cristãos. Alguns optaram pela rejeição decidida de muitas das características da modernidade. Outros acreditaram que a sobrevivência do cristianismo dependia da rejeição de crenças que pareciam conflitar com o que julgavam ser uma autoridade superior da modernidade. Outros ainda encontraram maneiras de professar a fé apostólica ao mesmo tempo que mantinham um diálogo criativo com vozes modernas na ciência, filosofia, tecnologia, diplomacia e assim por diante. Tais líderes distinguiram com eficácia o que é essencial para a fé cristã e o que não é. Impediram os esforços de expulsar Deus de sua criação e de silenciar sua presença. Amordaçaram a modernidade a serviço do Senhor eterno da igreja.

Embora a modernidade apresente desafios sem precedentes, ela também oferece oportunidades extraordinárias. Muitas tecnologias que marcaram a Revolução Industrial foram colocadas a serviço das missões cristãs, da educação cristã, do evangelismo, da publicação e distribuição de Bíblias. Em muitos lugares, o desenvolvimento do estado secular contribuiu para livrar a fé da influência debilitante de um cristianismo promovido e obrigado pelo estado.

Hoje a igreja é ricamente agraciada por eruditos bíblicos ortodoxos que fazem uso das ferramentas modernas de análise literária a fim de enriquecer a compreensão da igreja sobre as Escrituras. Pesquisadores cristãos de muitas áreas travam diálogos criativos com a ciência, filosofia, literatura e as religiões mundiais. Demonstram os belos frutos da beleza e coerência da fé. Não importa a era, nem a tempestade, o Senhor da igreja capacita os líderes que ajudam a manter Sião navegando no rumo certo.

Escute os santos deste livro, usando-os como ilustrações de como ser cristão na era moderna. Permita que ensinem o significado de conhecer e confessar Aquele em quem aprouve que habitasse "toda a plenitude" do Pai (Cl 1.19).

Um breve esboço biográfico precede os textos selecionados de cada personalidade aqui mencionada. Uma oração (muitas vezes um hino) e referências bíblicas* para reflexão acompanham cada leitura. Em muitos casos, foi necessário parafrasear as traduções em domínio público.

* Referências bíblicas em negrito identificam versículos bíblicos citados ou parafraseados nos excertos selecionados e nas orações.

JONATHAN EDWARDS
(1703–1758)

É uma grande ironia o fato de que o teólogo mais brilhante e criativo dos Estados Unidos, Jonathan Edwards, seja popularmente reduzido a uma caricatura de seu célebre sermão de 1741, "Pecadores nas mãos de um Deus irado".

Edwards foi um pensador extremamente criativo em teologia, filosofia e psicologia. Foi também o principal porta-voz do Primeiro Grande Despertamento (c. 1730–1740) na Nova Inglaterra. É insuperável na definição clara das características distintivas da verdadeira fé cristã, da experiência e dos atributos da santidade cristã sancionada por Deus. Após ler *Uma fiel narrativa da surpreendente obra de Deus*, que Edwards escreveu em 1737, John Wesley declarou: "Sem dúvida isso é obra do Senhor e é maravilhoso a nossos olhos" (Ahlstrom, *Religious History*, p. 302). Edwards teria sido lembrado ainda que o Grande Despertamento jamais houvesse acontecido. Muitos de seus pensamentos sobre liberdade, pecado, virtude e providência divina foram publicados na região de Massachusetts. Sua "principal contribuição é uma realidade intelectual e espiritual duradoura, a reconstrução monumental da ortodoxia reformada [calvinista], lembrada por suas reflexões exegéticas, seu poder literário e sua grandeza filosófica" (p. 288). Edwards, uma figura brilhante e complexa, foi "pego entre duas eras", a medieval e a moderna. Passou a vida "em uma luta agonizante para afirmar plenamente o novo, sem desistir do antigo". Trabalhou para "colocar vinho novo em odres velhos" (Marsden, *Jonathan Edwards*, p. 213).

Edwards era filho de Timothy Edwards, homem de grande inteligência e ministro puritano em East Windsor, Connecticut. Sua mãe, Esther Soddad, era igualmente talentosa, filha do proeminente pastor puritano Solomon Stoddard, de

Northampton, Massachusetts. Com a mente fervilhante, Edwards ingressou em Yale em 1716, quando a educação superior da Nova Inglaterra passava por um período de transição. Ele iniciou o processo de conciliar o puritanismo herdado dos pais com formas modernas de pensamento expressas em livros didáticos de ciência, lógica e ética, que refletiam as ideias do filósofo francês René Descartes e do inglês John Locke.

Em 1721, Edwards passou por uma experiência de conversão que incluiu uma visão da glória visível de Deus em todos os aspectos da ordem natural. Após se formar e receber a licença para pregar em 1722, Edwards ministrou em uma congregação presbiteriana em Nova York, onde refletiu sobre a natureza da experiência religiosa e escreveu acerca da mente e da ciência natural. Em 1727, foi ordenado em Northampton, onde se tornou pastor associado de seu avô, Solomon Stoddard, que morreu dois anos depois. Aceitando assumir o legado do avô, Edwards se tornou o pastor mais influente do oeste de Massachusetts. Numa palestra ministrada aos pastores de Boston em Harvard, o pastor de 28 anos alertou que a doutrina puritana ortodoxa deve não só ser fortificada contra a erosão doutrinária, mas também enriquecida com novos aprendizados. Em 1738, publicou sermões sobre a justificação que promoveram um reavivamento em Northampton marcado por "conversões surpreendentes". O reavivamento se expandiu até se tornar o Grande Despertamento. Crescia a influência de Edwards como líder e apologista.

Um tratado concernente às afeições religiosas (1746) é uma obra insuperável da experiência cristã autêntica. Trata-se de uma defesa contra os que abusam e zombam da experiência cristã, detratando-a. Edwards escreveu *Afeições religiosas* em resposta à obra *Pensamentos oportunos sobre a condição da religião na Nova Inglaterra*, escrita pelo influente pastor congregacionalista (puritano) Charles Chauncey, de Boston (1705–1787). Chauncey era um oponente declarado da pregação de reavivamento. Ele dizia que o Grande Despertamento nada mais era que desordem doutrinária revivida e entusiasmo herege deixado à solta. Edwards não passaria de um "entusiasta visionário". Quem ler

Afeições religiosas com cuidado sem dúvida se beneficiará em discordar.

No dia 1º de julho de 1750, Edwards pregou seu último sermão oficial como pastor de Northampton. No entanto, até novembro, a pedido da congregação, ele continuou a pregar quase semanalmente, sempre que os membros não conseguiam encontrar um pregador convidado. A família pastoral "permaneceu em situação incômoda em Northampton por um ano" (Marsden, *Jonathan Edwards*, p. 363-364). Ele entrou em conflito com famílias poderosas que foram contrárias a seus esforços de limitar o acesso à Ceia do Senhor a pessoas que professavam abertamente a graça redentora e também por tentar disciplinar os jovens pelos "livros ruins" que tinham. Depois de expulso, Edwards e a família ficaram sem renda. Ele foi convidado a ser pastor em uma missão de fronteira em Stockbridge, Massachusetts. Providencialmente, o que parecia uma derrota acabou se tornando o período mais produtivo de sua vida.

Em 1758, com a saúde em declínio, substituiu Aaron Burr Sr. († 1757) como presidente da Faculdade de New Jersey (Princeton). Edwards morreu em 22 de março de 1758, depois de ser vacinado contra varíola.

◇◇◇◇◇◇ **1** ◇◇◇◇◇◇

(Edwards tem uma experiência com a glória de Deus após conversar com o pai pastor, em algum momento após janeiro de 1739.)

Em busca de contemplação, caminhei por um lugar solitário no pasto de meu pai. Ao olhar para o céu e as nuvens, sobreveio um reconhecimento da majestade e graça gloriosa de Deus que eu não sabia como expressar. Era como se eu as visse em união, a majestade e a mansidão unidas. Depois disso, minha percepção das coisas divinas foi aumentando aos poucos, tornando-se mais vivas, e passei a ter mais alegria interior. A aparência de tudo se alterou; parecia haver uma calma ou semelhança da glória divina em quase todas as coisas. A excelência de Deus, sua sabedoria, sua pureza e seu amor pareciam se manifestar por toda parte: no sol, na lua e nas estrelas; nas nuvens e no céu azul; na grama, nas flores e nas árvores; na água e em toda a natureza, absorvendo minha atenção. Eu olhava com frequência para a lua. Durante o dia, examinava as nuvens e o céu a fim de contemplar a glória de Deus neles, cantando o tempo inteiro em voz baixa minha consideração pelo Criador e Redentor.

Jonathan Edwards, *Memórias*, p. 16-17

Os céus declaram a glória infindável do Senhor;
Por toda a terra se encontra seu louvor.
O mar ecoa a maravilhosa história;
Ó homem, repete do som essa glória.
Christian Fürchetegott Gellert (1715–1769), Hinário

PARA REFLETIR: Ne 9.6; Sl 19.1; 69.34; 96.10-13; 97.6-9; 98.4-9; 104.1-24; 145.10-13; 148.1-14; 150.1-6; Is 45.18-19; Rm 1.19-20; 8.19-22

◇◇◇◇◇◇◇ **2** ◇◇◇◇◇◇◇

O Novo Testamento deixa claro que Jesus Cristo planejou que seu povo tivesse suficiente e farta certeza de sua salvação e glória futura. O apóstolo Paulo fala com a certeza de conhecer a Cristo e a expectativa de recompensas futuras. A natureza da aliança da graça, juntamente com o objetivo declarado por Deus na disposição de todas as coisas, demonstra com clareza que Deus fez ampla provisão para que os santos tivessem certeza da esperança de vida eterna aqui embaixo. As promessas e os juramentos de Deus acerca de nossa glória futura só podem receber a mesma confiança que as promessas já confirmadas em nós agora. Seria vã a possibilidade, em Jesus Cristo, de ter uma consciência limpa perante Deus sem a garantia da liberdade da culpa do pecado aqui e agora. O Novo Testamento instrui os cristãos a ser diligentes em garantir seu chamado e sua eleição.

Em contrapartida, nenhum cristão pode cessar de examinar com regularidade sua condição perante Deus. A certeza cristã não deve ser confundida com jactância dominadora, arbitrária e violenta diante do Senhor e dos homens. A confiança humilde em Cristo não deposita crédito sobre si mesma.

JONATHAN EDWARDS, *AFEIÇÕES RELIGIOSAS*, PARTE 2, SEÇÃO 11

Ó Deus, nossa Vida Verdadeira, em quem e por meio de quem todas as coisas vivem, eu humildemente te rogo que habites em mim, reines em mim e transformes meu coração em templo santo, uma habitação digna de tua majestade divina. Ó Criador e Preservador de todas as coisas, as visíveis e as invisíveis, mantém, eu te peço, esta obra de tuas mãos. Guarda-me com o poder de tua graça, aqui e em todos os lugares, agora e em todos os momentos. Amém.

AGOSTINHO (354–430), BISPO DE HIPONA, *ORAÇÕES:*
ANTIGAS E MODERNAS, P. 256

PARA REFLETIR: Jó 19.25; Jo 15.11; 16.33; 1Co 9.26; Gl 2.20; Fp 1.21; 2Tm 1.12; 4:7-8; Hb 6.17-18; 9.9; 2Pe 1.5-8; 1Jo 3.14-24

◇◇◇◇◇◇ **3** ◇◇◇◇◇◇

O Espírito de Deus foi dado para habitar nos cristãos como sua morada apropriada, seu templo. Ele os influencia como um princípio da nova natureza, ou uma descendência divina de vida e ação. De tal modo ele se une aos cristãos que faz Cristo viver dentro deles, como seu princípio ou fonte de vida. Não só bebem da água viva, como também essa água viva se torna fonte a jorrar de vida eterna. Jesus disse que a água viva é o próprio Espírito, o princípio de vida eterna neles (Jo 4.14). O Sol da Justiça não só brilha sobre eles, como também lhes é transmitido a fim de que brilhem, tornando-se pequenas réplicas desse Sol. A seiva da Videira Verdadeira lhes é transmitida assim como a seiva de uma árvore é transmitida aos galhos vivos. Uma vez que o Espírito de Deus é dado e unido aos santos, eles são adequadamente chamados de "espirituais".

O Espírito de Deus pode, de algumas maneiras, influenciar pessoas "naturais". Mas não se junta a elas para ser seu princípio definidor e interno; não há união.

JONATHAN EDWARDS, *AFEIÇÕES RELIGIOSAS*, PARTE 3, SEÇÃO I, SUBSEÇÃO I

Ó meu Deus, tu és sempre novo. Embora sejas nossa morada ao longo de todas as gerações, tuas misericórdias se renovam a cada dia. Somente tu és o alimento da eternidade, o alimento de minha alma. Sem tua presença, a eternidade seria apenas outro nome para a miséria eterna. Tu somente és inexaurível. Tuas misericórdias são sempre novas. Por toda a eternidade, serei um aprendiz começando a explorar o alcance infinito de tua natureza divina. Cantarei de teu grande amor para sempre. Com minha boca, tornarei conhecida tua grande fidelidade. Amém.

JOHN HENRY NEWMAN (1801–1890), *ORAÇÕES: ANTIGAS E MODERNAS*, P. 255

PARA REFLETIR: Jo 4.14; 7.38-39; 14.16-17; Rm 8.9-17; 1Co 3.16; 2Co 6.16; Gl 2.20; Ef 1.1-7; Cl 1.24-27; 1Pe 2.1-8; 1Jo 1.5-10; 3.1-3; 4.13-21

◇◇◇◇◇◇ **4** ◇◇◇◇◇◇

Outro motivo para os santos e suas virtudes serem chamados de "espirituais" é que o Espírito Santo habita neles como princípio doador de vida, produzindo efeitos que expressam sua própria natureza. A santidade é a natureza do Espírito de Deus. Por isso, nas Escrituras, ele é chamado de Espírito Santo. A santidade faz parte de sua natureza assim como o calor é a natureza do fogo, ou a doçura era a natureza do santo óleo da unção no Antigo Testamento — o principal tipo [prefiguração] do Espírito Santo. O Espírito de Deus habita de tal maneira no coração dos santos, comunicando a si mesmo, que os torna participantes da beleza de Deus e da alegria de Cristo. Tendo comunhão com o Espírito Santo, o cristão tem verdadeira comunhão com o Pai e seu Filho, Jesus Cristo.

A graça de Deus possui a mesma natureza de sua santidade divina. Não existe nenhuma obra tão elevada e excelente, nenhuma transformação, afeição ou experiência realizada pelo Espírito de Deus que seja tão grande, pois não há obra pela qual Deus se comunique e na qual a criatura seja tão exaltada como tornar-se participante da natureza divina (2Pe 1.4).

JONATHAN EDWARDS, *AFEIÇÕES RELIGIOSAS*, PARTE 3, SEÇÃO 1, SUBSEÇÃO 2

Nós te suplicamos, Senhor, que o poder do Espírito Santo seja presente conosco e, que em sua graça, ele nos santifique a vida e nos proteja de tudo o que venha a questionar seu santo reinado, para a glória do Pai, do Filho e do Espírito Santo. Amém.

"TEMPO DE PENTECOSTES", ORAÇÕES PARA DATAS SAGRADAS, *COLETAS ANTIGAS E OUTRAS ORAÇÕES*, P. 62

PARA REFLETIR: Sl 133.2; Jo 1.16; 3.6; 17.13,21,26; Rm 8.10; 2Co 6.16; Gl 2.20; Ef 3.17-19; Hb 12.10; **2Pe 1.4;** 1Jo 1.3; 3.21; 4.12-16

◇◇◇◇◇◇ **5** ◇◇◇◇◇◇

O primeiro critério objetivo para decidir se as afeições religiosas são santas é observar se as coisas divinas são amadas pelo que são em si, ou por interesse próprio. Se as afeições religiosas não vão além do interesse pessoal, podem ser adequadamente consideradas falsas e enganosas. Isso não significa que a importância das afeições religiosas para o santo é excluída, mas, sim, que o eu tem importância secundária.

Ora, o amor é a fonte de toda afeição verdadeiramente santa, não um amor por si mesmo, mas por Deus, por sua glória, por Jesus Cristo, que é a Palavra de Deus, pelo agir e fazer de Deus. O principal motivo para o filho de Deus amar essas coisas é a excelência transcendente que elas possuem, não por poderem servir a seus interesses pessoais. Alguns argumentam que é impossível sentir amor primário por Deus, dizendo que todo aquele que busca a glória de Deus só está procurando a própria felicidade. A contemplação da perfeição divina nada mais seria que um deleite pessoal. Se isso fosse verdade, então as afeições religiosas jamais poderiam ser santas, mas sempre carnais.

JONATHAN EDWARDS, AFEIÇÕES RELIGIOSAS, PARTE 3, SEÇÃO 2

Meu Deus, eu te amo não pela esperança do eterno lar;
Não porque quem não te ama não irá se salvar.
Tu, Senhor, me envolveste no abraço da cruz;
Por mim suportaste pregos, lança e desgraça, ó Jesus.
HINO ESPANHOL (SÉC. 17), DA TRAD. DE EDWARD CASWALL
(1814–1878), OREMUS

PARA REFLETIR: Dt 6.1-9; Sl 18.1-3; 29.1-2; 31.2-24; 95.1-11; 96.9; Mc 12.28-34; Rm 12.1-2; 2; 1Ts 3.5; Hb 13.15; 1Pe 1.3-9; 2Jo 1.6

◇◇◇◇◇◇◇ **6** ◇◇◇◇◇◇◇

O primeiro impulso de amor a Deus costuma resultar do reconhecimento do favor divino. Quando está espiritualmente desperta, a pessoa percebe que Deus a ama, mesmo quando ela não o ama de volta, e que Deus perdoa seus pecados e a considera sua filha. Com base nesse fundamento, muitas coisas acerca de Deus parecem amáveis; é fácil afirmar que Deus é glorioso, regozijar-se por saber que, muito embora ele seja o Senhor do universo, também nos ama; Cristo morreu por nossos pecados e um dia reinaremos com ele.

No entanto, à medida que o amor cristão amadurece, as santas afeições provêm de outro motivo. Quem é maduro em Cristo não vê primeiro que Deus o ama e depois percebe que Deus é amável. Em vez disso, para o cristão maduro, as santas afeições começam com Deus. Primeiro ele reconhece que Deus é amável e que Cristo é excelente e glorioso. Para ele, o amor despertado pela excelência divina se torna o fundamento de seu discipulado. As santas afeições fluem, e a estima própria passa a ser mera serva daquelas.

Jonathan Edwards, *Afeições religiosas*, parte 3, seção 2

Que teu amor tanto nos aqueça, ó Senhor, que alegremente nos rendamos com tudo o que somos e temos. Que teu amor caia como fogo do céu sobre o altar de nosso coração. Ensina-nos a guardar essa chama com devoção e atenção constantes. Inspira-nos a entesourar cada faísca da chama sagrada do amor com o qual o Espírito Santo nos desperta, para que nem altura nem profundidade, nem coisas do presente nem do porvir jamais venham a nos separar do teu amor. Fortalece-nos para caminhar como peregrinos diligentes. Prepara-nos em amor para aparecer em regozijo juntamente com teus santos perante o trono, quando completarmos a jornada de peregrinação. Amém.

Gerhard Tersteegen (1679–1769), *Orações: antigas e modernas*, p. 192

PARA REFLETIR: Ef 4.11-16; 5.13-15; 1Ts 5.5-11; 1Ts 2.13-17; Hb 6.1-3; 12.1-2; 13.9-16; Tg 1.1-17; 1Pe 1.3-9; 4.6-11; 2Pe 3.18; 1Jo 4.19

A alegria do hipócrita está nele mesmo. Em seu regozijo, mantém os olhos fixos em si. Após receber o que chama de descobertas ou experiências, sua mente se fixa nessas coisas. Ele se ocupa não da glória de Deus ou da beleza de Cristo, mas sim da glória e da beleza de suas experiências. Pensa consigo: "Que grande descoberta é essa!". Ele coloca suas "experiências" no lugar de Cristo. Em vez de se alegrar em Cristo Jesus, em vez de se regozijar no evangelho, o hipócrita festeja a própria experiência. Ele olha para Cristo de soslaio, pois suas próprias noções e preocupações espirituais oferecem mais consolo e atração que o Cristo. Com ou sem as Escrituras, o hipócrita confia em suas experiências e "elevados privilégios" como prova de sua boa posição diante de Deus. Fala daquilo que o coração está cheio. Enquanto vive em um castelo imaginário, acaba sendo consumido pelo autoconceito, pelo amor-próprio e pelo orgulho.

O verdadeiro santo, em contrapartida, fala muito mais de Deus, de suas perfeições e obras gloriosas, da beleza de Cristo e das glórias do evangelho.

JONATHAN EDWARDS, *AFEIÇÕES RELIGIOSAS*, PARTE 3, SEÇÃO 2, SUBSEÇÃO 2

Ó Senhor, volta-me sempre para teu amor, meu amor para a obediência e minha obediência para a constância. Então confio que aceitarás tal fruto de graça e fé, à medida que minha vida a ti se submeter. Torna-me um daqueles em quem o Pai celeste pode se deleitar; terás tudo o que sou e tudo o que tornarás benéfico para tua glória e teu serviço. Amém.

JEREMY TAYLOR (1613–1667), *ORAÇÕES: ANTIGAS E MODERNAS*, P. 178

PARA REFLETIR: Rm 14.13—15.6; 1Co 12.1-30; 14.20; Gl 1.6-9; 2.20; Fp 4.8-9; Cl 2.6-15; 3.1-17; Hb 4.14-16; 12.12-24

◇◇◇◇◇◇ **8** ◇◇◇◇◇◇

As afeições religiosos verdadeiramente santas se baseiam principalmente na amabilidade da santidade de Deus, manifesta em sua excelência moral. As pessoas santas, ao exprimir suas santas afeições, amam a Deus em primeiro lugar por causa da beleza de sua santidade ou perfeição moral, que é supremamente gloriosa em si mesma. Ora, os santos, na expressão das afeições da graça, não só amam a beleza da santidade de Deus como também amam a Deus por todos os seus atributos; deleitam-se em todas as perfeições divinas: sua eternidade, sabedoria, santa majestade, seu poder e mais. Mas é no amor pela santidade de Deus que começa o verdadeiro amor a Deus. O deleite pelos outros atributos divinos provém do amor pela beleza da santidade de Deus: sua bondade, misericórdia, amor constante, justiça, verdade e bondade.

É nisto que reside a beleza dos santos: no fato de que a imagem moral de Deus é estabelecida neles; essa é sua beleza, sua santidade. Nenhuma virtude pode caracterizar uma imagem que não resida, em primeiro lugar, no original. A santidade *não derivada* de Deus é a fonte da santidade cristã *derivada*; a graça na *imagem* responde à graça no *original*. É nisso que reside a beleza da fé cristã.

Jonathan Edwards, *Afeições religiosas*, parte 3, seção 3

Ó Deus, tu que és o insondável abismo da paz, o inefável mar do amor e a fonte de bênçãos, que mandas paz para quem a recebe, abre-nos neste dia o mar de teu amor e inunda-nos com torrentes fartas das riquezas de tua graça. Torna-nos filhos da mansidão e herdeiros da paz. Ilumina-nos com o fogo de teu amor; fortalece nossas fraquezas com teu poder. Une-nos de perto contigo e uns com os outros em um único elo de união firme e indissolúvel. Amém.

Liturgia clementina síria, *Orações: antigas e modernas*, p. 195

PARA REFLETIR: Nm 14.21; 1Sm 2.2; Sl 18.30-33; 29.2; 30.1-12; 90.17; 96.1-13; 97.11-12; 98.1; 99.2-5; Is 6.3; Jo 17.1-5; 2Co 6.14—7.1; Ap 4.8

◇◇◇◇◇◇ **9** ◇◇◇◇◇◇

As santas afeições não consistem em calor sem luz; elas se desenvolvem com base na instrução espiritual que a mente recebe. O filho atento de Deus entende mais das coisas divinas do que antes e mais das coisas gloriosas manifestas no evangelho de Jesus Cristo. Existem afeições impressas por aparências exteriores ou despertadas por impressões que nada têm da natureza da instrução do evangelho; as pessoas assim não se tornam mais sábias em relação a Deus, nem ao Mediador entre Deus e o ser humano. Não adquirem maior entendimento da Palavra do Senhor; as afeições verdadeiramente espirituais e graciosas só surgem quando Deus esclarece o entendimento.

As Escrituras só consistem em uma fonte para o desenvolvimento de santas afeições quando Cristo abre as Escrituras para a compreensão e inflama o coração com sentimentos de graça. O estudo da Bíblia de maneiras tais que não promovem a instrução e o entendimento espiritual resulta em vaidade. Somente Cristo pode fazer as Escrituras se tornarem um meio para inflamar o coração com as afeições da graça; só ele pode abrir as Escrituras para a compreensão. São vãs a instrução e as afeições que são supostamente ensinadas pela Bíblia, mas que, na verdade, não se encontram em um texto específico, nem em parte alguma das Escrituras.

JONATHAN EDWARDS, *AFEIÇÕES RELIGIOSAS*, PARTE 3, SEÇÃO 4

Ó Deus, mantém nossas afeições apropriadamente dispostas para receber tuas sagradas instruções, para que, sendo levados adiante por teu Espírito Santo, cheguemos com alegria enfim ao refúgio que preparaste para teu povo, por meio de Jesus Cristo, nosso Senhor. Amém.

GEORGE HICKES, DEVOÇÕES (1700), *ORAÇÕES:
ANTIGAS E MODERNAS*, P. 284

PARA REFLETIR: Sl 19.7-10; 43.3-4; Lc 11.52; 24.32; Jo 4.32-34; 6.45; Rm 10.2; 1Co 2.14; Fp 1.9; Cl 3.10

◇◇◇◇◇◇◇ **10** ◇◇◇◇◇◇◇

As afeições verdadeiramente santas e cheias de graça são marcadas por uma convicção eficaz acerca da realidade e certeza das coisas divinas, bem como da verdade dos grandes elementos do evangelho. As santas afeições não hesitam entre duas opiniões, e as grandes doutrinas do evangelho não são mais duvidosas, nem estão em disputa. Os santos não temem arriscar tudo por Jesus Cristo. Para eles, o poder do mistério do evangelho tem a influência do que é mais real que todas as outras coisas. Têm o poder e a urgência do eterno no coração. Governam todas as afeições de acordo com Cristo, o Filho de Deus, Salvador do mundo. Além de terem a forte opinião de que o evangelho é verdadeiro e darem seu aval irrestrito para ele, defendem outras coisas cujas provas são evasivas. Sabem que as coisas de Deus são verdadeiras. Seus olhos espirituais se abrem para ver Jesus Cristo, o Filho do Deus vivo. Quanto àquilo que Cristo revelou acerca dos eternos propósitos de Deus para a humanidade caída e as coisas gloriosas preparadas para os santos, sabem que são absolutamente verdadeiras. Tais coisas têm importância suprema e determinante.

Jonathan Edwards, *Afeições religiosas*, parte 3, seção 5

Ó Senhor, que tens misericórdia de todas as coisas, perdoa meus pecados com tua graça e em misericórdia acende em mim o fogo de teu Espírito Santo. Tira de mim o coração de pedra e dá-me um coração de carne, um coração feito para te amar e adorar, um coração para se deleitar em ti, te seguir e te desfrutar, em nome de Cristo. Amém.

Ambrósio (340–397), *Orações: antigas e modernas*, p. 287

PARA REFLETIR: Mt 13.44-46; 16.15-17,24-28; Lc 14.25-35; Jo 6.68-69; 16.27; 17.6-8; 2Co 4.3-6,11-14; 5.1-8; 2Tm 1.12; Hb 3.6; 11.1; 1Jo 4.13-16

◇◇◇◇◇◇◇ **11** ◇◇◇◇◇◇◇

Os verdadeiros mártires de Jesus Cristo são revestidos da verdade do evangelho. Como subentende a palavra "mártires" [testemunhas], eles se apegam à verdade do que afirmam. Em santo proceder, mesmo diante de grandes provações, demonstram fidelidade ao evangelho, que consiste na substância do que se espera e na evidência do que não se vê. Sua mente é iluminada para ver a Divindade em ação, para enxergar a inefável Glória Divina brilhando. Para eles, isso é absolutamente confirmador. O evangelho do bendito Deus não sai por aí implorando por evidências, conforme pensam erroneamente alguns. Ele contém as próprias evidências de ordem elevada. Contudo, é possível fazer uso de argumentos externos, e eles não devem ser negligenciados. Podem despertar quem ainda não creu e fortalecer a fé dos santos. Mas tais argumentos são subservientes à convicção que vem de uma fé salvadora. É impossível haver refutação espiritual por parte daqueles que apreenderam a beleza e a glória das coisas divinas.

Mas a pessoa pode crer que a religião cristã é verdadeira sem ser convencida como mártir, testemunha. Sua crença repousa em informações, não na convicção transformadora que nasce do Espírito Santo.

JONATHAN EDWARDS, AFEIÇÕES RELIGIOSAS, PARTE 3, SEÇÃO 5

Nossa fé supera cada rolo escrito,
Nosso credo transborda e cresce;
A vida de Deus dentro da alma do contrito
A todos supera e muito permanece.

FREDERICK LUCIAN HOSMER (1840–1929), HINÁRIO

PARA REFLETIR: Jo 1.34; 3.1-15; At 22.14-15; Rm 8.31-39; 1Ts 1.2-5; **Hb** 7.17-20; **11.1**; 12.1; 2Pe 1.16; 1Jo 4.14; 5.13-21; 2Jo 1.3-11

◇◇◇◇◇◇ **12** ◇◇◇◇◇◇

A excelente beleza da graça cristã consiste, em grande medida, em humildade evangélica. As afeições da graça são acompanhadas pelo reconhecimento da própria insuficiência por parte do cristão. A humildade evangélica implica esvaziar-se de si mesmo, ser pobre de espírito e ter o coração contrito diante de Deus. Aquele cujo coração se encontra sob o poder da humildade cristã considera comparativamente escassas suas conquistas de fé; ele se enxerga pequeno entre os santos. A humildade evangélica é marcada pela verdadeira modéstia da mente, pois predispõe os cristãos a considerar os outros acima de si. São aptos a ver como adequados para si os assentos menos nobres. Não assumem apressadamente o papel de professores, mas entendem que necessitam aprender e consideram os outros mais qualificados que eles mesmos. Os santos são menos aptos a assumir autoridade, a ser chefes e mestres; mostram-se mais dispostos a se sujeitar aos outros, a se considerar criancinhas na graça e a enxergar suas realizações como conquistas dos recém-nascidos em Cristo. Envergonham-se de sua falta de amor e gratidão, e lamentam seu parco conhecimento sobre Deus.

JONATHAN EDWARDS, *AFEIÇÕES RELIGIOSAS*, PARTE 3, SEÇÃO 6

Deus vivo, que preenches o mundo mas não te afastas de nós, unimo-nos a ti por intermédio de teu Espírito. Aquece e revigora nosso espírito na luz solar de tua face, fortalecendo-o e tornando-o inteiro. Nós te agradecemos pelas criancinhas, cuja vinda prediz que o reino da justiça está à nossa porta, esperando para ser revelado. Deus onipotente, Sabedoria onisciente, nós te agradecemos e bendizemos por quem tu és e por teus braços de amor que envolvem este mundo feito de pó, mesmo quando não nos damos conta disso. Amém.

THEODORE PARKER (1810–1860), HARVARD SQUARE LIBRARY

PARA REFLETIR: Êx 3.11; Jr 1.6; Ez 36.26-31; Os 13.1; Mt 8.4; Lc 14.10; 18.9-14; Ef 5.21; Fp 2.3; Cl 3.12; Tg 1.19; 3.1-2; 1Pe 5.5

◇◇◇◇◇◇ **13** ◇◇◇◇◇◇

As afeições verdadeiramente santas e cheias de graça se distinguem por sua bela simetria e proporção. Isso não quer dizer que, nesta vida, as virtudes e as afeições de graça são perfeitas. Com frequência, são defeituosas por causa de imaturidade na graça, falta de instrução, erros de juízo e deficiências em educação. No entanto, não se identifica aquela desproporção monstruosa observada tão comumente na falsa religião e em meio à graça falsificada, na qual o discipulado ocorre de forma errática.

Nas santas afeições verdadeiras, simetria e proporção resultam da santificação da pessoa inteira por parte do Espírito. Tais cristãos recebem sobre si toda a imagem de Cristo. Despem-se da antiga humanidade e se revestem da nova humanidade em todas as suas partes. Aprouve ao Pai que em Cristo habite toda plenitude; nele se encontra toda graça. Os que anseiam pela plenitude de Jesus receberão graça sobre graça. Será estabelecido nos que creem algo de belas proporções, encontrado no próprio Cristo. Há simetria no agir de Deus.

JONATHAN EDWARDS, *AFEIÇÕES RELIGIOSAS*, PARTE 3, SEÇÃO 10

Deus meu, permita-me conhecer-te e amar-te, para que eu encontre felicidade em ti. Uma vez que não é possível alcançar isso plenamente na terra, ajuda-me a melhorar dia após dia até conseguir fazê-lo por completo. Capacita-me a conhecer-te mais na terra, a fim de que venha a conhecer-te e amar-te com perfeição no céu. Que minha mente reflita sobre essa felicidade, minha língua fale dela, meu coração anseie por ela, minha boca a pronuncie, minha alma tenha fome dela, minha carne sinta sede dela, e todo o meu ser a deseje até que, pela morte, eu entre no júbilo do meu Senhor para sempre. Amém.

ATRIBUÍDO A AGOSTINHO (354–430), BISPO DE HIPONA,
"ORAÇÃO DE CONFIANÇA NA PROMESSA CELESTIAL DE DEUS",
ORAÇÕES DE AGOSTINHO

PARA REFLETIR: 1Cr 16.29; Sl 90.17; **Jo 1.14-16;** 1Co 1.10; **Ef 4.22-32;** Fp 4.8-13; **Cl 1.9-23;** 3.12-17; Tg 2.8-13; 1Pe 5.6-11; 2Pe 1.3-11

◇◇◇◇◇◇ **14** ◇◇◇◇◇◇

Outra grande e muito distintiva característica das afeições da graça é que, quanto mais elas aumentam, tanto maior se torna o apetite e o anseio por mais. Quanto mais o verdadeiro santo ama a Deus com amor sagrado, tanto mais deseja amá-lo e mais insatisfeito se sente por sua falta de amor. Quanto mais ama a Deus, tanto mais odeia o pecado e deseja odiá-lo. Quanto mais seu coração se parte por causa da condição esfacelada do mundo, tanto mais deseja que seu coração se parta e mais anseia por Deus e sua santidade.

Acender as afeições da graça é como acender uma chama; quanto mais ela queima, tanto mais procura queimar. Assim, a fome por santidade e o aumento das santas afeições se tornam maiores e mais vivazes nos cristãos mais avançados em santidade. Faz parte da natureza daquele que nasceu do Espírito Santo ter sede do crescimento em santidade, assim como faz parte da natureza do recém-nascido desejar o leite materno. Os mais cheios de vida são os mais famintos.

Jonathan Edwards, Afeições religiosas, parte 3, seção 11

Deus todo-poderoso, que fizeste a vida eterna brilhar sobre o mundo, nós te rogamos que de tal modo nosso coração se acenda com os desejos celestiais e teu amor brilhe em nós pelo Espírito Santo que continuemos a buscar as coisas do alto e, habitando em pureza de coração e mente, alcancemos por fim teu reino eterno, para morar na luz gloriosa de tua presença, para todo o sempre. Amém.

Livro de orações (1851), Orações: antigas e modernas, p. 262

PARA REFLETIR: Pv 4.18; Is 32.6; Lc 1.53; 1Co 13.10-11; 2Co 1.22; 5.5; Ef 1.14; Fp 1.6; 3.13-15; 1Tm 6.6; Hb 6.1-3; 1Pe 2.2-3; 2Pe 3.18

◇◇◇◇◇◇◇ **15** ◇◇◇◇◇◇◇

As afeições religiosas verdadeiramente cheias de graça dão fruto na prática cristã. Exercem influência e poder sobre a conduta de quem está a elas sujeito. Promovem uma prática em conformidade universal com o amor de Deus. Tal prática equivale ao discipulado cristão essencial; é a atividade incessante da vida cristã.

A Palavra de Deus ensina com clareza que a prática cristã deve afetar de maneira uniforme toda a vida do indivíduo; ele deve ser uniformemente obediente à vontade de Deus. Se um membro do corpo é corrupto e deixado como está, levará o corpo inteiro à destruição. Cristo só pode revelar plenamente seu amor a nós quando abandonamos nossas mais estimadas falhas em obedecer. A obediência precisa ser mais que apenas deixar de descumprir as ordens divinas. A obediência se manifesta em uma religião positiva, na prática ativa da humildade e do perdão, na pacificação, na demonstração de respeito por todas as pessoas, na prática da benevolência, na misericórdia e no amor a todos. O povo singular de Cristo não só pratica boas obras, como também é zeloso por elas. Confirma seu chamado e sua eleição por meio do trabalho na videira de Deus. Sem o fervor moral em todos os âmbitos da vida, ninguém sobe ao monte santo de Sião para chegar à cidade celestial.

Jonathan Edwards, *Afeições religiosas*, parte 3, seção 12

Ó Senhor, porque és amor, e porque aquele que não ama a ti e a seus irmãos não te conhece mas habita na morte, livra-nos da injustiça, da inveja, do ódio e da malícia; concede-nos graça para perdoar os que nos ofendem e para suportar os fardos uns dos outros, assim como tu, Senhor, nos suportas com paciência e grande longanimidade. Amém.

Eugène Bersier (1831–1889), *Orações: antigas e modernas*, p. 263

PARA REFLETIR: Sl 1.1-6; Ml 3.3; Mt 5.29-30; 25.26,30; Jo 15.1-27; Fp 3.13; Cl 1.10; Tt 2.14; Hb 6.11-12; 12.1; 2Pe 1.3-4; 1Jo 2.1-29; 3.3; 5.18

JOHN WESLEY
(1703–1791)

Dois homens correram para ser mensageiros. Infelizmente, porém, quando chegaram, não tinham nada profundo a dizer! A história do primeiro, Aimaás, se encontra registrada em 2Samuel 18.16-33. Após receber permissão de Joabe para transmitir uma mensagem ao rei Davi, o ágil Aimaás correu na frente de outro mensageiro. No entanto, quando Davi perguntou o que havia acontecido na batalha, Aimaás não soube o que dizer. Ele tinha ouvido um grande tumulto, mas não sabia qual era o significado de tudo aquilo. De maneira semelhante, em 1735–1736, o segundo homem, John Wesley, zeloso ministro anglicano recém-formado (1728), partiu para a Geórgia a fim de pastorear os colonizadores da América do Norte e ser missionário dos habitantes nativos. Falhou miseravelmente. Era um corredor ágil, mas não conhecia o Salvador que ele recomendava aos outros. Desanimado pelo fracasso, durante o retorno para a Inglaterra Wesley registrou uma confissão impressionante: "Fui para a América converter os índios, mas, ai!, quem irá me converter?". Wesley lamentou que sua crença não passava de uma "religião leve de verão" (*Diários*, 24 de janeiro de 1738).

Como Wesley pode ter se tornado a principal inspiração do grande reavivamento evangélico do século 18 na Grã-Bretanha, um apóstolo de esperança e transformação para os pobres, incansável pregador itinerante a despeito da oposição monumental que enfrentava, fundador de escolas e clínicas beneficentes para os marginalizados, catalisador de transformações sociais e, junto com o irmão Charles, um dos pais do metodismo?

John e Charles, o grande compositor de hinos, foram dois dos dez filhos de Samuel e Susanna Wesley que sobreviveram à primeira infância. Samuel era pároco de Epworth,

Lincolnshire. Susanna exerceu forte influência sobre os filhos como disciplinadora (estabeleceu dezesseis regras domésticas), professora (ensinou latim, grego e os clássicos para todos os filhos) e exemplo de piedade cristã.

A educação formal de John aconteceu em Charterhouse, Londres, e em Christ Church, Oxford. Em 1726, foi eleito membro do Lincoln College, Oxford. De 1727 a 1729, atuou como auxiliar do pai em Epworth. Quando voltou para Oxford, descobriu que Charles havia fundado o "Clube Santo", formado por jovens "em busca da verdadeira santidade". Eles haviam adotados regras para uma vida santa e dedicavam tempo para estudar e praticar seus deveres religiosos. John se tornou líder do grupo, que logo receberia, de seus críticos, a alcunha de "metodistas".

Mas Wesley não conseguia ter paz com Deus. Na viagem para a Geórgia, em 1736, seu navio foi assolado por várias tempestades. Ele ficou impressionado pela ausência de medo demonstrada pelos morávios alemães a bordo, uma paz que Wesley não conhecia. Quando atingido por outra tempestade terrível no retorno à Inglaterra foi tomado pelo temor e se viu imerso em dúvidas.

Em fevereiro de 1738, Wesley conheceu Peter Böhler, líder dos morávios, o qual reconheceu em Wesley alguém que não conhecia como Redentor o Deus que ele pregava. Böhler fez um apelo para que Wesley "purificasse" sua religião formal e rigorosa, mas sem vida. Quando Wesley lhe perguntou se deveria parar de pregar uma fé que não tinha, Böhler respondeu: "Pregue a fé *até* que a possua; então, *porque* a possui, você certamente a *pregará*" (*Diários*, 4 de março de 1738). Na noite de 24 de maio, em uma igreja morávia na rua Aldersgate, em Londres, Deus cumpriu sua promessa. O amor divino foi recebido e criou uma resposta de fé no coração de Wesley.

Embora os estudiosos nos deem o sábio conselho de inserir a experiência de Wesley em Aldersgate no contexto mais amplo de sua teologia madura e abrangente (Maddox, *Aldersgate Reconsidered*, introd.), foi em Aldersgate que a justificação pela graça somente por meio da fé se tornou uma realidade viva, mais que uma ideia ou doutrina. Uma mudança fundamental de direcionamento havia sido inaugurada (Runyon, *New Creation*, p. 45). O eixo mudou de ser *salvo pela fé* para ser *salvo gratuitamente pela graça de Deus*, da *fé como obra humana* para a *fé como obra divina* cujo propósito é a transformação de todas as dimensões pessoais e sociais da vida humana.

16

(Segundo John Wesley, Deus oferece graça redentora
para todas as pessoas.)

A graça ou o amor de Deus, do qual vem nossa salvação, é GRA-
TUITA EM TUDO e GRATUITA PARA TODOS. A graça não depende
de nenhum poder ou mérito humano, nem em parte, nem no
todo. Não depende em nada das boas obras de justiça de quem
a recebe. Não depende de uma disposição positiva, nem de
bons propósitos ou desejos. Tudo isso flui da graça gratuita de
Deus; são apenas torrentes, não a fonte; o fruto, não a raiz;
não a causa, mas os efeitos. Qualquer bem que exista em um
indivíduo ou feito por ele é autoria de Deus, o principal autor
e agente de todo bem. Assim é sua graça gratuita em tudo, dependendo apenas de Deus, que livremente nos deu o próprio
Filho e com ele nos dá "todas as outras coisas".

Mas também é gratuita para todos, bem como em todos. O
Senhor que é sobre todos é rico em misericórdia para todos
que o invocam. Essa promessa divina a todos produz a maior
fonte possível de encorajamento para a prática de boas obras
e de toda santidade. É uma fonte de alegria e felicidade para
nossa grande e interminável consolação.

JOHN WESLEY, "GRAÇA GRATUITA", *SERMÕES*, SERMÃO 128, § 2-3, 29

---

*Ó Deus, que olhas com misericórdia para toda a humanidade quando
caímos até a morte e decidiste nos resgatar pelo advento de seu Filho
unigênito, concede-nos, nós te rogamos, que todo aquele que em fé
confessar a encarnação gloriosa do Senhor também entre em tua comunhão, pelo poder capacitador do Espírito Santo. Amém.*

"ADVENTO", ORAÇÕES PARA DATAS SAGRADAS, EM *COLETAS
ANTIGAS E OUTRAS ORAÇÕES*, P. 20

PARA REFLETIR: Dt 30.19; Ez 18.20-24; 33.11; Jo 3.16; 7.37; At 17.30;
Rm 8.32; 10.12; 2Co 1.3-7; 1Tm 2.1-7; Tt 2.11-14; 2Pe 3.9; 1Jo 2.1-2

Por que a criança no útero desconhece o mundo visível? Não porque o mundo esteja tão distante, mas porque as condições necessárias para vê-lo ainda não existem. Os olhos espirituais daquele que nasceu de novo pelo Espírito de Deus se abrem para enxergar uma variedade infinita de coisas com as quais não tinha antes nenhuma familiaridade. Fica alerta em relação a Deus. Pode agora dizer: "Tu és meu leito e meu caminho". Seus olhos espirituais se abriram; a voz de Deus não chama mais em vão. A pessoa recém-nascida do Espírito reconhece a voz do Pastor. Sua sensibilidade espiritual foi despertada, o filho de Deus entra em comunhão com o mundo invisível. Cada vez mais é capaz de discernir coisas que até então eram incompreensíveis. Sabe o que significa a paz de Deus e a alegria no Espírito Santo. O amor de Deus é espalhado em seu coração por intermédio de Cristo Jesus.

Aquele que é nascido do Senhor recebe continuamente em seu espírito o fôlego de vida, a influência graciosa do Espírito de Deus. E a graça que recebe retorna para Deus em forma de amor, louvor e oração incessantes.

JOHN WESLEY, "O GRANDE PRIVILÉGIO DOS QUE NASCERAM DE DEUS",
SERMÕES, SERMÃO 19, SEÇÃO 1, § 4, 8, 10

Nós te suplicamos, Senhor, que de tal modo purifiques nosso coração por tua visitação diária que, na vinda de teu Filho, nosso Senhor, ele nos encontre em uma morada preparada para ele, por intermédio do mesmo Jesus Cristo, nosso Senhor. Amém.

"ADVENTO", ORAÇÕES PARA DATAS SAGRADAS, EM *COLETAS ANTIGAS E OUTRAS ORAÇÕES*, P. 16

PARA REFLETIR: Sl 103.1-5; 105.1-6; Jo 3.1-15; 10.1-29; 14.6-7; Rm 8.14; 1Co 6.17; 2Co 3.6-9,17—4.13; 5.16-21; Ef 6.10-18; Hb 1.1-14; 1Jo 2.27

18

Profiro verdades simples para pessoas simples. Por isso, firmo o propósito de me abster de qualquer refinada especulação filosófica, de todo raciocínio complexo e intrincado. Sou uma criatura de um só dia, passando pela vida como uma flecha arremessada para o ar. Sou um espírito que veio de Deus e para ele retornará, apenas pairando sobre o grande golfo até que, momentos depois, não serei mais visto. Passarei para uma eternidade imutável! Logo, quero saber uma coisa: o caminho para o céu; como chegar com segurança àquela margem feliz. O próprio Deus concedeu ensinar-nos o caminho. Por esse motivo veio do céu. Escreveu tudo em um livro. Ah, dê-me esse livro! A qualquer preço, dê-me o livro de Deus! Eu o tenho; ali há conhecimento suficiente para mim. Que eu seja um *homo unius libri* [homem de um livro só]. Aqui estou, então, longe de toda a agitação dos homens. Sento-me a sós; apenas Deus está aqui. Em sua presença, eu abro e leio seu livro, com o objetivo de encontrar o caminho para o céu.

JOHN WESLEY, PREFÁCIO DE SERMÕES EM OCASIÕES DIVERSAS, § 3, 5

Ó Deus, de diversas maneiras tu ecoas em nosso coração teus divinos oráculos salvadores. Ilumina nossa alma com a plena compreensão daquilo que dizes, a fim de que sejamos não só ouvintes de palavras espirituais, mas também praticantes, seguindo-te com o coração sincero e uma vida irrepreensível, por meio de Jesus Cristo, nosso Senhor. Amém.

ORAÇÕES PARA DEPOIS DO CULTO, EM COLETAS
ANTIGAS E OUTRAS ORAÇÕES, P. 131

PARA REFLETIR: Dt 4.2; Sl 119.105; Is 40.9-26; 55.11; Jr 23.29; Ef 6.17; 2Tm 3.16-17; Hb 4.12; 1Pe 2.2; Ap 1.1-20

A fim de ler as Escrituras com maior eficácia, faça o seguinte:
(1) Se possível, reserve tempo a cada manhã e a cada noite.
(2) Leia um capítulo de cada Testamento. Se não for possível,
leia um capítulo inteiro ou parte de um capítulo. (3) Leia para
aprender, e então faça toda a vontade de Deus. (4) Fique alerta
para a analogia da fé, ou seja, permaneça atento à conexão e
harmonia entre as Escrituras e às grandes doutrinas cristãs
fundamentais, como o pecado original, a justificação pela fé, o
novo nascimento e a santidade interior e exterior. (5) É necessário orar com seriedade e fervor antes de consultar as Escrituras, pois estas só podem ser compreendidas por intermédio
do Espírito Santo, que nos foi concedido. A leitura deve terminar com oração, a fim de que aquilo que lemos seja escrito
em nosso coração. (6) Faça pausas frequentes para examinar
seu coração e sua vida enquanto lê. Isso lhe dará motivos para
louvar a Deus, mostrar humildade diante dele e orar, pois Deus
nos dá poder para nos conformarmos com sua vontade. Decida
que a luz recebida será posta em prática sem demora. Reconheça em que tem falhado. Assim, descobrirá que essa palavra
é o poder de Deus para a salvação presente e eterna.

JOHN WESLEY, "PREFÁCIO PARA COMENTÁRIOS
AO ANTIGO TESTAMENTO", § 18

Que uma nova esperança superior
Se mova dentro de nosso coração:
Ó Deus, concede mais luz e verdade
Para irromper de tua Palavra em profusão.
GEORGE RAWSON (1807–1889), HINÁRIO

PARA REFLETIR: Js 1.8; Jó 23.12; Sl 19.7-11; 119.10-11,105; Lc 24.13-27;
Jo 15.1-27; Rm 15.5-6; 2Tm 2.15; Tg 1.19-25; 1Pe 2.2

◇◇◇◇◇◇ **20** ◇◇◇◇◇◇

À noite [24 de maio de 1738], fui, sem vontade, a uma sociedade na rua Aldersgate, na qual alguém leu o prefácio de Lutero à epístola aos Romanos. Mais ou menos às quinze para as nove, enquanto ele descrevia a mudança que Deus opera no coração mediante a fé em Cristo, senti meu coração ser estranhamente aquecido. Senti que confiava em Cristo, e em Cristo somente, para a salvação. E me foi dada a certeza de que ele havia tirado *meus* pecados, até mesmo os *meus*, e *me* salvado da lei do pecado e da morte.

Comecei a orar com todo o fervor por aqueles que haviam me usado e perseguido com a maior maldade possível. Então testemunhei abertamente para todos que ali estavam sobre como me sentia em meu coração. Mas não demorou muito para o inimigo sugerir: "Isso não pode ser fé; pois onde está sua alegria?". Então aprendi que a paz e a vitória sobre o pecado são essenciais para a fé no Capitão de nossa salvação. Mas aquele transbordamento de alegria que costuma acompanhar o princípio desse processo, sobretudo para quem muito já lamentou, Deus às vezes dá, às vezes retém, de acordo com os conselhos de sua própria vontade.

JOHN WESLEY, *DIÁRIOS*, 24 DE MAIO DE 1738, § 14-15

Jesus, só de em ti pensar
Meu coração se vê doce e manso;
Ainda mais doce será te contemplar;
E em tua presença achar descanso.
ATRIBUÍDO A BERNARDO DE CLARAVAL (1090–1153), DA TRAD.
DE EDWARD CASWALL (1814–1878), HINÁRIO

PARA REFLETIR: Jo 3.3-8; 14.18-24; 16.16-28; At 9.1-18; 10.1-47; Rm 5.15; 6.1-4; 8.12-17; 2Co 5.11-21; Gl 3.26-29; Cl 1.9-14; 1Jo 2.20-25; 4.13-18

❖❖❖❖❖❖ **21** ❖❖❖❖❖❖

(Na primavera de 1741, os irmãos Wesley publicaram um segundo volume de hinos. No prefácio, explicaram a tão incompreendida doutrina da perfeição cristã, ou santidade cristã.)

Esse grande dom de Deus, a salvação das almas, nada mais é que a imagem divina recém-impressa em nosso coração. É uma "renovação dos crentes no espírito da mente, segundo a imagem daquele que os criou". Deus colocou "o machado na raiz da árvore, purificando o coração pela fé", e "limpando todos os pensamentos do coração por inspiração de seu Espírito Santo". Tendo essa esperança de que verão a Deus como ele é, "se manterão puros, como ele é puro", e "santos em tudo que fizerem, como é santo aquele que os chamou". Não que já tenham alcançado tudo o que devem ou que já sejam, nesse sentido, perfeitos. Mas diariamente "continuarão a se fortalecer", contemplando agora, "como por espelho, a glória do Senhor", sendo transformados, "de glória em glória, em sua própria imagem, por intermédio do Espírito do Senhor ".

JOHN WESLEY, *EXPLICAÇÃO CLARA DA PERFEIÇÃO CRISTÃ*, SEÇÃO 13

Senhor, eu venho. Eu creio. Diante de tua graça e misericórdia eu me lanço. Confio somente em tua morte salvadora para me salvar. Não me recuses. Não tenho nenhum outro lugar para ir. Aqui ficarei. Confio em ti, descanso em ti e por ti me arrisco. Em ti deposito minha esperança de perdão, vida e salvação. Se eu perecer, em teus ombros perecerei. Se afundar, em teu navio afundarei. Se morrer, à tua porta morrerei. Não me mandes ir embora, pois não irei. Amém.

JOHN WESLEY, *CULTO DE RENOVAÇÃO DA ALIANÇA* (1780)

PARA REFLETIR: Sl 84.1-12; **Mt 3.9-12**; **At 15.9**; Rm 12.2; **2Co 3.18**; 4.1-13; 6.14—7.1; Ef 1.13; 4.20-24; **Fp 3.12**; **Cl 3.1-17**; Tt 3.5; Hb 4.12; **1Pe 1.1-15**; **1Jo 3.1-3**

22

(John e Charles Wesley ensinavam que a vida de santidade cristã deve ser regularmente julgada segundo "a palavra de Deus, por um lado, e a experiência dos filhos de Deus, por outro".)

O que é santidade cristã, ou amor aperfeiçoado? É aquele que tem a "mesma atitude demonstrada por Cristo" e que vive "como ele viveu"; que tem "as mãos puras e o coração limpo", ou que foi purificado "de tudo que contamina o corpo ou o espírito"; que "não leva outros a tropeçar". Entendemos então que se trata de alguém que Deus santificou "em todos os aspectos, espírito, alma e corpo"; que anda "na luz, como está na luz aquele em quem não há escuridão, o sangue de Jesus Cristo tendo-o purificado de todo pecado".

Tal cristão pode agora testemunhar: "Fui crucificado com Cristo; assim, já não sou eu quem vive, mas Cristo vive em mim". É "santo como o Deus que o chamou", tanto no coração quanto em "tudo que faz". Ama "o Senhor, seu Deus, de todo o seu coração" e o serve "com toda a sua força".

John Wesley, *Explicação clara da perfeição cristã*,
seção 15, § 14, 15

Vem, Todo-poderoso, livrar;
Que todos tua vida recebamos.
Volta logo para jamais deixar
Teus templos sem que a ti vejamos.
A ti todo o tempo queremos louvar
E servir junto às hostes celestiais;
Com gratidão te bendiremos sem cessar
Por teu amor perfeito aos mortais.

Charles Wesley (1707–1788), Hinário

PARA REFLETIR: Sl 24.1-5; Mt 22.35-40; 2Co 7.1; Gl 2.20; Fp 2.1-11; 1Ts 4.3-8; 5.23; 1Pe 1.15-16; 1Jo 1.5-7; 2.5-6,10; 4.12

Aquele que ama "o Senhor, seu Deus, de todo o seu coração" e o serve "com toda a sua força" também ama "seu próximo como a si mesmo", sim, a exemplo de "Cristo, que nos amou". Tudo o que faz ou diz, faz no nome, no amor e no poder "do Senhor Jesus". Em suma, santidade cristã significa fazer a vontade de Deus "assim na terra como no céu".

Perfeição é sinônimo de ser completamente santificado. Citando o arcebispo Ussher [1581–1656], quer dizer ter o coração "todo inflamado pelo amor de Deus". Significa "oferecer continuamente todo pensamento, toda palavra e toda obra como sacrifício espiritual, aceitável a Deus" por intermédio de Cristo. Santidade cristã quer dizer que "cada pensamento do coração, cada palavra que sai da boca e cada obra das mãos" busca "louvar ao Deus que nos chamou das trevas para sua maravilhosa luz". Ah, que nós e todos que buscam o Senhor Jesus em sinceridade sejamos aperfeiçoados no amor! Essa é a doutrina que pregamos!

JOHN WESLEY, *EXPLICAÇÃO CLARA DA PERFEIÇÃO CRISTÃ*, SEÇÃO 15, § 5, 6

Ó, Senhor, tu que me dotaste de um espírito imortal criado à tua imagem, contempla com graça e favor os desejos ardentes de meu coração. Concede-me mais contentamento pelo que está presente e menos ansiedade quanto ao futuro. Preenche-me, ó Senhor, com o conhecimento de tua vontade, em toda sabedoria e entendimento espiritual. Enche-me com tua justiça e com alegria e paz na convicção de que jamais me abandonarás, mas me farás conformar-me com tua vontade. Consolida-me, fortifica-me e estabelece-me. Sê meu Deus para todo o sempre. Amém.

SIMON PATRICK (1626–1707), *ORAÇÕES: ANTIGAS E MODERNAS*, P. 361

PARA REFLETIR: Sl 90.17; **Mt 6.9-13; 22.35-40; Lc 11.2-4;** 1Co 6.11; 2Co 6.14—7.1; **Ef 5.1-10; Cl 3.17; 1Pe 2.1-12;** 1Jo 1.1-10

Acaso os cristãos não ofendem, de muitas maneiras, a "lei da fé", a "lei do amor"? Em certo sentido, não se nossas disposições, palavras e obras brotarem do amor. Mas em outro sentido, sim, e continuaremos a fazê-lo enquanto vivermos. Nem o amor, nem o poder do Espírito Santo nos tornarão infalíveis; por meio do defeito inevitável da compreensão, só nos é possível errar em muitas coisas. E tais erros resultam, com frequência, em algo errado em nossa disposição, fala ou ação.

O mais santo dos cristãos sempre necessita de Cristo para ser seu *Profeta*, "a luz do mundo". É ele quem dá luz momento a momento; no instante em que se retira, tudo se torna trevas. Os cristãos sempre necessitam de Jesus como *Rei*, pois Deus não lhes dá um estoque de santidade. A menos que recebam a obra redentora de Cristo momento a momento, nada além do pecado permanece. Os cristãos sempre necessitam de Cristo como *Sacerdote*, para fazer expiação por eles. Até mesmo o amor perfeito só é aceitável a Deus por intermédio de Jesus Cristo. Tu és minha luz, minha santidade, meu céu. Deixado por mim mesmo, eu nada seria além de pecado, trevas e inferno.

JOHN WESLEY, EXPLICAÇÃO CLARA DA PERFEIÇÃO CRISTÃ, SEÇÃO 25

Ó Senhor bondoso, rogamos por tua misericórdia de todo o coração, a fim de que nos defendas contra as coisas adversas ao corpo e, assim, nos libertes dos inimigos da alma. E, à medida que nos concedes alegria em tranquilidade exterior, dá-nos também a paz interior, por meio de Jesus Cristo, nosso Senhor. Amém.

SACRAMENTÁRIO LEONINO (440 D.C.), ORAÇÕES:
ANTIGAS E MODERNAS, P. 362

PARA REFLETIR: Mt 2.2; 11.27; 21.5; 27.11; Lc 22.42; **Jo 8.12; 9.5**; Ef 5.2; 1Tm 2.1-5; Hb 4.14—5.9; 6.20; 9.11-15; 1Jo 1.5—2.6; Ap 19.11

"Continuemos a amar uns aos outros, pois o amor vem de Deus." Todos os cristãos aprovam esse mandamento. No entanto, muitos impedimentos surgem no caminho, dois dos quais são: nem todos os cristãos conseguem pensar igual, e em consequência não podem viver da mesma maneira. Embora as diferenças em opiniões ou formas de adoração possam impedir uma união externa, precisam elas impedir uma união em amor? Muito embora nem todos consigamos pensar parecido, não podemos amar parecido? Não podemos ter um só coração, mesmo que não tenhamos uma só opinião? Podemos sim! A despeito de diferenças menores, todos os cristãos podem servir para edificar uns aos outros em amor e boas obras.

O cristão que possui tal espírito católico estende a mão a todos que louvam a Deus da verdadeira forma bíblica. Ama como seus amigos e irmãos no Senhor, como membros de Cristo e filhos de Deus, como coparticipantes do reino de Deus, todos os que creem no Senhor Jesus Cristo, que amam Deus e as pessoas, que se alegram em agradar a Deus, temem ofendê-lo, tomam o cuidado de se abster do mal e são zelosos pelas boas obras uns dos outros.

John Wesley, "Espírito católico", *Sermões*,
sermão 39, § 2-4; seção 3, § 5

Ó Senhor, nosso Deus, tu nos livrarás de toda escuridão com teu escudo protetor, a não ser quando nossa própria insensatez traz trevas sobre nós. Que temamos um espírito desnutrido. Que nos recusemos a deixar de amar a ti e ao próximo. Quando tempestades nos assolarem, quando a noite for escura e a alma se angustiar, que nós, viajantes fatigados, olhemos para ti. Contemplando a luz de teu amor, que aprendamos a cantar teu cântico durante a noite. Quando o último rio gélido da morte for atravessado, que nos encontremos na companhia das testemunhas fiéis na vida eterna. Amém.

George Dawson (1821–1876), *Orações: antigas e modernas*, p. 333

PARA REFLETIR: 2Rs 10.12-17; Sl 133.1-3; Jo 17.6-26; 1Co 1.10; Gl 3.26-28; Ef 2.11-22; 4.11-23; Cl 3.13-14; 1Pe 3.8-9; **1Jo 4.7-8**

26

É um fanático intolerante aquele cujo apego ou afeiçoamento ao próprio partido, à própria opinião, igreja ou religião é tão rígido que condena qualquer um que, embora expulse demônios em nome de Jesus, difere dele próprio. Somos culpados de intolerância quando nos recusamos a crer que qualquer um possa expulsar demônios, mesmo se diferir de nós. Proíbo eu alguém de expulsar demônios só porque não pertence a meu grupo, não compartilha das mesmas opiniões ou não adora a Deus da mesma forma que eu? Discuto eu com ele e o incomodo? Em caso afirmativo, sou intolerante. "Examina-me, ó Deus, e conhece meu coração; prova-me e vê meus pensamentos. Mostra-me se há em mim qualquer 'intolerância' que te ofende e conduze-me pelo caminho eterno."

Não importa qual é o instrumento usado por Deus, reconheça e alegre-se pela obra do Senhor, confessando sua grandeza; louve o nome de Deus com ações de graças. Tanto quanto possível, remova todos os obstáculos à obra de Deus. Fortaleça a mão de quem Deus aprouver usar, falando bem dessa pessoa perante todos os homens; afirme o que o tiver visto realizar.

John Wesley, "Alerta contra a intolerância", *Sermões*, sermão 38, seção 4, § 1-5

Ó Deus, tu que fizeste todos os que nasceram de novo em Cristo se tornarem um povo régio e sacerdotal, concede-nos tanto a vontade quanto o poder para fazer tua vontade, a fim de que teu povo que é chamado para a vida eterna tenha uma mesma fé católica dentro do coração e piedade uniforme na vida, para a glória do Pai, do Filho e do Espírito Santo. Amém.

"Pela Igreja", Intercessões, em *Coletas antigas e outras orações*, p. 99

PARA REFLETIR: Sl 26.2; **139.24; Mc 9.38-41;** Lc 9.46-50; Jo 13.1-18; Rm 12.8-21; 13.8—14.23; 15.1-8; 1Co 3.1-23; 6.1-11; 12.12—13.13

Poetas, oradores e filósofos condenam com frequência o dinheiro como inimigo da virtude. Esse discurso é vazio; por mais corrupto que seja o mundo, a culpa não é do dinheiro. "O amor ao dinheiro é a raiz de todo mal", não o dinheiro em si. O problema está naqueles que fazem mau uso do dinheiro. Ele pode servir a bons e a maus propósitos. Pode prestar um serviço indizível para a humanidade. O dinheiro não passa de uma ferramenta para fazer negócios e, usado com sabedoria, também faz o bem. Na atual condição humana, o dinheiro é uma dádiva de Deus que pode servir a fins nobres. Nas mãos dos filhos de Deus, o dinheiro se torna alimento para o faminto, água para o sedento, roupa para o despido e abrigo para o estrangeiro. Defende o oprimido e dá alívio ao enfermo.

Para quem teme a Deus, existem três regras claras para o uso do dinheiro: (1) Ganhe o máximo que puder por meio de trabalho honesto. (2) Economize o máximo que puder; não desperdice esse talento na mera gratificação da carne. As duas primeiras regras de nada valem sem a terceira: (3) Doe o máximo que puder, agindo como um mordomo confiável, não como proprietário.

JOHN WESLEY, "O USO DO DINHEIRO", SERMÕES, SERMÃO 50

Ó Senhor bondoso, em quem se unem todos os tesouros do conhecimento e da sabedoria, guia-me nos caminhos da vida e livra-me dos caminhos da morte. Dá-me um espírito humilde e obediente, para que eu ajude os aflitos e console os desconsolados. Perdoa-me por negligenciar esse dever cristão, e ensina-me a remir o tempo com alegre constância. Amém.

O PEREGRINO PENITENTE (1641), *ORAÇÕES: ANTIGAS E MODERNAS*, P. 362

PARA REFLETIR: Am 5.18—6.14; Mt 6.19-21; Mc 4.1-20; 10.17-25; Lc 12.13-21; 18.18-30; **1Tm 6.6-11**,17-19; Tg 5.1-5; 1Jo 3.17

GEORGE WHITEFIELD
(1714–1770)

Muitas são as testemunhas das habilidades de oratória de George Whitefield, um dos principais catalisadores do reavivamento evangélico do século 18 e o primeiro evangelista internacionalmente famoso. Nenhuma delas é mais convincente que o relato feito por Benjamin Franklin. Whitefield estava angariando recursos para fundar um orfanato na Geórgia. Franklin, amigo e editor de Whitefield, argumentou sem sucesso que o orfanato devia se localizar na Filadélfia. "Pouco tempo depois, fui ouvir um dos sermões [de Whitefield]. Enquanto ele falava, percebi sua intenção de concluir com uma coleta de ofertas e secretamente decidi que ele não conseguiria nada de mim. No meu bolso, eu tinha algumas moedas de cobre, três ou quatro dólares de prata e cinco *pistolas* [moedas espanholas] de ouro. Conforme ele prosseguia, fui amolecendo e concluí que daria as moedas de cobre. Mais um golpe de sua oratória me deixou envergonhado disso, e resolvi dar as moedas de prata. Então ele concluiu de forma tão admirável que esvaziei os bolsos na salva de ofertas, com o ouro e tudo o mais" ("Benjamin Franklin on Rev. George Whitefield, 1739").

Whitefield era filho de estalajadeiros em Gloucester, Inglaterra. Seu pai morreu quando George tinha 2 anos de idade. A mãe ficou sozinha cuidando da pousada. George cuidava do bar e servia bebidas aos clientes. Quando criança, lia peças teatrais e treinava dramatização. No entanto, também leu a Bíblia e Tomás de Kempis, sonhando tornar-se ministro anglicano.

Aos 18 anos, Whitefield entrou no Pembroke College, Oxford, onde conseguiu se manter atuando como servente dos alunos mais ricos. Ficou impressionado com a devoção religiosa dos membros do Clube Santo quando, a caminho de receber a Eucaristia, foram zombados por outros estudantes. O Clube

Santo, fundado por Charles Wesley, adotava regras rígidas para uma vida de santidade, e os membros organizavam o tempo com rigor para estudar e praticar as disciplinas religiosas. Para escarnecer, outros alunos lhes deram o rótulo de "metodistas". Whitefield achava que era pobre demais para participar do grupo de jovens cavalheiros do Clube Santo. Todavia, conheceu Charles Wesley, que lhe deu conselhos religiosos. Em 1735, Whitefield entrou para o Clube e, naquele ano, passou pela experiência da conversão evangélica. Ele nasceu de novo e "se alegrou em Deus, meu Salvador" (Kidd, *George Whitefield*, p. 21). Embora intimamente ligado aos Wesley, Whitefield divergia radicalmente no que diz respeito à predestinação. Whitefield seguia João Calvino, ao passo que os Wesley não.

Ele foi ordenado diácono na Igreja da Inglaterra e começou a pregar em Londres e arredores. Grandes multidões se reuniam; suas habilidades de ator eram usadas na pregação. Ele encenava a vida dos personagens bíblicos, dançando, correndo, gritando e chorando. Mas nem todos o aceitavam. Alguns o atacavam com o que vissem pela frente, jogando nele desde frutas podres até gatos mortos. Uma mulher o agrediu com os dentes. Whitefield, conforme Franklin observou depois, "abusava" dos ouvintes, "garantindo-lhes que eram naturalmente *metade animais e metade demônios*".

Em 1739, Whitefield começou um itinerário de pregação pelas colônias norte-americanas, iniciando na Filadélfia. Para receber a multidão, logo foram obtidos recursos para construir um auditório de 650m^2 (Franklin observa que o auditório não estava ligado a nenhuma denominação específica). Nova York e Nova Jersey foram outros lugares nos quais Whitefield pregou com sucesso.

Depois disso, Whitefield pregou com menos êxito pelas colônias do sul (em Charleston, ministros anglicanos o rejeitaram), até que chegou à Geórgia. Ali pregou a colonos que haviam sido libertos das prisões por dívidas na Inglaterra. As dificuldades do local, incluindo um surto de febre amarela, haviam gerado órfãos, que não tinham quem deles cuidasse. Incentivado pelos irmãos Wesley, Whitefield se determinou a construir um orfanato e recebeu uma doação de terra dos colonos. Bethesda, perto de Savannah, foi fundado em 1740.

Sofrendo de asma e mal conseguindo ficar em pé, Whitefield pregou seu último sermão em Newburyport, Massachusetts, na noite de 29 de setembro de 1770. Morreu no início da manhã seguinte. Isso deu fim à sua sétima viagem pelos Estados Unidos, onde foi ouvido por centenas de milhares, do Maine até a Geórgia, ajudando a desenvolver uma identidade norte-americana. O "Grande Itinerante" havia atravessado o Atlântico treze vezes.

Aqueles que caminham em santidade junto de Deus devem prestar bastante atenção não apenas à providência divina ao lidar conosco, mas também aos apelos do Espírito Santo. Os filhos de Deus são conduzidos pelo Espírito Santo. Entregam-se assim como a criança dá a mão à ama ou aos pais. É isso que significa converter-se e tornar-se como uma criancinha. Ora, a mais clara manifestação possível de entusiasmo descontrolado é afirmar ser guiado pelo Espírito Santo, sem ser governado pelas Escrituras. É dever do cristão ser conduzido pelo Espírito Santo em conjunto com a Palavra de Deus escrita, que são suas ordenanças. Sempre ponha à prova as impressões e os sentimentos com base nas regras infalíveis da santíssima Palavra de Deus. Ao obedecer a esse padrão, você encontrará o caminho do meio entre dois extremos perigosos: de um lado, o entusiasmo equivocado, e do outro, uma vida desprovida da presença divina.

GEORGE WHITEFIELD, "CAMINHANDO COM DEUS",
SERMÕES SELECIONADOS, SERMÃO 2

Pai eterno, Fonte de todo ser, de quem surgi e para quem retornarei, sempre serei teu. Tu me chamarás para ti quando minha hora chegar. Bendito serei se puder dizer: "Lutei o bom combate". Não temo a morte, ó Pai da vida, pois ela não é um sono eterno, mas sim a transição para uma nova vida, um momento de transformação gloriosa, uma ascensão rumo a ti. Como o mal poderia vir de tuas mãos? Senhor da vida e da morte, em tuas mãos estou. Amém.

HEINRICH ZSCHOKKE (1771–1848), *ORAÇÕES:*
ANTIGAS E MODERNAS, P. 365

PARA REFLETIR: Ez 34.1-10; Mt 7.15; Jo 16.5-16; **Rm 8.5-17**; 2Co 11.3; 1Ts 3.6; **2Tm** 1.13; 3.1-9; **4.1-8**; Tt 2.1-5; 2Pe 1.20-21; 1Jo 4.1-5

Jamais devem faltar motivos para os remidos pelo sangue do Filho de Deus louvarem e adorarem a Deus. A todo instante, cenas da infinita bondade e do amor universal de Deus lhes são apresentadas. Sempre têm bons motivos para invocar os céus e a terra, falando a homens e anjos, louvando e bendizendo o Sublime e Grandioso que habita a eternidade, que faz o sol brilhar sobre justos e injustos, e que todos os dias derrama sobre todos suas bênçãos.

Em contrapartida, os interesses egoístas parecem ser o maior poder que motiva a maioria das pessoas a louvar a Deus e agradecer por sua misericórdia. A indulgência se aproxima do coração deles; acham que Deus deveria lhes favorecer acima dos outros. Por mais comum que seja o pecado da ingratidão, não há nada de que devemos pedir mais livramento.

Se, contudo, nosso coração não estiver congelado com interesses pessoais, então, como as brasas do fogo refinador, assim o amor de Deus deve nos derreter em gratidão e amor que o louve por sua bondade, declarando as maravilhas que ele realiza pelos filhos dos homens.

GEORGE WHITEFIELD, "GRATIDÃO PELAS MISERICÓRDIAS RECEBIDAS",
SERMÕES SELECIONADOS, SERMÃO 7

Ó Deus de toda misericórdia, que nos estende graça ao longo de todos os anos de nossa vida, agrada-te em aceitar nossa mais sincera gratidão por tuas incontáveis bênçãos, perdoando bondosamente nossos inúmeros pecados e enfermidades e derramando profusamente todas as graças e virtudes que nos tornem aceitáveis a ti. Em humildade imploramos que acrescentes mais força à nossa fé, mais fervor ao nosso amor e mais perfeição à nossa obediência. Que em humilde sinceridade e constante perseverança sirvamos a ti com toda fidelidade, em nome de Jesus Cristo. Amém.

CHARLES HOWE (1661–1745), *ORAÇÕES: ANTIGAS E MODERNAS*, P. 366

PARA REFLETIR: Sl 7.17; 9.1-14; 18.1-6; 21.13; 22.3; 30.12; 33.1-2; **107.8;** Is 57.15; Ml 3.2-3; **Mt 5.45;** Fp 4.6; 1Ts 5.16-18

Alguém pode aparentar ter todos os dons do Espírito, sem possuir nenhuma de suas graças. Pode ter fé para mover montanhas, expulsar demônios e falar nas línguas dos homens e dos anjos. Mas, se esses dons não forem santificados pelo Espírito Santo, acabarão o levando diretamente para o inferno. Precisamos receber o Espírito Santo em suas graças santificadoras. "Quem não nascer de novo, não verá o reino de Deus." Por natureza, nascemos em pecado e estamos tão longe de Deus quanto o diabo, condição da qual não conseguimos nos resgatar. Precisamos ser renovados pelo Espírito Santo, ou seja, pela terceira pessoa da sempre bendita Trindade: coigual, coessencial, coeterno e consubstancial [de uma só essência] com o Pai e o Filho. Logo, quando somos batizados, isso se dá na natureza do Pai, na natureza do Filho e na natureza do Espírito Santo. Só nos tornamos cristãos totalmente obedientes quando somos santificados pelo Espírito de Deus.

GEORGE WHITEFIELD, "A TOLICE E O PERIGO DE NÃO SER SUFICIENTEMENTE RETO", *SERMÕES SELECIONADOS*, SERMÃO 9

Mediante o poderoso agir de teu bendito Espírito, ó Deus, que sejamos cada vez mais transformados e, ao fim, trasladados para desfrutar de forma plena, perfeita, infinda e ininterrupta a glória contigo, ó Pai, juntamente com o Filho e o bendito Espírito, aos quais damos toda honra, poder, força, majestade e domínio, agora e por toda a eternidade. Amém e amém.

GEORGE WHITEFIELD, "O OLEIRO E O BARRO", *SERMÕES SELECIONADOS*, SERMÃO 13

PARA REFLETIR: Êx 19.10; Lv 11.43-45; 20.7; **Jo 3.3**; 17.1-19; Rm 6.13; 12.1-8; **1Co** 1.30; **13.1-3**; Ef 5.26; 1Ts 2.13; 4.3-4; 5.23-25; Hb 13.12; 1Pe 1.1-2

Assim como o oleiro humano precisa refazer um vaso estragado, nossa natureza depravada deve passar por uma ampla transformação nas mãos do oleiro celestial, o todo-poderoso Espírito de Deus. Nosso entendimento precisa ser iluminado; nossa vontade, razão e consciência devem ser renovadas; nossas afeições precisam ser atraídas e fixadas nas coisas do alto. Uma vez que carne e sangue não podem herdar o reino dos céus, o que é corruptível precisa revestir-se de incorruptibilidade, e o que é mortal revestir-se de imortalidade. O velho necessita literalmente passar e todas as coisas, o ser completo, ser renovado. Essa mudança se chama arrependimento, conversão, regeneração — escolha o nome que quiser. A Bíblia chama esse processo de santidade, santificação, nova criação. Nosso Senhor o chamou de "novo nascimento" ou "nascer de novo", ou "nascer do alto".

Não se trata de mera linguagem figurada ou de uma mudança relativa associada ao batismo. O vocabulário retrata uma mudança verdadeira e moral do coração e da vida, uma participação verdadeira da vida divina na alma do ser humano. A menos que a pessoa experimente o poder e a eficácia da regeneração, nada do aprendizado ou crítica pela qual ela passar a isentará da danação verdadeira.

George Whitefield, "O Oleiro e o barro",
Sermões selecionados, sermão 13

Ó Pai todo-poderoso, nós somos o barro e tu és o Oleiro. Informes nós nos colocamos em tuas mãos. Que cada cruz, cada aflição, cada tentação sejam subjugados diante da impressão de tua bendita imagem no caráter cada vez mais vivificado de nosso coração. Amém.

George Whitefield, "O Oleiro e o barro",
Sermões selecionados, sermão 13

PARA REFLETIR: Sl 51.10-12; **Jr 18.1-6**; Lc 21.19; **Jo 3.1-21**; Rm 5.1-21; 12.1-2; **1Co 15.50-53**; 2Co 4.1-18; **5.11-21**; Gl 2.20; 5.19-26; 1Pe 1.13-16; 2.1-3; 5.9-12; 1Jo 2.28—3.10

Você é filho de Deus? Converteu-se e tornou-se como uma criancinha? Então lide com Deus como seus filhos lidam com você. Assim que precisam de algo ou ficam em perigo, eles correm diretamente para sua direção. Bem, você é filho de Deus. Satanás o perturba? O mundo o angustia? Então leve sua preocupação diretamente para o Pai celestial. Talvez você diga: "Não consigo me dirigir a Deus com eloquência". Você espera que seus filhos usem linguagem sofisticada quando vêm lhe contar seus problemas? Não! Eles vêm chorando, muitas vezes falando as palavras pela metade. Acaso seu Pai celestial não tem infinitamente mais empatia por você do que você por seus filhos? Se você fizer um sinal de apelo a seu Pai celeste, ele será "como um pai para seus filhos, bondoso e compassivo para os que o temem". Portanto, seja ousado com seu Pai celestial. Diga para ele: "*Aba*, Pai, Satanás me perturba. Pai celestial, defende minha causa!".

GEORGE WHITEFIELD, "MARCAS DA CONVERSÃO VERDADEIRA",
SERMÕES SELECIONADOS, SERMÃO 23

Ó meu Deus, somente tu és totalmente sábio e onisciente! Creio que tu sabes o que é melhor para mim. Creio que me amas mais do que eu amo a mim mesmo, que és todo-sábio em tua providência e todo-poderoso em tua proteção. Eu te agradeço de todo o coração por teres me tirado de minha própria guarda e me chamado a colocar-me em tuas mãos. Não há nada mais que eu possa pedir. Por tua graça, eu te seguirei aonde quer que fores, e não tentarei ficar à frente do caminho. Aguardarei tua orientação e, ao obtê-la, espero agir com simplicidade e sem temor. Amém.

JOHN HENRY NEWMAN (1801–1890), *ORAÇÕES:*
ANTIGAS E MODERNAS, P. 343

PARA REFLETIR: Sl 103.14; Is 64.8-9; **Mt 6.5-15,26; 7.9-11;** 18.12-14; Lc 6.35-36; 12.32; 15.4-7; Jo 14.1-2; 15.9; Rm 8.35-39; Ef 2.1-10; 1Jo 3.1-9

33

As Escrituras nos ordenam a nos despirmos do velho eu pecaminoso e nos revestirmos da "nova natureza, criada para ser verdadeiramente justa e santa como Deus". Ora, é preciso admitir que esse é um desafio e tanto. Mas não é impossível. Muitas almas felizes foram auxiliadas pelo poder divino para que isso acontecesse. Então por que deveríamos nos desesperar pelo sucesso? A mão de Deus é curta demais para salvar? Acaso ele é o Deus apenas de nossos pais? Não seria também o Deus dos filhos deles? Sim, sem dúvida, dos filhos também!

Essa tarefa nos causará certa dor, pois exigirá que deixemos de lado algumas das aspirações mais estimadas, quem sabe o afastamento de um amigo, a crucificação de uma paixão escondida da qual tanto gostamos, talvez tão difícil de abandonar quanto cortar fora a mão ou arrancar um olho. Mas e aí? Não seremos membros reais e vivos da família de Cristo, filhos de Deus, herdeiros do reino dos céus? Certamente que sim!

George Whitefield, "Sobre a regeneração",
Sermões selecionados, sermão 49

Ó Senhor, meu Deus, aperfeiçoa em nós tamanha perseverança que não nos apressemos em fugir da labuta, da solidão ou do sofrimento; antes, que sempre tenhamos pressa de servir-te, agradar-te e, quanto desejares, ir para o lar em tua bendita presença. Amém.

Christina Georgina Rossetti (1830–1894), *Orações:
antigas e modernas*, p. 363

PARA REFLETIR: Sl 119.33-40; **Is 59.1;** Jr 29.11-14; **Mt 5.29;** 6.25-34; Lc 6.46-49; Rm 6.1-14; Gl 5.16-26; 6.7-10; **Ef** 3.14-21; **4.24;** Cl 1.9-14

Se não houvesse nenhuma outra recompensa da conversão cristã completa além da paz com Deus "que excede todo entendimento", já teríamos razões mais que suficientes para nos alegrar. Mas quando percebemos que esse é apenas o princípio de uma sucessão eterna de alegrias no Senhor, que o dia de nossa morte será como o primeiro dia de nosso nascimento, um dia que revelará um panorama eterno de alegria, em suma, que aqueles que nascem do alto têm um título que lhes dá direito a todas as provisões gloriosas do evangelho, têm a certeza infalível de ser redimidos aqui e além da maneira que somente um Deus pleno de sabedoria, graça e poder é capaz de fazer, sou forçado então a concluir que todos que têm pelo menos um mínimo de preocupação pela própria salvação, após receber tais promessas, tal esperança e tal eternidade de alegria, jamais devem deixar de vigiar, orar e labutar até passar por uma mudança interna verdadeira e salvadora no coração, com a certeza de que habita em Cristo e Cristo nele. É nova criatura e filho de Deus; já é herdeiro e, muito em breve, tomará posse do reino.

GEORGE WHITEFIELD, "SOBRE A REGENERAÇÃO",
SERMÕES SELECIONADOS, SERMÃO 49

Ó Deus, nossa Vida Verdadeira, em quem e por meio de quem todas as coisas existem, que por intermédio de teu Espírito nos convida a te buscar, e que estás sempre pronto a ser achado: conhecer-te é vida, servir-te é liberdade, louvar-te é a alegria e felicidade da alma. Amém.
EXTRAÍDO DE *SERVIÇOS PARA O CULTO CONGREGACIONAL*,
CITADO EM HARVARD SQUARE LIBRARY

PARA REFLETIR: Jo 3.3; 14.1-4; 17.24; 1Co 15.35-38; **2Co 5**.1-10,**17**; Ef 1.18-19; **Fp 4.4-7**; Cl 1.3-6; 3.1-4; Hb 10.24; 1Pe 1.3-5; 2Pe 1.10-11; Ap 3.21; 21.1-5; 22.1-5

Os cristãos são "o templo do Deus vivo" — Pai, Filho e Espírito Santo. O Deus trino que outrora decidiu criar o mundo se comprometeu e se envolveu na mesma proporção com a obra redentora. Em ação específica, o Pai cria, o Filho redime e o Espírito Santo santifica, mas tudo isso corresponde à obra de um Deus trino. Mediante o sacrifício livre, voluntário e irrestrito de si mesmos, os que fazem parte do povo de Deus se entregam por completo àquele que os amou e por eles se entregou.

Essa é a religião verdadeira e não contaminada na presença de Deus; é o serviço cristão racional, que a Palavra do Senhor requer de nós. Exige nada menos que a renúncia total ao mundo como nosso primeiro amor. A entrega transforma a vida cristã inteira em um serviço contínuo de amor a Deus. Quer coma, quer beba, a pessoa tudo faz para a glória de Deus. Para tornar-se um templo do Deus vivo, renunciando ao mundo como nosso primeiro amor, não é necessário entrar para um mosteiro ou convento. É possível ser templo do Espírito Santo na sociedade, em meio às atividades da vida. Esse tipo de religião pode ser igualmente praticado por poderosos ou humildes, ricos ou pobres. Requer um desempenho igual de responsabilidades, independentemente da posição de vida na qual Deus nos coloque.

GEORGE WHITEFIELD, "CRISTÃOS, TEMPLOS DO DEUS VIVO", *SERMÕES SELECIONADOS*, SERMÃO 50

Ó Pai celestial, Autor e Fonte de toda verdade, Mar inesgotável de todo entendimento, faz que o Espírito Santo se sinta à vontade em nosso coração, e ilumina nossa compreensão com o brilho de tua graça celeste. Pedimos isso, ó Pai misericordioso, em nome de nosso querido Salvador Jesus Cristo. Amém.

NICHOLAS RIDLEY (1500–1555), *ORAÇÕES: ANTIGAS E MODERNAS*, P. 246

PARA REFLETIR: Mt 3.16-17; 28.19-20; Lc 14.28-32; Jo 15.26; **Rm 12.1-2;** 2Co 4.6; **6.16;** 13.14; Gl 2.10; 2Tm 2.1-7; **Tg 1.27;** 1Pe 4.1-11; 2Pe 3.10-18; Jd 1.20-21

JOHN WOOLMAN
(1720–1772)

Um dos acontecimentos mais importantes da era moderna foi o fim no Ocidente da escravidão institucionalizada (quando, por lei, uma pessoa podia possuir e vender a vida, sorte e liberdade de outra). As engrenagens que giraram para levar à abolição incluíram religião, argumentos morais, questões econômicas, legislação, literatura e também coerção. Os métodos eram variados, sendo um deles a persuasão moral, exercida por muitos quacres (Amigos), em oposição à crítica ferrenha. John Woolman, homem gentil mas determinado, é um nobre exemplo. Ele observou que a abolição da escravatura seria difícil para os proprietários de escravos. Mas quando o interesse próprio retrocedesse, quando o dono de escravos deixasse de lado o desejo de ter propriedades que necessitassem de escravos e aceitasse os argumentos morais que tornavam a escravidão inadmissível, tal sistema teria fim (*Diário*, cap. 5, agosto de 1758).

John Woolman nasceu em uma família quacre em Burlington County, West Jersey. Frequentou a escola com índios e crianças quacres. Após trabalhar por vários anos em fazendas, tornou-se funcionário em uma loja de Mount Holly e aprendeu o ofício de alfaiate.

John exerceu suas habilidades de liderança atuando como ministro do Encontro Mensal de Amigos de Burlington. Desde jovem, começou a duvidar que a escravidão pudesse ser harmonizada com a fé cristã. Como sabia escrever bem, com frequência elaborava documentos legais. Em 1742, seu patrão, um Amigo, pediu a João que elaborasse um contrato de venda de uma escrava. Ele acatou o pedido, mas ao pegar a pena sentiu uma onda de repulsa moral e protestou, afirmando sua crença de que a escravidão era incoerente com a religião cristã. Em outra ocasião, recusou-se a redigir a parte de um testamento que deixaria um escravo para o filho de seu proprietário.

Como era o costume de muitos membros da Sociedade dos Amigos na época de Woolman, ele fazia "jornadas de ministério" para outras reuniões anuais. Começou a escrever seu *Diário*, um clássico da literatura em língua inglesa, em 1756. Em 1746 e 1757, viajou a pé e sem dinheiro para o encontro dos Amigos em Maryland, Virgínia, e Carolina do Norte, onde deparou com a escravidão como "trevas melancólicas que cobriam toda a terra" (Whittier, "Uma palavra de apreço", parte 1, em *Diário*, introd.). Ao apelar para a consciência dos proprietários de escravos, Woolman falava dos males da escravidão, com frequência de maneira inofensiva. Por vezes, porém, usava o tom de um profeta do Antigo Testamento (*Diário*, cap. 10). Seus escritos destacam repetidamente a complexa rede econômica encontrada no regime escravo.

Woolman exerceu influência significativa em convencer a Sociedade dos Amigos quanto aos males da escravidão. Em 1758, a Reunião Anual da Filadélfia formou uma comissão para visitar e convencer os quacres proprietários de escravos a dar fim a essa prática. John foi um dos membros estratégicos desse grupo.

Em julho de 1763, profundamente incomodado pela guerra entre índios e ingleses em Fort Pittsburg, e com "amor no coração pelos nativos desta terra os quais há muito habitam nas florestas", Woolman e três amigos fizeram uma perigosa jornada de onze dias para Wehaloosing, cidade indígena no norte da Pensilvânia, às margens do rio Susquehanna. O relato cativante de sua jornada e do ministério de "amor evangélico puro" e "cuidado celeste" por intermédio do "Espírito Santo" aos habitantes de Wehaloosing se encontra registrado no *Diário* (cap. 8).

A última jornada de Woolman foi para a Inglaterra (1772). Durante a viagem, ele abriu mão de uma cabine mais cara e, em vez disso, dormiu em meio aos "marinheiros pobres" na proa (*Diário*, cap. 11). A princípio, os participantes da Reunião Anual de Londres não se impressionaram com aquele homem simples dos Estados Unidos. Mas, à medida que falava, seu espírito e sua convicção conquistaram o apoio para firmar uma declaração condenando o regime escravagista. Ao fim da Reunião Anual de Londres, Woolman fez uma jornada para York, encontrando-se com Amigos pelo caminho. Contraiu varíola em setembro, e acabou morrendo em 7 de outubro de 1772.

Perto do fim da Reunião Anual, expressei o que acredito ser algo que Deus pôs em meu coração, na convicção de que ele comunicaria o mesmo para cristãos sinceros e retos. Os filhos de Deus podem diferir em entendimento, e talvez nem todos tenham alcançado a maturidade cristã. Contudo, em todas as eras, quando as pessoas são fiéis à luz e ao entendimento que o Altíssimo concedeu, encontram favor junto dele. Embora existam diferenças entre os cristãos referentes a questões específicas, se conservarmos o espírito e o poder que crucifica o mundo, espírito e poder que nos ensinam a ficar contentes em receber aquilo de que verdadeiramente necessitamos, se recusarmos buscas superficiais e nos comprometermos com temer e servir ao Senhor, então a verdadeira união será preservada. Nem mesmo os mártires que entregaram a vida em testemunho a Jesus concordavam em todos os pontos doutrinários.

Se aqueles cuja consciência os leva a discordar acerca de qualquer doutrina pequena permanecerem humildes, manifestando um espírito de verdadeira caridade, estarão mais dispostos a ouvir o testemunho cristão de outros e servirão melhor tanto a Cristo quanto a sua igreja no mundo.

JOHN WOOLMAN, Diário, CAP. 6, JULHO DE 1759

Ó Deus, fonte de toda vida e alegria, enche-nos com teu Espírito e poder, para que sejamos libertos da inveja, da ira injusta e da atitude rancorosa contra aqueles que nos ofendem. Livra-nos, ó Senhor, de ambições egoístas e da ganância, que geram medo e desespero, impedindo-nos de receber a plenitude de vida que desejas para todas as pessoas. Livra-nos, ó Senhor, de um espírito ansioso, do desânimo, da tristeza e do esquecimento de tuas múltiplas misericórdias. Amém.

EXTRAÍDO DE SERVIÇOS PARA O CULTO CONGREGACIONAL, CITADO EM
HARVARD SQUARE LIBRARY

PARA REFLETIR: Sl 133.1-3; Jo 13.34; At 4.32; Rm 16.17-19,25-27; 1Co 1.10-17,26—2.5; 3.3; Ef 1.22-23; Fp 1.4; 2.1; Cl 1.24; 1Jo 2.28—3.6

(Os pensamentos a seguir foram redigidos nos rincões da Pensilvânia, em 1763, depois de Woolman ter observado guerreiros indígenas voltando de um conflito entre tribos, muitos deles gravemente feridos, e comerciantes brancos tirando vantagem dos nativos.)

Senti o forte impulso de atender à pura retidão universal, a fim de jamais dar nenhuma causa justa para ofender os que não professam o cristianismo, sejam escravos africanos, sejam índios americanos. Fui conduzido a um intenso exame de mim mesmo, para ver se havia me livrado das coisas que causam guerra e conflito. Resolvi que, no futuro, eu me entregaria à verdade pura, vivendo e andando como seguidor sincero de Cristo. Lamentei os males que acompanharam a busca inglesa cobiçosa por prosperidade e luxo, bem como as tragédias decorrentes disso. Eu precisaria dedicar atenção constante ao amor e à sabedoria divina, para mostrar a eles um modo de vida responsável diante de um Deus bondoso, cheio de graça e poder, que tem igual consideração por toda a humanidade. Como mensageiro fiel, devo labutar para impedir o crescimento dessas sementes de injúria, a fim de que não amadureçam para a ruína de nossa posteridade.

JOHN WOOLMAN, *DIÁRIO*, CAP. 8, 13 DE JUNHO DE 1763

Fala, Senhor, pois teu servo ouve. Concede-nos ouvidos para ouvir, olhos para enxergar, força de vontade para obedecer e coração para amar. Então declara tua vontade, revela tua vontade e exige tua vontade. Amém.

CHRISTINA GEORGINA ROSSETTI (1830–1894), *ORAÇÕES: ANTIGAS E MODERNAS*, P. 340

PARA REFLETIR: Sl 19.12; 26.2; 51.1-19; 139.1-24; Mt 7.1-5; Lc 6.36-42; Rm 12.3; 1Co 13.5; Gl 6.3-5; Tg 1.19-27; 3.1-18; 1Pe 1.13; Ap 2.12—3.22

Existe um *princípio de liberdade* puro e inato na mente humana. Em diferentes eras e lugares, recebeu ele diferentes nomes. Esse princípio provém de Deus. É profundo e interno; não se confina a nenhuma religião, nem se exclui de nenhuma delas. Onde quer que receba oportunidade, o princípio cria raiz e cresce. Quando se desenvolve e é usado da melhor maneira, as pessoas se tornam irmãs e irmãos. Mas, quando desenvolvemos costumes que atendem a comodidade e interesses próprios em conflito com esse princípio infinito, aderimos a formas de governo que rejeitam a obediência ao Deus em cujo serviço a liberdade é exercida.

Aquele que força outro a servi-lo contra a própria vontade, que se recusa a pagar salários justos, ou que trata outro ser humano como se este não fosse livre destitui tal pessoa do justo benefício por seu labor. Mesmo se tais injustiças estiverem estabelecidas pela lei, ainda assim roubam o espírito do outro, como o frio congela a água. Tal conduta contamina a mente das crianças que observam e as fecha contra o impulso gentil da liberdade natural e irrestrita.

John Woolman, *Obras*, p. 325-326

Ó Senhor, nosso Deus Todo-poderoso, dirige nossos passos no caminho da paz e fortalece nosso coração para discernir tua vontade e a ela obedecer. Que neste dia a aurora que vem do alto nos visite e ilumine os que se assentam nas trevas e na sombra da morte, para que as pessoas te adorem por tua misericórdia, te sigam por tua verdade e te desejem por tua santidade, um só Deus, para sempre bendito. Amém.

Intercessões, em *Coletas antigas e outras orações*, p. 126

PARA REFLETIR: Êx 12.31-51; 22.21-22; Lv 19.15; Sl 12.5-6; Am 4.1-13; 5.7-17; Mq 6.6-16; **Lc 1.78**; 16.19-31; Gl 5.1; Tg 5.1-6

Quão agradável para a harmonia da sociedade é a exortação do apóstolo: "Não procurem apenas os próprios interesses, mas preocupem-se também com os interesses alheios. Tenham a mesma atitude demonstrada por Cristo Jesus". Aquele que desfruta prosperidade material pode ter habilidade de adquirir riquezas. Ainda assim, pode possuir a mesma atitude de Cristo: um coração terno para com as pessoas de baixa posição. Em vez de se exaltar, pode entender seu sucesso como um favor não merecido de Deus. Pode aproveitar as oportunidades para afastar sua família das armadilhas da riqueza. Com generosidade, pode dedicar tempo para cuidar das necessidades dos pobres e demonstrar um exemplo de humildade, dando puro testemunho de sua fé.

Embora Cristo possuísse a riqueza da divindade e fosse mais abastado que qualquer príncipe terreno, ainda assim portava-se com amor infinito, não assumindo a natureza dos anjos, mas tornando-se companheiro dos pobres, dos presos na obscuridade. Ele enfrentava as lutas comuns que acompanham a vida humana.

JOHN WOOLMAN, OBRAS, P. 363

Pai celestial, nós nos alegramos na bendita comunhão de todos os santos, a igreja militante e triunfante. Nós te agradecemos por nossa esperança em comum e pela promessa de alegria eterna. Que a incontável companhia dos que se foram antes de nós seja exemplo de uma vida piedosa, para que, com perseverança, corramos a corrida à nossa frente, olhando para Jesus, o Autor e Consumador de nossa fé. Que obtenhamos entrada no reino eterno, a assembleia gloriosa dos santos, para prestar culto e adoração a teu glorioso nome. Amém.

LIVRO DE ORAÇÕES (1851), ORAÇÕES: ANTIGAS E MODERNAS, P. 359

PARA REFLETIR: Mt 18.15-17; Jo 13.35; Rm 12.9-21; 1Co 13.1-13; **Fp 2.1-11;** Hb 10.24; 13.1-3; 1Pe 4.7-11; 1Jo 4.7-12; 5.1-5

40

Descobri que, quando sou obediente ao Senhor, minha mente aprende a demonstrar contentamento mesmo que pareça fraca e tola segundo a sabedoria deste mundo. Aqueles que encontram seu local de labor colocando-se primeiro ao pé da cruz serão alimentados em profusão pelo Cristo sofredor. Ao pé da cruz, o olho foca e o entendimento se mantém claro. O eu sai do caminho, e podemos nos alegrar em assumir o sofrimento de Cristo em prol de seu corpo, a igreja.

O homem natural prefere a eloquência — incluindo orações eloquentes — a viver ao pé da cruz. A menos que prestemos a devida atenção aos dons que vêm da cruz, podemos cansar-nos do Cristo sofredor, envergonhar-nos dele e, sem dúvida, enfraquecer cada vez mais. Então acenderemos para nós um fogo que será luz no caminho. Mas tal luz conduzirá para longe da cruz, na direção da falsa sabedoria deste mundo. Quem é de Deus se demora ao pé da cruz; quem é do mundo corre para a sabedoria do mundo.

John Woolman, *Obras*, p. 243-244

Deus, dá-nos graça para que recusemos tudo o que não vem de ti, por meio de ti e para tua glória. Que mediante nosso Senhor Jesus Cristo, o Caminho Vivo, permaneçamos em amorosa obediência com aquele que, juntamente com o Pai e o Espírito Santo, é nossa Cabeça, o desígnio e objetivo de nossa vida, bem como a plenitude de toda a criação. Amém.

Edward Bouverie Pusey (1800–1882), "Para a Quaresma", *Orações*, p. 13

PARA REFLETIR: Mt 10.37-39; 16.13-18; Lc 14.26-35; Rm 6.14; 1Co 1.17-31; Gl 6.14-16; Fp 2.8; 3.12-16; Cl 1.1-23; Hb 12.1-15

◇◇◇◇◇◇◇ **41** ◇◇◇◇◇◇◇

(A oração de John Woolman no leito de morte.)

Ó Senhor, meu Deus, os temíveis horrores das trevas se reuniram à minha volta, cobrindo-me por inteiro. Eu não via como prosseguir; sentia a profundidade e a extensão da miséria das outras criaturas separadas da harmonia divina. Sobrecarregado pelo peso disso tudo, era mais do que eu podia suportar. Levantei a mão e estendi o braço, mas ninguém estava ali para me ajudar. Olhei ao redor e me senti tomado pelas profundezas de minha miséria.

Ó Senhor, eu me lembrei de que és onipotente e de que eu te chamo de Pai. Lembrei-me de que te amo, e então silenciosamente me resignei à tua vontade. Aguardei o livramento que vem de ti. Tu te compadeceste de mim quando nenhum ser humano era capaz de ajudar. Vi que a mansidão diante do sofrimento seguia o modelo do sofrimento de teu Filho. Então tu me ensinaste a seguir meu Salvador e orar: "Seja feita a tua vontade, ó Pai".

JOHN WOOLMAN, *OBRAS*, P. 245-246

Concede, Deus todo-poderoso, que dependamos completamente de teu amor paterno e que aspiremos à plenitude da alegria eterna, por meio de tua bondade e gentileza imensurável que já dissestes estar pronta, ofertada a todos que, de coração sincero, te adoram, te invocam e correm para ti, por meio de Cristo, nosso Senhor. Amém.

JOÃO CALVINO, *OSEIAS*, PALESTRA 7

PARA REFLETIR: Sl 18.1-50; 25.6; 40.1-5; 56.3-4; 91.1-16; 118.1-9; Is 12.2; Hc 3.16-19; Rm 8.28-39; 15.13; 2Co 1.3-4; Fp 4.6-7; Hb 4.6-7

JOHN CARROLL
(1735–1815)

A compreensão do papel desempenhado por John Carroll em moldar a Igreja Católica Romana nos Estados Unidos pode ser encontrada em Romanos 8.28: "Sabemos que Deus faz todas as coisas cooperarem para o bem daqueles que o amam". John Carroll, jovem erudito norte-americano que estudou e lecionou fora do país, entrou para a ordem dos jesuítas em 1753. Em 21 de julho de 1773, por motivos ligados principalmente a questões políticas europeias, o papa Clemente XIV (1705–1774) aboliu os jesuítas (a Sociedade de Jesus), pondo um fim temporário a seus ensinos e esforços missionários. Aquilo que, para Carroll, pareceu uma interrupção sem sentido e até mesmo escandalosa de seu serviço a Cristo seria superado por seu papel moldador da Igreja Católica Romana nos Estados Unidos e por sua ajuda para garantir que houvesse tolerância religiosa na nova nação.

John Carroll nasceu em Upper Marlboro, Maryland, em um lar católico. Aos 13 anos, foi estudar no Colégio St. Omer, na Flandres francesa. Em 1755, começou os estudos de filosofia e teologia em Liège, na Bélgica, onde foi ordenado padre, provavelmente em 1769. Ao longo dos quatro anos seguintes, ensinou teologia e filosofia em St. Omer, Liège, e em Bruges. Em julho de 1773, ao fim de um ano viajando pela Europa, acompanhando o filho de um nobre inglês, Carroll se encontrava em Roma enquanto se desenrolavam os esquemas que culminariam com a proibição da ordem dos jesuítas. O breve de supressão (documento papal formal) de Clemente deixou John profundamente perturbado e amargurado, além de torná-lo alvo de perseguição, por fazer parte dos jesuítas que ainda restavam. Em 1774, voltou para Maryland, sua terra natal, "um homem de quarenta anos desgastado pelas dificuldades da vida" (Guilday,

Life and Times of John Carroll, p. 54). No entanto, os acontecimentos subsequentes demonstraram o gênio de Carroll para
organização. Ele formulou princípios e lançou alicerces que
possibilitaram a expansão e consolidação da Igreja Católica Romana nos Estados Unidos (Melville, *John Carroll of Baltimore*).

Mesmo sem o apoio financeiro de seu superior em Londres,
John começou um vasto ministério missionário em Maryland
e no norte da Virgínia. Construiu uma pequena capela em seu
estado natal. Pregava com fidelidade, ministrava a Eucaristia,
visitava os doentes, realizava casamentos, catequizava os jovens
e continuou a ler muito.

Em 1776, em apoio à Revolução Americana, Carroll acom-
panhou Benjamin Franklin e outros até o Canadá, numa fra-
cassada tentativa de conquistar o apoio dos católicos franceses.
Quando George Washington se tornou presidente, Carroll lhe
escreveu garantindo o apoio dos católicos do país. Em resposta,
Washington elogiou os católicos pelo "papel patriótico que de-
sempenharam" na Revolução (Guilday, *Life and Times of John
Carroll*, p. 366).

Em 6 de junho de 1784, Roma nomeou Carroll o superior
das missões nos Estados Unidos, função semelhante à de um
bispo. Em 1785, ele foi designado bispo da Igreja Católica Romana no país. Para se resguardar da aparência de ser dominado
por um poder estrangeiro, Carroll obteve aprovação para ter a
autonomia de escolher os oficiais da igreja. Em Baltimore, a re-
sidência episcopal de Carroll, tanto protestantes quanto católicos eram atraídos por suas pregações. Ele desempenhou papel
ativo na vida cívica da cidade, fundando escolas e atuando em
comissões e conselhos diversos. Em 1791, fundou o Colégio e
Seminário St. Mary, para formação de novos padres. O bispo
Carroll foi influente em garantir para a nova nação uma cláu-
sula constitucional de proteção à liberdade religiosa. A garantia
na Constituição de que jamais será exigida uma prova religiosa
para a ocupação de cargos públicos (artigo VI, seção 3) se deve,
em parte, ao bispo Carroll.

Em 1808, tornou-se arcebispo. O cardeal Timothy M. Dolan resume o impacto de Carroll: "Seu zelo se concentrou em

três áreas: o estabelecimento de uma estrutura eclesiástica, a promoção do ensino católico e o engendramento de um catolicismo respeitado, confiante e confortável em uma república tão recente e cheia de suspeitas em relação à eurocêntrica Igreja Romana" (Dolan, "Right from the Start").

O bispo Carroll conduziu a vida e o ministério com base no que era melhor para a igreja e a nova nação. Seus sermões, que integram o acervo da biblioteca da Universidade de Georgetown, dão apoio ao testemunho que Carroll proferiu, pouco antes de sua morte, a um religioso protestante que o admirava: "Senhor, minhas esperanças sempre estiveram fixas na cruz de Cristo" (O'Donovan, "John Carroll").

Chegada a hora de Jesus subir ao Pai, os discípulos ficaram deprimidos. Foi amarga a ideia de se separar daquele a quem amavam, do baluarte contra suas fraquezas, do centro de suas esperanças. Atento ao sofrimento dos discípulos, Jesus prometeu que, após retornar para o Pai, ele enviaria um Consolador, o Espírito Santo, que os guiaria em toda verdade. Restauraria a coragem desfalecida e habitaria com eles até o fim do mundo. A promessa se cumpriu no mistério que comemoramos hoje. Neste dia, o Espírito de Deus, a Fonte de nossa santificação, desceu e enriqueceu os discípulos com seus dons. Por sua múltipla graça, formou neles as mais perfeitas virtudes cristãs. As bênçãos do Pentecostes não se confinaram aos apóstolos. Elas são perpétuas para os discípulos de Jesus. O Espírito nos preenche o coração com dons, nos adorna com belos ornamentos, nos revigora com seu poder e nos atrai para si com seu amor intenso. As consequências de sua vinda devem ser proporcionalmente as mesmas para os apóstolos. Devemos refletir em como os apóstolos se portaram após receber o Espírito Santo e então comparar a vida deles com a nossa.

Arcebispo John Carroll, SJ, sermão pregado no domingo de Pentecostes [s.d.], *Sermões católicos americanos*, vol. 16

Pai celestial, tu foste fiel ao enviar sobre os discípulos o prometido Espírito Santo, o Consolador, no fogo inflamado do santo amor. Concede à tua igreja fervor na unidade da fé, para que, habitando cada vez mais em ti, teu povo seja constante na fé cristã e ativo na fé que opera mediante o amor, por meio de Jesus Cristo, nosso Senhor. Amém.

"Tempo de Pentecostes", Orações para datas sagradas, *Coletas antigas e outras orações*, p. 63

PARA REFLETIR: Lc 4.1-3; **Jo** 7.37-40; **14.15-27; 16.5-15;** At 2.1-12; Rm 8.1-17; 1Co 2.1-16; 12.1-13; Gl 5.16-26; Ef 1.15-23; 6.10-18

43

Não deveríamos nos surpreender quando a igreja conclama seus filhos fiéis a continuar na mais pura alegria por causa da ressurreição de seu Redentor. Não há nada mais agradável e fortalecedor que estar convicto de que a vida triunfou gloriosamente sobre a morte por meio do único em quem depositam sua esperança. Aquele que conduz sua vida colocando a esperança cristã no firme solo da ressurreição de Jesus Cristo — hoje sentado à direita do Pai, reinando para sempre — não encontrará inimigo capaz de superar a alegria cristã.

Cristo ressuscitou dos mortos, não simplesmente para si, mas para proteger seus discípulos do desespero, para torná-los plenos e fortes com o Espírito Santo prometido.

Se o patriarca Jacó se alegrou ao ver seu filho José vivo, trabalhando em toda a ilustre majestade que o Egito podia oferecer, qual deve então ser a disposição da alma piedosa que contempla a glória do Senhor e Redentor ressurreto, que, dos ilimitados recursos do Pai, cura suas enfermidades, os consola em tempos de aflição, os defende de todos os tipos de perigos e ministra paz e esperança na hora da morte?

Arcebispo John Carroll, SJ, sermão (1756),
Sermões católicos americanos, vol. 16

Que nosso Senhor Jesus Cristo e Deus nosso Pai, que nos amou e por sua graça nos deu ânimo eterno e boa esperança, encorajem nosso coração e nos fortaleçam em toda boa ação e toda boa palavra. Amém.

PARA REFLETIR: Mt 28.8; Lc 2.25-32; 15.1-24; 24.21; Jo 14.15-21; Rm 8.28-39; Ef 1.3-14; Cl 3.15-17; 1Ts 2.13-15; Hb 13.20-21; 1Pe 1.8-9

Jamais o orgulho e o espírito de ambição se manifestavam de forma tão gritante do que quando o fariseu entrava no templo para orar. Sua oração o exaltava e o fazia se lembrar de suas fictícias vantagens no céu. Longe de ser superior aos outros, sua ambição e presunção o impediam de se enxergar e de conhecer a Deus. Dois pecados se levantam juntos: ambição perante Deus e presunção da própria justiça. Ambos são repugnantes aos olhos do Senhor. Não contente em se recomendar a Deus, o fariseu ia mais longe, afirmando ter uma vantagem sobre os outros. Coberto de orgulho e autoestima, avançava até a frente do altar. Na verdade, tais orações o colocavam abaixo dos publicanos. Seus vícios detestáveis envolviam declarar igualdade com Deus. Para encontrar suas origens, devemos voltar a nossos primeiros pais; eles aspiraram ser o que não eram e, por isso, foram privados daquele estado feliz de graça para o qual foram criados.

Em contrapartida, o publicano, em total consciência de sua indignidade, parou à porta do templo. Ele se contentava em ser um devedor penitente, em implorar perdão pelos pecados e em permanecer na ignorância quanto ao pecado dos outros.

ARCEBISPO JOHN CARROL, SJ, SERMÃO [S.D.],
SERMÕES CATÓLICOS AMERICANOS, LIVRO I

Concede, Deus todo-poderoso, que teu Espírito destrua a maldade em nosso coração e nos restaure uma mente sensata, a fim de que nos apeguemos a ti com o coração verdadeiro e sincero. Assim, fortificados por tua defesa, continuemos seguros mesmo em meio a todos os tipos de perigo, até que, por fim, tu nos reúnas no bendito descanso, que preparaste para nós no céu, por meio de nosso Senhor Jesus Cristo. Amém.

JOÃO CALVINO, OSEIAS, PALESTRA 2

PARA REFLETIR: Mt 20.20-28; Mc 10.35-45; **Lc** 1.46-55; **18.10-14;** 19.1-10; Jo 13.1-17; Rm 3.21-31; 5.1-5; Tg 3.13—4.6; 1Jo 2.16; Ap 3.14-18

WILLIAM WILBERFORCE
(1759–1833)

As ações de William Wilberforce ilustram como o político cristão pode lançar mão dos instrumentos do governo civil a fim de promover avanços morais e estruturais na sociedade. Sua jornada exibe o mistério, a grandeza e o poder da graça de Deus.

Wilberforce nasceu em uma rica família mercantil em Hull, East Yorshire, na Inglaterra. Sua educação formal começou na cidade de Hull, sob a tutela de um ministro evangélico anglicano. Os colegas de sala de Wilberforce amavam ouvi-lo ler com sua "voz melodiosa" (Collier, *Memórias de William Wilberforce*, p. 11). Quando William tinha 9 anos de idade, seu pai morreu e a amável criança foi enviada para morar com os tios em Londres. Eles eram cristãos evangélicos. Ali Wilberforce entrou em contato com George Whitefield e John Newton. Aos 12 anos, professou a fé em Cristo. Mas sua mãe, temendo os perigos do entusiasmo religioso, temperou o zelo de William, afastando-o da influência evangélica do tio.

Em 1776, Wilberforce ingressou no St. John's College, em Cambridge, abandonando a fé evangélica em favor dos suntuosos prazeres públicos. A diversão lhe interessava mais que os estudos, déficit que ele mais tarde se esforçaria para compensar. Desfrutando a segurança da riqueza, transparecia as características de um líder. Era inteligente, gregário, refinado, espirituoso, arguto e eloquente. Enquanto estava em St. John, Wilberforce se decidiu por uma carreira no serviço público. Travou uma amizade inseparável com William Pitt (1708–1778), que logo se tornaria primeiro-ministro da Grã-Bretanha.

Em 1780, Wilberforce foi eleito membro do Parlamento. Em 1784, fez uma viagem pela Europa, acompanhado por Isaac Milner, ministro anglicano e brilhante cientista de Cambridge. Wilberforce ficou surpreso com as convicções evangélicas de

Milner e perplexo ao perceber que uma pessoa com tantas conquistas intelectuais pudesse, ao mesmo tempo, defender a fé evangélica. Enquanto viajavam, leram e debateram *Ascensão e progresso da religião na alma*, de Philip Doddridge. Após voltar para Londres, Wilberforce e Milner leram o Novo Testamento em grego. As verdades da Bíblia começaram então a "tomar posse da alma de William", expondo como ele havia desperdiçado oportunidades e talentos (Collier, *Memórias*, p. 42). Por fim, a graça e a fé o levaram à certeza do novo nascimento em Cristo; ele recebeu a "consolação do evangelho" (p. 44). Depois disso, aconselhou-se com John Newton, que reafirmou a fé de Wilberforce. Newton tinha a esperança de que os dons do estadista "ainda pudessem ser consagrados ao serviço de Cristo" (p. 48). Tal esperança se cumpriu em produção. A oração constante de Wilberforce era que "mantivesse os olhos fixos em Jesus" (p. 55).

Após um período de exame e oração, Wilberforce concluiu que Deus havia lhe dado duas tarefas: a abolição do tráfico de escravos no Império Britânico ("atividade odiosa", à qual se opunha desde a infância [Collier, *Memórias*, p. 78]) e a reforma da moralidade. A partir de então, "arriscaria tudo em Cristo" (p. 60). Seus esforços atrairiam inimigos e oposição ferrenhos, bem como aliados e apoio. O almirante Horatio Lord Nelson desprezava as "doutrinas detestáveis" de Wilberforce ("William Wilberforce", Wilberforce School). Mas John Wesley fez o apelo "em nome de Deus" para que Wilberforce abolisse a "vilania execrável" da escravidão (Collier, *Memórias*, p. 107).

Em 1793, Wilberforce apresentou um projeto de lei na Câmara dos Comuns, defendendo a abolição gradual do tráfico de escravos. O esforço falhou por oito votos. Então propôs uma lei que proibisse que os navios britânicos transportassem escravos para terras estrangeiras. A tentativa também fracassou. Fora abandonado por membros do Parlamento que haviam prometido apoiá-lo. As propostas e rejeições continuaram ao longo da década de 1790.

Sem se deixar abater, Wilberforce apoiou com vigor causas filantrópicas e evangélicas que incluíram a Sociedade

Missionária da Igreja, a Sociedade Bíblica Britânica e Estrangeira, a Sociedade de Proclamação contra os Vícios e a Imoralidade, a Sociedade Escolástica, a Sociedade da Escola Dominical, a Sociedade de Melhora das Condições dos Pobres, e a Sociedade contra os Vícios.

Na noite de 23 de fevereiro de 1807, com uma votação de 283 contra 16, a Câmara dos Comuns votou a abolição do tráfico de escravos. Conta-se que Wilberforce abaixou a cabeça e chorou.

(Em 1785, Wilberforce viajou pelo continente com amigos que insistiram com ele em questões religiosas. Ele argumentou que a religião é permitida se não for "levada longe demais", objeção que não conseguia definir. Sua mente só encontrou descanso quando se voltou para as Escrituras.)

"Leio as promessas das Sagradas Escrituras. 'Peçam, e receberão. Procurem, e encontrarão. Batam, e a porta lhes será aberta.' 'Deus dará o Espírito Santo aos que lhe pedirem.' 'Venham a mim todos vocês que estão cansados e sobrecarregados, e eu lhes darei descanso'. Ao ler essas passagens, acabei refletindo: se houver alguma verdade nessas coisas, e se eu me propuser buscar as bênçãos prometidas, sem dúvida sentirei um resultado de confirmação, como descrevem as Escrituras. Testarei essa questão; buscarei, a fim de achar as bênçãos prometidas. Eu sabia que a Palavra de Deus é verdadeira e que não havia procurado em vão."

O resultado foi paz, liberdade e livramento de pecados que o haviam aprisionado.

William Wilberforce, citado em Thomas Price,
The Memoir of William Wilberforce, p. 20-21

Busquei o Senhor e depois entendi
Que ele me induziu a buscá-lo buscando a mim.
Não que eu tenha te encontrado, ó Salvador verdadeiro;
Não, tu é que me encontraste o tempo inteiro.
Anônimo (1878), Hinário

PARA REFLETIR: Sl 103.3-6; **Mt 7.7; 11.28; Lc 11.13;** Jo 14.27; Rm 5.1-11; 15.13; 2Co 5.10; Gl 5.22; Ef 4.7; Hb 13.20; 1Jo 5.10

(Após condescender com "hábitos de folia" até os 25 anos de idade, Wilberforce tinha suas lutas como recém-convertido.)

"Na igreja, minha mente devaneia mais do que nunca [...]. Meus pensamentos estão sempre fugindo. Ó Deus, conserva minhas afeições naquilo que é puro [...]. Capacita-me a viver mais para ti, a manter os olhos fixos em Jesus e, aos poucos, ter a nova natureza em mim implantada e o coração de pedra removido." Caso Wilberforce tivesse parado às portas da vida cristã, contentando-se com seguir o Salvador de longe, sem perguntar quanta união com Deus tinha o privilégio de desfrutar, mas apenas o mínimo de piedade necessário para garantir entrada no céu, a igreja teria perdido um dos mais valentes soldados da cruz, um dos mais belos exemplos do poder da fé cristã. E o mundo teria perdido a demonstração de um amor expansivo que labutou com coragem por muito tempo em prol dos excluídos da humanidade.

WILLIAM WILBERFORCE, ANOTAÇÃO EM SEU DIÁRIO, 30 DE JULHO DE 1786, CITADO EM MARY COLLIER, *MEMÓRIAS DE WILLIAM WILBERFORCE*, P. 55-57

Ó Deus, tu que fazes todas as coisas proveitosas para o bem daqueles que te amam, confirma a fé de teus filhos e fortalece-os com o poder de tua graça, para que sejam tanto devotos em oração quanto sinceros no amor uns pelos outros, por meio de Jesus Cristo, nosso Senhor. Amém.

"PELO AMOR", ORAÇÕES POR GRAÇAS VARIADAS, EM *COLETAS ANTIGAS E OUTRAS ORAÇÕES*, P. 77

PARA REFLETIR: Jo 14.25-27; 17.6-12; Fp 1.3-6; 3.12-16; Cl 2.19; 3.12-17; 1Ts 3.13; 1Ts 1.3; Hb 6.1-3; 1Pe 2.1-3; 2Pe 3.17-18

A maioria dos cristãos professos tem um conhecimento atrofiado da essência, do caráter peculiar e da excelência do cristianismo. De bom grado louvam virtudes, censuram vícios e, quem sabe, aplaudem a piedade. Têm conhecimento vago das principais doutrinas do cristianismo. No entanto, examine mais de perto sua profissão de fé e você verá que o louvor se dirige para a religião e a moralidade em geral, não para o caráter definidor da fé cristã. Sua compreensão é rasa e superficial. São agradecidos a Deus pela saúde, pelos talentos, pelas riquezas e por outras bênçãos. Mas não fazem ideia de quais deveriam ser as consequências práticas de sua profissão de fé. Existe falta de atenção generalizada aos elementos da retidão. É difícil distinguir entre eles e os descrentes moralmente corretos. A Bíblia permanece fechada na estante. Vivem segundo princípios e opiniões totalmente contrárias ao gênio e caráter do evangelho de Jesus Cristo. Deixam-se abalar com facilidade por objeções frívolas ao cristianismo. Coram em pensar que falte a seus filhos qualquer elemento da educação secular, mas permitem que achem o que quiserem acerca da religião. Contentam-se com o cristianismo hereditário, transmitido de geração em geração.

WILLIAM WILBERFORCE, *VISÃO PRÁTICA DO SISTEMA RELIGIOSO PREDOMINANTE DOS CRISTÃOS PROFESSOS*, CAP. I

Ó Senhor da igreja, extingue as cisões da heresia que ameaçam subverter a fé e que conspiram para corromper a verdade. Assim como és reconhecido nos céus e na terra por seres o único e mesmo Senhor eterno, de tal modo também tua igreja, reunida dentre as nações, te sirva em uma mesma fé santa, universal e apostólica. Amém.

"PARA TUDO QUE ESTEJA EM ERRO OU EM PECADO", INTERCESSÕES, EM *COLETAS ANTIGAS E OUTRAS ORAÇÕES*, P. 123

PARA REFLETIR: Mt 13.44-46; 25.1-13; Lc 6.43; 1Co 2.6—3.23; Tg 1.22-27; 2.14-26; 3.13—4.10; 2Pe 2.1-22; Jd 1.17-25; Ap 3.14-22

Foi para fundar uma religião superficial e uma moralidade vaga que o Filho de Deus se encarnou? Foi por isso que os apóstolos se sujeitaram a fome, dor, vergonha e morte? Era o objetivo dos discípulos de Jesus dificilmente alcançar um estilo de vida superior ao que levavam antes do cristianismo? Nosso Senhor morreu na cruz apenas para elevar o nível geral da moralidade humana? A essência do evangelho tem tão pouca importância que o cristianismo pode ser praticado sem exame cuidadoso e atenção a seu âmago? As principais doutrinas da fé cristã não passam de teorias estéreis e inaplicáveis, que se beneficiariam caso substituídas por um esquema mais simples e menos exigente?

Mas pode ser assim? Podem o evangelho de Jesus Cristo e o discipulado cristão ser reduzidos a um mero credo, com sua força prática exaurida por alguns ideias racionais? Pode isso conter a distinção inequívoca feita pelo evangelista: "Quem crê no Filho de Deus tem a vida; quem não crê no Filho não tem a vida, mas a ira de Deus permanece sobre ele"? Acaso será uma fé superficial o padrão para o juízo futuro de Deus?

WILLIAM WILBERFORCE, *VISÃO PRÁTICA DO SISTEMA RELIGIOSO PREDOMINANTE DOS CRISTÃOS PROFESSOS*, CAP. 4, SEÇÃO I

Deus todo-poderoso e eterno, que por intermédio de teu Filho unigênito nos transformaste em nova criação para ti, preserva as obras de tua graça e purifica-nos de todas as nossas antigas máculas, a fim de que, pelo poder do Espírito Santo, sejamos conformados à imagem de Cristo, em quem nossa nova vida reside. Para a glória do Pai, do Filho e do Espírito Santo. Amém.

"NATAL", ORAÇÕES PARA DATAS SAGRADAS, EM *COLETAS ANTIGAS E OUTRAS ORAÇÕES*, P. 24

PARA REFLETIR: Jr 9.23-24; Mt 6.24; 7.21-23; Lc 8.4-15; **Jo 3.36;** 6.25-29; Rm 14.10; 2Co 5.10; Gl 5.13-16; 6.7-10; 2Tm 3.1-5; 1Jo 2.3-6

A grande característica prática e essencial dos cristãos verdadeiros é que, confiando na promessa de Deus aos pecadores arrependidos, eles serão aceitos por intermédio do Redentor. Devem renunciar a todos os senhores além de Jesus Cristo e, sem reservas, dedicar-se a Deus. É isso que o batismo deveria nos ensinar todos os dias. Aproximamo-nos do altar, consagramo-nos ao verdadeiro Dono de tudo e juramos hostilidade eterna aos inimigos de nossa salvação. Os cristãos são inimigos jurados do pecado e não nutrem nenhuma proximidade dele. Não há conciliação, nem acordo.

Com seu culto racional, os cristãos se sujeitam sem reservas a seu Soberano legítimo, pois já não pertencem a si mesmos. Suas habilidades físicas e mentais, seus dons naturais e adquiridos, seu cerne, sua autoridade, seu tempo e sua influência — todas essas coisas não passam de instrumentos a ser empregados no serviço de Deus. Todos os outros princípios são subordinados a esse princípio controlador. O que antes era a paixão dominante ou a busca incansável, fosse de origem sensual ou intelectual, do gosto, da imaginação ou do sentimento agora ocupa um lugar secundário ou, mais corretamente, ocorre sob o domínio de seu verdadeiro e legítimo superior.

WILLIAM WILBERFORCE, *VISÃO PRÁTICA DO SISTEMA RELIGIOSO PREDOMINANTE DOS CRISTÃOS PROFESSOS*, CAP. 4, SEÇÃO I

Nós te suplicamos, Senhor, que concedas a teu povo uma firmeza inviolável da fé, para que, à medida que confessam teu Filho unigênito, o Participante eterno de tua glória, nascido na própria carne da virgem Maria, eles sejam livrados das adversidades presentes e admitidos nas alegrias de teu reino eterno, por meio de Jesus Cristo, nosso Senhor. Amém.

"NATAL", ORAÇÕES PARA DATAS SAGRADAS, EM *COLETAS ANTIGAS E OUTRAS ORAÇÕES*, P. 23

PARA REFLETIR: Gn 22.1-19; Êx 3.1—4.17; Jó 11.13-15; 31.5-8; Sl 37.1-7; Jn 2.1-10; Mt 6.33-34; Jo 5.24-27; **Rm** 6.1-4; 8.12-17; **12.1-2**,9-13

◇◇◇◇◇◇◇ **50** ◇◇◇◇◇◇◇

A ordem para cada cristão verdadeiro é tornar cativo cada um de seus pensamentos a Cristo. Aqueles que se sujeitam ao poder do evangelho já não vivem para si, mas para Cristo, que morreu e ressuscitou. Ficam em alerta para as próprias enfermidades e imperfeições; sabem que o caminho que escolheram é estreito e exigente. Mas também sabem que, se confiarem no Senhor, ele os fortalecerá. Tomam o propósito deliberado de que a máxima a governar sua vida será glorificar a Deus.

Essa é a origem seminal e embrionária, o rudimento de todas as verdadeiras virtudes cristãs. Desse início primordial, mesmo em meio a um mundo por vezes desolado e rude, a árvore cresce e floresce, espalhando seus ramos e dando fruto. Por fim, será transplantada para sua região nativa e desfrutará o melhor dos climas e solo fértil; irrompendo em pleno viço, a árvore das virtudes cristãs florescerá para sempre no paraíso de Deus.

Ora, para que não firamos o coração de algum crente fraco porém sincero, esses princípios podem se manifestar em diferentes graus e proporções, dependendo, em parte, das disposições naturais e circunstâncias da vida passada.

William Wilberforce, Visão prática do sistema religioso predominante dos cristãos professos, cap. 4, seção i

---

Deus todo-poderoso, uma vez que fomos redimidos não só do exílio babilônico, mas livrados do próprio inferno, concede-nos andar corretamente em tua presença e nos sujeitar por completo a ti e a Cristo, sem fingir ser membros do corpo dele, mas verdadeiramente provando ser o corpo de Jesus, governados pelo Espírito Santo, para que tu enfim nos reúnas em teu reino celestial, para o qual nos convidas por intermédio do mesmo Cristo, nosso Senhor. Amém.

João Calvino, Oseias, palestra 3

PARA REFLETIR: Sl 27.1; Is 26.3; Mt 18.1-9; 20.1-16; 22.34-40; Jo 7.37-39; 15.1-18; Rm 15.1-7; **2Co 10.5;** Fp 2.5-11; 1Ts 5.12-15; Hb 4.12

Na igreja primitiva, alguns cristãos corriam o risco de não compreender adequadamente o caráter do cristianismo. Achavam que ser cristãos os isentava da responsabilidade dos compromissos e responsabilidades seculares. Mas o apóstolo Paulo advertiu veementemente contra esse erro. Ele instruiu os cristãos a desempenhar os deveres da condição de vida de cada um, com alegria e fidelidade. Dessa maneira, dariam crédito à sua profissão cristã. O apóstolo fez isso enquanto explicava que o amor predominante de cada um deve ser por Cristo. As questões deste mundo têm valor relativo em comparação com o amor principal do cristão. Mas a fidelidade em cumprir as tarefas seculares não deve impedir o crescimento na graça e a perfeição na santidade. Portanto, ninguém que se sujeita à autoridade divina deve supor que o cumprimento dos deveres seculares e a busca da santidade são excludentes. A marca característica do verdadeiro cristão é o desejo de agradar a Deus em pensamentos, palavras e ações, isto é, adornar a doutrina de Deus em todas as coisas. Nenhum chamado na vida é proibido, nenhuma iniciativa é interditada, nenhuma ciência, arte ou prazer são rejeitados, e isso é compatível com o princípio do apóstolo.

WILLIAM WILBERFORCE, *VISÃO PRÁTICA DO SISTEMA RELIGIOSO PREDOMINANTE DOS CRISTÃOS PROFESSOS*, CAP. 6

Louvado seja o SENHOR! Louvem o SENHOR em seu santuário, louvem-no em seu majestoso céu! Louvem-no por seus feitos poderosos, louvem sua grandeza sem igual! Louvor e glória e sabedoria, gratidão e honra, força e poder pertencem a nosso Deus, para todo o sempre. Amém!

ADAPTADO DE SALMOS 150.1-2; APOCALIPSE 7.12

PARA REFLETIR: Gn 41.33-57; Jr 29.4-7; Mt 22.21; Lc 7.1-10; At 4.1-20; 10.1-35; Rm 13.1-7; 1Tm 2.1-4; Tt 3.1-3; 1Pe 2.13-14

◇◇◇◇◇◇ **52** ◇◇◇◇◇◇

O verdadeiro cristianismo é inimigo do patriotismo? Sim! Se, por patriotismo, entendemos uma atitude egoísta e agressiva que incentiva as pessoas a promover não a tranquilidade nacional e o bem-estar de todos os cidadãos, mas sim a riqueza e o poder de poucos, à custa da opressão e conquista de outros. A fé cristã, cujo fundamento é a justiça e cujo caráter é a paz de Deus estendida a todos, é inimiga desse tipo de patriotismo. Contudo, se entendemos que patriotismo é a qualidade de expressar genuína boa vontade aos outros, sem restringi-la ao próprio país, ao mesmo tempo que permite o amor pela nação, então o cristianismo é a fonte mais benéfica de patriotismo. A sociedade é formada por muitas partes. O objetivo de cada cristão deve ser agir como parte do todo social. É isso que nosso Salvador ordenou quando prescreveu o dever do amor universal. O amor cristão expresso na forma de cuidado pelo bem-estar social universal não passa de outro termo para a mais exaltada espécie de patriotismo.

WILLIAM WILBERFORCE, *VISÃO PRÁTICA DO SISTEMA RELIGIOSO*
PREDOMINANTE DOS CRISTÃOS PROFESSOS, CAP. 6

Deus Todo-poderoso, abençoa nossa terra com trabalho honroso, aprendizado eficaz e conduta pura. Salva-nos da violência, da discórdia e da confusão; do orgulho e da arrogância; e de todos os caminhos maus. Defende nossa liberdade e molda em um povo unido as multidões aqui trazidas, dentre tantas tribos e línguas. Imbui com espírito de sabedoria aqueles a quem, em teu nome, confiamos a autoridade de governo, para que haja justiça e paz no país e, mediante a obediência de tua lei, demonstremos teu louvor em meio às nações da terra. Amém.

"PELO NOSSO PAÍS", ORAÇÕES PARA A VIDA NACIONAL, LOC

PARA REFLETIR: Gn 12.3; 41.25-36; 47.7,10; 2Cr 7.14; Sl 33.12-22; Pv 14.34; Is 2.4; 42.6; 49.6; Lc 2.25-33; Rm 13.1-7; 1Tm 2.1-3; 1Pe 2.17

Julgue seu progresso no discipulado cristão pelo crescimento no amor a Deus. "Deus é amor." Esse é o princípio sagrado que aquece e ilumina a esfera celestial, a bendita expressão da presença visível de Deus. Assim ela brilha com fulgor desanuviado. Os raios desse brilho nos são generosamente concedidos aqui na terra. Caso contrário, estaríamos fadados a trevas e miséria. O amor de Deus é colocado de modo imensurável no coração de seus servos que estão sendo "renovados segundo a imagem divina". O princípio do amor predispõe os cristãos a se entregar sem reservas àquele "que os comprou com o preço de seu próprio sangue".

Como difere da renovação segundo a imagem divina aquele conceito servil e mercenário do discipulado cristão que caracteriza tantos crentes! Dão a Jesus somente o que temem reter. Não se abstêm de nada que não seja estritamente proibido. Despojado de vida, tal discipulado só é apto para a sombria clausura.

Os verdadeiros cristãos não entendem que satisfazem a um credor exigente, mas sim que quitam uma dívida de gratidão, prestando um serviço amoroso e voluntário, cheio de consolação, paz e alegria.

WILLIAM WILBERFORCE, *VISÃO PRÁTICA DO SISTEMA RELIGIOSO PREDOMINANTE DOS CRISTÃOS PROFESSOS*, CAP. 7

Ó meu Deus, preenche-me com amor tão ardente por ti, tão vibrante acima de todas as outras afeições que nenhuma delas seja capaz de competir exitosamente contra ela. Infunde um amor que não só governe todas as outras afeições, como também purifique e as torne seus servos. Amém.

CHARLES HOWE (1661–1745), *ORAÇÕES: ANTIGAS E MODERNAS*, P. 298

PARA REFLETIR: Lv 11.44-45; 19.1-2; 20.26; Mt 25.14-30; Jo 1.14; 3.16-21; Rm 12.2,9-13; Ef 1.7; **Cl 3.10;** Tt 3.5; Hb 12.1-13; 13.20-21; **1Jo 4.16**

WILLIAM CAREY
(1761–1834)

Não fosse pela tenacidade de William Carey, seu caminho para se tornar "o pai das missões modernas" poderia ter terminado antes mesmo de começar. Pouco depois de ser ordenado pastor batista, Carey se levantou durante uma reunião para clamar em prol das missões estrangeiras. Um ministro experiente o interrompeu: "Sente-se, jovem! Você é um entusiasta. Quando aprouver a Deus converter os pagãos, ele o fará sem consultar a você ou a mim". Talvez o homem conhecesse as origens humildes de Carey, mas julgou muito mal a aptidão de Carey para perseverar "em qualquer iniciativa a que se propusesse" (Galli e Olsen, "William Carey").

Criado em uma obscura vila inglesa, com pouca educação formal, Carey se tornou aprendiz de remendador de sapatos. Converteu-se à fé cristã evangélica, tornou-se discípulo fervoroso do Senhor e começou a revelar seu caráter interior. Autodidata, aprendeu sozinho a ler o Novo Testamento em grego. Quando seu patrão morreu, Carey se mudou para Hackleton, onde trabalhou como aprendiz de sapateiro. Ali conheceu Dorothy Plackett (c. 1755–1807) e se casou com ela. Tiveram uma filha que morreu aos 2 anos de idade, o que acentuou ainda mais as dificuldades financeiras do casal. Mesmo depois que Carey assumiu o ofício em Hackleton, a pobreza persistiu.

De maneira surpreendente, Carey começou a aprender hebraico, latim, holandês, francês e inglês, estudando questões internacionais e as características de outras culturas. Também se tornou pregador e pastor em Moulton, Northamptonshire, sob o amparo dos batistas particulares. Sem o desejo de simplesmente se moldar a uma identidade denominacional, Carey começou a estudar o início das missões dos morávios. Escreveu *Averiguação das obrigações dos cristãos de usar recursos para a conversão dos pagãos*. Ele insistia que a Grande Comissão se aplicava aos cristãos de todas as eras. Em 1792, organizou uma sociedade missionária. Pregou um sermão chamando os membros da sociedade a "esperar grandes coisas de Deus; tentar grandes coisas para Deus!" (Galli e Olsen, "William Carey").

Dando ouvidos ao próprio conselho, em julho de 1793 a família Carey, agora com três filhos, partiu para a Índia, juntamente com John Thomas, ex-cirurgião que havia voltado recentemente do país. Dorothy foi com relutância, insistindo em levar junto sua irmã, para ajudá-la a cuidar das crianças. Por mais admirável que fosse o zelo de Carey, seu planejamento se mostrou insuficiente; subestimou demais o custo de vida. Assolado pela pobreza, doença e solidão, um estrangeiro em terra estranha, Carey tentou sem sucesso conseguir emprego, precisou se mudar diversas vezes com a família e viu Thomas desistir e voltar para casa. O resumo de Carey? "Bem, eu tenho Deus e sua palavra [promessa] é certa" (Galli e Olsen, "William Carey"). Com a presença do Senhor, Carey aprendeu bengali e começou a traduzir a Bíblia e pregar para grupos pequenos.

No entanto, as condições pioraram. Carey contraiu malária, um de seus filhos morreu de disenteria e a saúde mental de Dorothy entrou em colapso. Embora estivesse no "vale da sombra da morte", ele continuou a crer que "Deus estava presente" (Galli e Olsen, "William Carey").

Então, em 1799, uma colônia de dinamarqueses perto de Calcutá convidou Carey para ir morar na comunidade. Os cristãos dinamarqueses deram proteção legal ao ministério de Carey. Logo, um editor chamado William Ward e dois professores, Joshua e Hanna Marshman, chegaram para ajudar. As finanças melhoraram depois que Ward conseguiu contratos de impressão com o governo da Índia. Carey começou a lecionar em uma faculdade de Calcutá. Em dezembro de 1800, após sete anos de ministério, Carey batizou seu primeiro converso. Em fevereiro, publicou uma tradução do Novo Testamento para o bengali.

Ao longo dos 28 anos seguintes, o ministério de Carey se expandiu. Ele e seus assistentes traduziram a Bíblia para os principais idiomas da Índia e partes das Escrituras para várias outras línguas e dialetos do país. Esperando "grandes coisas de Deus", Carey se engajou em reformas sociais que incluíram o fim do infanticídio, do suicídio assistido e da prática das viúvas se sacrificarem após a morte do marido (*sati*). Em 1818, Carey, Ward e Marshman abriram um seminário em Bengala Ocidental, a Faculdade Serampore. Hoje, a instituição é uma universidade com cursos nas áreas de teologia e ciências humanas.

O ministério de Carey na Índia durou 41 anos sem licença. Ele lançou os alicerces e a inspiração para o movimento missionário global do século 19. Foi uma forte influência para milhares de missionários, incluindo Adoniram Judson (Mianmar), Hudson Taylor (China) e David Livingstone (África).

Quando uma companhia comercial consegue uma rota, costuma ir até seus limites mais remotos; o estoque, os navios, os oficiais e funcionários são escolhidos e treinados com o objetivo de cumprir as metas da companhia. Mas ela não para por aí. Incentivada pela perspectiva de sucesso, expande cada esforço, lança seu pão sobre as águas e cultiva amizades com aqueles de quem espera extrair alguma vantagem. Agentes atravessam os mares mais selvagens e tempestuosos, deparando com climas extremamente desfavoráveis. Entram nas nações mais bárbaras e, às vezes, sofrem dificuldades terríveis. Mas por que todo esse esforço? Não seria porque a alma deles se envolveu nesse projeto e a felicidade de cada um depende de seu sucesso?

Os cristãos formam um corpo cujo maior interesse é a exaltação do reino do Messias. Sua rota é extensa, seus incentivos são imensos e o retorno prometido é infinitamente superior a todos os ganhos dos mais lucrativos investimentos financeiros. Que cada cristão, no lugar em que foi posicionado, se considere impulsionado a agir com toda a sua força e de todas as maneiras possíveis para a glória de Deus.

WILLIAM CAREY, *AVERIGUAÇÃO DAS OBRIGAÇÕES DOS CRISTÃOS*, P. 81-82

Ó Deus, cujo Filho unigênito apareceu na plena substância de nossa carne, nós te rogamos que nos concedas, por meio daquele a quem confessamos ser exteriormente semelhante a nós, que alcancemos transformação interior à sua imagem, por meio do mesmo Jesus Cristo, nosso Senhor. Amém.

"EPIFANIA", ORAÇÕES PARA DATAS SAGRADAS, EM *COLETAS ANTIGAS E OUTRAS ORAÇÕES*, P. 28

PARA REFLETIR: Mt 5.13-16; 13.44-46; 19.16-24; Lc 12.35-40; At 5.1-11; Ef 3.14-21; Fp 3.1-11; Cl 3.1-11; 1Pe 4.7-11

ELIZABETH ANN SETON
(1774–1821)

Eventos difíceis podem gerar amarga reclusão, mas não foi esse o caso de Elizabeth Ann Bayley Seton, fundadora e primeira superiora das Irmãs de Caridade dos Estados Unidos. Nascida dois anos antes da Declaração Americana de Independência, por nascimento e casamento Elizabeth fazia parte da elite social da cidade de Nova York. Embora seu pai, o dr. Richard Bayley, professor de anatomia no Columbia College e oficial de saúde do porto de Nova York, fosse apenas nominalmente religioso, deixou um exemplo de humanitarismo. Também inspirou domínio próprio em Elizabeth e o amor por aprender. Sua mãe, Catherine Charlton, devota episcopaliana, foi modelo de amor pela Bíblia, da importância da oração e do exame da própria consciência. Catherine morreu quando Elizabeth tinha 3 anos. A nova esposa do pai, por quem Elizabeth desenvolveu forte afeição, foi modelo de amor cristão com suas obras de caridade aos pobres.

Uma beldade de Nova York, aos 19 anos Elizabeth se casou com William Magee Seton, um rico e belo empresário de 25 anos. Eram episcopalianos devotos e proeminentes na sociedade, e seus primeiros anos de casamento foram felizes e prósperos. Mas não demorou muito para esse sucesso todo tomar rumos sombrios. Em 1798, o pai de William, chefe dos negócios da família, morreu. Sete dos irmãos mais novos de William se mudaram para a casa dos Seton (que teriam cinco filhos ao todo). William temia a ruína financeira. Em 1801, morreu o pai de Elizabeth. A perda de alguns navios que afundaram no mar e o impacto prejudicial das guerras napoleônicas resultaram em falência para William. Além disso, a tuberculose minou sua saúde. Os médicos aconselharam a mudança para um clima mais favorável. Em 1803, William, Elizabeth e a filha mais velha do casal chegaram à Itália. No mesmo ano, William faleceu, deixando Elizabeth e a filha desoladas.

Uma família católica que era parceira nos negócios de William as abrigou. Enquanto estava lá, Elizabeth se sentiu atraída pelas práticas católicas romanas. Depois de voltar para casa e lutar para tomar uma decisão, Elizabeth se converteu ao catolicismo em 1805, despertando oposição ferrenha por parte de sua família episcopaliana. Em 1806, recebeu o sacramento de confirmação do bispo (e posteriormente arcebispo) John Carroll.

Como era habitual para viúvas de alta posição social, Elizabeth fundou uma academia para meninas e moças, a fim de se sustentar. No entanto, quando a notícia de sua conversão ao catolicismo se espalhou, as famílias protestantes retiraram as filhas da escola. Enfrentando o fracasso, Elizabeth conheceu um padre de São Sulpício (os sulpicianos ajudam os bispos a oferecer instrução e formação continuada de sacerdotes) que tinha a esperança de fundar uma escola para jovens católicos. O frade Dubourg convidou Elizabeth para se mudar para Emmitsburg, Maryland. Ali, em 1810, com o apoio de um doador abastado, ela fundou a Academia e Escola Gratuita São José para moças católicas. Elizabeth também fez planos para o que se tornaria a fundação norte-americana das Irmãs de Caridade, comunidade religiosa comprometida com a educação e o cuidado dos filhos dos pobres. Assim começou o sistema paroquial de educação católica, um marco da Igreja Católica Romana nos Estados Unidos. Em 1811, madre Seton adotou, com modificações, a regra das Irmãs de Caridade de São Vicente de Paulo. Em 1812, com a aprovação do arcebispo Carroll, a regra foi aprovada e as Irmãs de Caridade se tornaram uma ordem religiosa. Madre Seton e dezoito irmãs fizeram seus votos em 19 de julho de 1813. Depois de tomar providências para o bem-estar de seus filhos, madre Seton foi eleita para o ofício vitalício de madre superiora. Por ocasião de sua morte, havia mais de vinte comunidades de Irmãs de Caridade nos Estados Unidos. Elas administravam escolas gratuitas, orfanatos, internatos e hospitais.

Elizabeth morreu de tuberculose em 1821 e foi sepultada em Emmitsburg. O papa Paulo VI a canonizou em 14 de setembro de 1975, louvando madre Seton como uma "filha gloriosa" da igreja e dos Estados Unidos e uma "belíssima figura de uma mulher santa". Ela foi "a primeira filha dos Estados Unidos da América a ser glorificada com esse atributo incomparável!" ("Homilia do santo padre Paulo VI").

Deus se encontra infinitamente presente em cada parte de nossa vida e ser. Nada pode nos separar dele. Ele se encontra mais intimamente presente em nós do que nós mesmos. No entanto, as palavras de João Batista podem muito bem se dirigir a nós: "Em seu meio há alguém que vocês não reconhecem, alguém cuja presença vocês se esqueceram de respeitar e honrar". Imploremos humildemente como o pobre homem no evangelho: "Senhor, permita-me enxergar". Mesmo, porém, quando não conseguimos ver, para onde podemos fugir do Espírito de Deus? Como os pássaros que mudam de localização continuam a encontrar o ar durante o voo, e como os peixes sempre estão cercados por água enquanto nadam, assim também você encontrará o Senhor por onde quer que for.

Em sua constante presença, Deus está conosco como nosso Pai celestial, infinitamente mais bondoso que qualquer pai terreno. Ele é rico em misericórdias, e elas se renovam a cada manhã; está pronto para esquecer nossas falhas quando as confessamos e está alerta a todas as nossas necessidades. Ele nos cobre com suas asas e nos carrega nos ombros. Nosso nome está escrito na mão do Pai.

ELIZABETH ANN SETON, "EXERCÍCIO SOBRE A *PRESENÇA DE DEUS*", EM *ESCRITOS REUNIDOS*, VOL. 3A, PARTE 9.20, P. 392-393

Ó Deus, somente em ti nosso espírito abatido pode achar descanso, e em teu amor se encontra a maior alegria. Estabelece e preserva tua paz, que excede todo entendimento. Mediante a consolação interior do Espírito Santo, fortalece nossas irmãs e nossos irmãos que passam por algum sofrimento ou angústia. Leva-nos a aprender que nossas leves aflições operam em nós um peso de glória muito superior e eterno. Confirma em nós mais uma vez a certeza de que nada pode nos separar do amor de Deus, em Cristo Jesus, nosso Senhor. Amém.

MELCHIOR RITTER (1689), *ORAÇÕES: ANTIGAS E MODERNAS*, P. 260

PARA REFLETIR: Sl 103.1-22; 139.7-10; Pv 15.3; Is 57.15; Jr 23.24; Lm 3.21-26; Mt 18.21; **Mc 10.46-52;** Lc 3.16; **Jo 1.26-27; Rm 8.38-39; Fp 4.7;** Cl 1.15-20

◇◇◇◇◇◇ **56** ◇◇◇◇◇◇

Aquele que tem consciência constante da presença de Deus não faz sozinho coisa alguma que não faria na presença de um amigo. Conta-se que São Francisco de Sales não era exceção, marcado por uma modéstia admirável que fixava sua atenção na presença de Deus. As almas engajadas nessa prática feliz se lembram de que Deus ouve quando estão falando. Até a recreação mais vívida é praticada na presença de nosso terno Pai, que nunca desvia os olhos de nós.

Que conhecimento profundo saber que o próprio Deus é a vida de nossa existência e escolhe habitar dentro de nós! Sim, "Deus é um fogo consumidor". E uma vez que levamos esse sempre ativo fogo em nosso interior, não permaneçamos frios e inconscientes da presença divina. Imploremos a ele que exponha todas as impurezas que poderiam se opor à sua sagrada influência.

Se um peixe for tirado da água, ele perecerá, mesmo que colocado em um barco de prata cravejado de diamantes. O mais pobre dentre os pobres que prospera no amor de Deus é mais rico que aquele que desfruta riquezas e prazeres mas vive sem consciência da presença de Deus, sem possuir o amor divino.

Elizabeth Ann Seton, "Exercício sobre a Presença de Deus", em
Escritos reunidos, vol. 3A, parte 9.20, p. 394-396

Ó Senhor, meu Deus, tu és a consolação de todos que em ti confiam, o auxílio e escudo de todos que em ti esperam. Ensina-me e ajuda-me a aceitar sem queixas tudo o que vier de tua mão providente. Que de mim seja afastado isto: ser contado entre os que não se importam contigo. Que minha vontade seja sempre tua; conserva-me em teu amor e em tua verdade, e guia-me de maneira infalível por meio de teu Espírito. Amém.

Christian S. Weiss (1738–1805), Orações:
antigas e modernas, p. 276

PARA REFLETIR: Sl 10.17; 37.1-11; 131.1-3; 139.7-10; Mt 5.1-12; 11.28-29; Lc 1.46-55; Jo 6.55-59; Rm 11.33; Ef 4.16; **Hb** 10.19-22; **12.22-29;** Tg 1.9

$$\diamond\diamond\diamond\diamond\diamond\diamond \quad \textbf{57} \quad \diamond\diamond\diamond\diamond\diamond\diamond$$

(Sexta-Feira Santa.)

Primeira voz. Estou de pé sobre o monte Calvário. Meu Salvador ali está, pendurado na cruz por três horas, suspenso entre os céus e a terra. As trevas mais profundas o envolvem. Ele está absorto em improferível tristeza, em sentimentos de inconcebível angústia, em orações, ofertas e na consumação de nossa salvação. Ó minh'alma, contempla esta cena e permanece em silêncio, adoração, união! Meu Jesus, Deus, a Eternidade ali está, na companhia da bendita mãe Maria, do amado discípulo João e de santos anjos!

Segunda voz, da cruz. Meu Salvador, em meio às trevas, dirige-se com vigor, maravilha e volume ao Pai nas alturas, ressoando até os remotos alcances do tempo e do espaço. "Está consumado!" Tudo está consumado! Tudo!

Eu ouço. Minha alma mergulha ainda mais fundo no abismo do amor e do silêncio desta hora! E pensar que tudo foi feito por ti!

Aquela voz mais uma vez! "Pai, em tuas mãos entrego meu espírito." Sua cabeça abaixa, ele dá o último suspiro e a natureza convulsiona — ressoa o terrível choque de pedras e sepulturas a se abrir. Jesus expira.

Agora comunica esse momento indizível em cada respirar, com gratidão, amor e adoração silenciosa.

Elizabeth Ann Seton, "A Sexta-Feira Santa...", em Escritos reunidos, vol. 3B, parte 11.21, p. 37-38

Ó Senhor Jesus, tu nos deste tudo de que precisávamos para uma vida piedosa. Tu nos chamaste para receber tua glória e bondade. Por teu Espírito, purifica-nos para que te amemos de todo o nosso ser e para que todo o nosso ser seja preenchido por ti, iluminado por ti e tomado de ardor por ti. Amém.

Edward Bouverie Pusey (1800–1882), Orações: antigas e modernas, p. 267

PARA REFLETIR: Mt 27.32-56; Mc 15.16-47; **Lc 23.26-56**; Jo 19.1-27; 1Co 1.18-25; Ef 2.14-22; Cl 1.20; Hb 12.2

THOMAS CHALMERS
(1780–1847)

"Ministro cristão não convertido" parece uma expressão contraditória. Mas isso pode acontecer. Às vezes, o religioso permanece em meio àqueles que "nasceram apenas uma vez". Para outros, o Senhor da igreja pode aparecer para executar um mandato inescapável e mudar tudo. Foi o que aconteceu com Thomas Chalmers.

Chalmers nasceu em Anstruther, Escócia. Aos 12 anos de idade, ingressou na Universidade de St. Andrews a fim de se preparar para o ministério ordenado. Em 1799, recebeu licença para pregar na Igreja da Escócia. Nada em sua educação teológica o preparara para o serviço a uma fé evangélica. Antes de aceitar a primeira paróquia na região rural de Kilmany (1803), Chalmers estudou matemática em St. Andrews e foi nomeado professor assistente da disciplina, posição que perdeu por entrar em conflito com seu superior.

Chalmers não tinha alta estima pelo ministério cristão. Após começar a lecionar matemática e química de maneira independente em St. Andrews, ia para Kilmany no sábado à noite, a tempo de preparar um sermão. Afirmava que as exigências do ministério cristão podiam ser cumpridas em dois dias, deixando tempo para estudar ciência e ir em busca de seus outros interesses.

Até que as coisas mudaram de maneira radical. Chalmers foi chamado a ministrar para seu irmão e sua irmã, que morreram de tuberculose em 1806 e 1808 respectivamente. O irmão pediu a Chalmers que lesse sermões puritanos para ele; a irmã lhe pediu que cantasse salmos. As duas tarefas lhe pareciam objetáveis, mas, ao mesmo tempo, inescapáveis. Em 1810, ele também contraiu tuberculose, após a morte de outra irmã. Enquanto lia William Wilberforce, Chalmers passou por uma profunda conversão evangélica, que redefiniu por completo o ministério cristão.

A conversão despertou uma paixão pelas Escrituras, levando-o a apoiar a emergente sociedade de distribuição de Bíblias. Desenvolveu zelo pelas missões, por visitar a casa dos paroquianos e aliviar as necessidades dos pobres. Em parte por modificar a linguagem a fim de ser compreendido pelos incultos, a eficácia de Chalmers no púlpito se expandiu, crescendo sua fama de bom pregador. Aos 35 anos (1815), Chalmers se tornou pastor da Igreja de Tron, em Glasgow. Às quintas-feiras, pregava sermões fazendo uma ligação entre a astronomia e a Bíblia. Os cultos eram tão bem frequentados que os comerciantes deixavam suas lojas para ir ouvir Chalmers. Contudo, o que mais o motivava era atender às necessidades dos destituídos, numa cidade assolada pelo crime e pela pobreza.

Para alcançar o povo, Chalmers reorganizou sua paróquia. Treinou os anciãos a visitarem os membros da paróquia, imbuindo-os de amor pelos pobres. Realizava cultos durante a semana para que os pobres pudessem comparecer. Fazia uso criativo da escola dominical, organizando a paróquia em distritos e então designando professores para cada escola. Chalmers resistia a ocupar seu tempo com deveres seculares que reduzissem o serviço pastoral. Além disso, fundou novas igrejas em Glasgow. Em 1819, Chalmers se tornou pastor de St. John, congregação recém-fundada em Glasgow, onde organizou escolas primárias nos dias de semana para as crianças pobres.

Enfraquecido pelos anos de ministério, em 1823 Chalmers aceitou a posição de catedrático de filosofia moral na Universidade de St. Andrews, professorado marcado pela erudição e forte preocupação pelo crescimento dos alunos como discípulos de Jesus. Em novembro de 1828, Chalmers foi transferido para a Universidade de Edimburgo, a fim de atuar como professor de teologia.

Em 1832, tornou-se moderador da Assembleia Geral da Igreja da Escócia. Surgira uma disputa entre o governo escocês e a Igreja da Escócia em relação a quem controlaria a escolha dos ministros das congregações — um membro rico da paróquia (patrono) ou os próprios paroquianos? Em 1834, a Assembleia Geral aprovou o Ato de Veto, que concedia aos paroquianos o poder de vetar escolhas feitas pelo governo. A Câmara dos Lordes indeferiu a Assembleia Geral. Crendo que o "direito à coroa do Rei Jesus" se sobrepõe ao poder do estado, em 1843 Chalmers liderou um movimento que levou quase 40% dos ministros da Igreja da Escócia a formar a Igreja Livre da Escócia, divisão que ficou conhecida como Perturbação ("Presbyterian Union Abroad", p. 77-78). Foi fundada uma nova faculdade de teologia em Edimburgo, e oitocentas congregações foram criadas.

No dia do sepultamento de Chalmers, cerca de cem mil pessoas enlutadas fizeram parte do cortejo fúnebre.

O amor ao mundo não será extinguido se meramente declararmos que ele é indigno de ser o objeto maior de nosso amor. Mas isso acontecerá se ele for suplantado por um amor mais convincente e excelente. O coração não se convence a abandonar o mundo apenas por meio de resoluções. Mas não seria ele movido a ações conclusivas por uma atração mais forte que subordina o mundo e o remove de sua suposta proeminência? Se o trono do coração precisa ser ocupado, e se agora reina ali um tirano ilegítimo, ele não sairá se a pessoa sentir medo de ficar desolada caso o tirano seja expulso. Entretanto, não cederá o tirano lugar para o soberano legítimo que chega com charme superlativo, obtendo entrada voluntária e começando a demonstrar sua habilidade de reconstruir todo o edifício moral do indivíduo? Em poucas palavras, o caminho para demover do coração a fixação pelo mundo é depositar a afeição no valor e na excelência de Cristo, que deseja reinar em amor e por meio de quem a antiga ordem passará, a fim de fazer novas todas as coisas.

THOMAS CHALMERS, "O PODER EXPULSOR DE UMA NOVA AFEIÇÃO", EM *SERMÕES PREGADOS NA IGREJA DE ST. JOHN, GLASGOW*, SERMÃO 2, P. 71-72

Nós te agradecemos, ó Deus Altíssimo, porque não nos destruíste em nossas transgressões, mas com amor nos ergueste quando estávamos caídos em desespero, para que glorifiquemos tua majestade. Rogamos que, em tua infinita bondade, ilumines os olhos de nosso entendimento e levantes nossa mente, tirando-a do pesado sono da indolência. Abre nossa boca e enche-a com teu louvor. Amém.

"ORAÇÃO DE SÃO BASÍLIO MAGNO", ORAÇÕES MATINAIS, ARQUEDIOCESE CRISTÃ ORTODOXA ANTIOQUINA DA AMÉRICA DO NORTE

PARA REFLETIR: Lc 10.25-28; Jo 14.21; 21.15-19; **Rm 8.28;** 12.2; Gl 2.20; Ef 2.1-9; 5.2; 6.24; 1Tm 4.9-13; 1Pe 1.14-16; 1Jo 2.3-6,15-17; 3.1-3; 5.4

◇◇◇◇◇◇ **59** ◇◇◇◇◇◇

O amor a Deus e o amor ao mundo são inimigos inconciliáveis. Mas o coração não tem poder sozinho para lançar fora o amor ao mundo. Abandonada à própria força, a ordem de não amar o mundo corresponde à aniquilação da pessoa. O amor ao mundo e às coisas do mundo inclui tudo o que é caro à velha ordem pecaminosa. Todos os esforços de redenção pessoal são confrontados pela barreira da culpa diante de Deus, uma culpa que os esforços humanos são incapazes de remover. Muito embora o Novo Testamento nos instrua a não amar o mundo, ninguém possui a magnitude do amor exigida para obedecer. Requer-se nada menos que o poder expulsor de um novo amor. A revelação que anuncia a ordem também põe diante de nós o evangelho de Jesus Cristo, um instrumento poderoso para a obediência. Traz para nosso coração uma afeição que, uma vez aceita, santifica as outras afeições ou ordena que partam. Em vez de olhar para o mundo, o remido olha para o Criador do mundo. Só ele é a fonte suficiente de esperança.

THOMAS CHALMERS, "O PODER EXPULSOR DE UMA NOVA AFEIÇÃO", EM *SERMÕES PREGADOS NA IGREJA DE ST. JOHN, GLASGOW*, SERMÃO 2, P. 72-74

Ó Deus e Senhor dos poderes, Criador de todas as coisas, por causa de teu perdão e de tua misericórdia incomparável, tu enviaste teu único Filho unigênito, nosso Senhor Jesus Cristo, para a salvação da humanidade, e com tua venerável cruz apagaste o registro de nossos pecados, conquistando assim os governantes e poderes das trevas. Não permitas que nosso coração se incline a palavras vazias ou pensamentos maus, mas invade nosso espírito com teu amor, para que te contemplemos sempre, sendo iluminados por teu Espírito, e assim rendamos incessante confissão e gratidão a ti. Amém.

ADAPTADO DE "ORAÇÃO DE SÃO BASÍLIO MAGNO" (C. 330–379 D.C.), IGREJA ORTODOXA DO ESPÍRITO SANTO

PARA REFLETIR: Is 45.18-25; Lc 14.25-35; 16.13; Jo 3.1-12; Rm 5.1-11; 6.5-18; 8.9-11; 1Co 1.18-31; Gl 3.26-29; 5.16-26; Hb 9.11-14; **1Jo 2.15**

As Escrituras nos instruem a honrar todas as pessoas da mesma maneira, não de acordo com suas distinções acidentais na sociedade, mas segundo a natureza moral e a sensibilidade dadas por Deus, que se encontram igualmente presentes em todos. Os processos de sensibilidade e responsabilidade moral são exemplificados nos mais pobres da sociedade assim como as leis da anatomia em toda a fisiologia humana. A exclusão social deveria ser abandonada em favor da reverência devida a todas as pessoas simplesmente por causa de sua inegável constituição moral. O mais humilde camponês carrega consigo a tábua na qual foi escrita a linguagem moral do universo, muito embora ela seja contemplada pelo mais venerado filósofo. Nenhuma verdade é mais apta a extinguir a arrogância humana que essa. Cada pessoa, por mais humilde que seja, personifica uma câmara de pensamentos, propósitos e imaginações tão caras para si quanto as nossas, um anfiteatro moral no qual se desenrola um universo de esperanças e convicções tão grandes e imperativas quanto as que nós mesmos experimentamos.

Nosso Salvador estipulou ele próprio o valor superior de uma só alma sobre o mundo inteiro. Essa alma tem a grandiosidade do destino que supera em muito a grandeza das honras extraídas da nobreza deste mundo.

THOMAS CHALMERS, "SOBRE A HONRA DEVIDA A TODAS AS PESSOAS", EM *SERMÕES E DISCURSOS*, VOL. I, SERMÃO 38, P. 318-320

Ó Deus eterno, prepara meu corpo e minha alma para serem um templo santo para ti, purificado para a habitação de teu Espírito Santo. Lança fora, Senhor, todas as afeições mundanas e todos os desejos cobiçosos, para que, amando-te acima de todas as coisas, eu esteja pronto para te glorificar eternamente, por meio de Jesus Cristo, nosso Senhor. Amém.

JEREMY TAYLOR (1613–1667), *ORAÇÕES: ANTIGAS E MODERNAS*, P. 340

PARA REFLETIR: Gn 9.8-17; Dt 10.17-22; 24.17-22; Jó 31.13-15; Mq 6.1-8; Mt 20.25-28; Jo 4.1-42; Gl 3.28; Tg 2.1-13; 1Pe 1.17

Deus poderia ter nos abandonado em nossa cegueira espiritual e ter tirado a luz do Espírito que tentamos extinguir. Em vez disso, ele nos procurou em meio à nossa ingratidão, enquanto era considerado inimigo por nós. Ainda assim, fez brilhar sobre nós os desígnios da graça. Em meio ao labirinto de nossa confusa história, ele escolheu revelar-se como o Deus da reconciliação. Abrandou nosso coração por meio do luto familiar, rasgou-o com o fracasso nos negócios e o perturbou com os rigores da lei. Ora, pense neste momento na impossibilidade de Deus nos abandonar ou fazer cessar seu trabalho. Aquele que se moveu em nossa direção nos dias de nosso esquecimento não se afastará nos dias e horas de nossa lembrança. Aquele que não nos abandonou durante uma carreira de rebelião não se retirará de nós durante nossa carreira de obediência. Aquele que bateu primeiro à porta de nossa consciência não nos abandonará agora que a graça consiste em nossa maior alegria e estamos em comunhão com o Pai e o Filho. Diante disso, podemos colocar escudo nas dúvidas do coração, fortalecer a fé e aperfeiçoar o que ainda nela falta.

THOMAS CHALMERS, "A CONVICTA GARANTIA DA ESPERANÇA DO CRENTE", EM *SERMÕES PREGADOS NA IGREJA DE ST. JOHN, GLASGOW*, SERMÃO 3, P. 98-100

Nas mãos de tua bendita proteção e inexprimível misericórdia, ó Senhor, eu me entrego a ti neste dia: todas as minhas capacidades, forças e ações. Sê sempre comigo, para dirigir-me, santificar-me e governar-me nos caminhos de teus mandamentos. Que a graça e a paz do Pai, do Filho e do Espírito Santo acompanhem cada passo que eu der. Amém.

DEVOÇÕES PARTICULARES (1560), *ORAÇÕES: ANTIGAS E MODERNAS*, P. 266

PARA REFLETIR: Jr 31.10-11; 50.33-34; Ez 34.11-31; Os 11.8-11; Mc 6.34; Jo 3.16-21; 10.7-17; **Rm 5.10**; 2Co 8.9; Ef 2.1-22; 2Tm 1.7-10

Como o amor de Deus pode ser restaurado ao coração humano em estado de alienação? Como a regeneração pode ser realizada por meio do céu, que entrega a lei do amor como legislação em vigor? Pode-se muito bem aprovar uma lei exigindo que todos se regozijem na dor. Poderia ela ser posta em prática por meio da imposição de penalidades terríveis para quem falhasse em cumpri-la? Pode-se muito bem tentar açoitar uma pessoa até que ela desenvolva terna consideração por seu abusador. Procure o amor de Deus em todas os recantos aterrorizado do coração, e você o buscará em vão. Em vez disso, é necessário aparecer algum outro poder singular para restaurar a humanidade à amável comunhão com Deus.

A Bíblia diz que Deus derramou as riquezas de sua sabedoria insondável em um plano para fazer a humanidade correr com alegria para os caminhos do Senhor. No poder de seu forte amor, o Filho de Deus desceu dos céus, transformou seu trono de glória em um trono de graça, assumiu a forma de homem, tomou sobre si todo o peso da justiça ofendida e sofreu a cruz em nosso lugar. Tal amor torna verdadeiramente legível a face de Deus, à medida que ele se move pelos labirintos da constituição humana. Em resposta, o amor a Deus pode agora florescer no coração humano.

THOMAS CHALMERS, "O PODER DO EVANGELHO PARA DISSOLVER A INIMIZADE DO CORAÇÃO HUMANO CONTRA DEUS", EM *SERMÕES E DISCURSOS*, VOL. 2, SERMÃO 14, P. 96-100

Ao Deus que reina no céu, todo o louvor,
O Deus de toda a criação,
O Deus de maravilhas, poder e amor,
O Deus de nossa salvação!
"CANTAI LOUVORES A DEUS, QUE REINA NO ALTO", JOHAN J. SCHÜTZ (1640–1690), DE TRAD. COLETIVA, HINÁRIO

PARA REFLETIR: Sl 51.1-19; 139.1-24; Mc 12.29-31; Jo 3.16-17; **Rm** 5.8; 8.37-39; 9.23; **11.33-36; Ef 1.3-14; 2.1-22;** Fp 2.5-11; Cl 1.21-23; 1Jo 4.10-12

AUGUSTUS WILHELM NEANDER
(1789–1850)

Augustus Neander, o "pai da história eclesiástica moderna", é prova de que, para Deus realizar grandes coisas, seus instrumentos humanos não precisam ser homens fisicamente fortes e atraentes, de linhagem nobre ou dotados das graças sociais que atraem a adulação da elite. Philip Schaff explicou sem rodeios: Neander "mal tinha corpo o bastante para abrigar a mente. Parecia um simplório" ("Reminiscences", p. 129). No entanto, Deus o usou poderosamente para a ensinar seus alunos e à igreja como a história do corpo de Cristo é "uma cadeia áurea de manifestações da verdade e do amor de Jesus, bem como um cumprimento de sua promessa de estar com os discípulos até o fim do mundo" (p. 136).

Augustus Neander nasceu em Göttingen, Alemanha, o caçula em uma família de judeus, com o nome de David Mendel. Os pais acabaram se separando, pois Esther, a mãe, não conseguia mais suportar um marido que trabalhava como caixeiro-viajante e agiota, negligenciando o cuidado da própria família. Aos 17 anos de idade, Augustus se converteu ao cristianismo, batizou-se em Hamburgo e assumiu o sobrenome cristão Neander. Ele nunca se casou. De saúde frágil, foi cuidado pela mãe e a irmã Hannah.

Neander recebeu uma educação clássica no ginásio (ensino médio) de Hamburgo (1803–1806), onde o contraste entre sua mente afiada e o corpo enfermo chamou a atenção tanto dos professores quanto dos alunos. De 1806 a 1809, estudou na Universidade de Halle, sob a influência poderosa de Friedrich Shcleiermacher (1768–1834), conhecido como o "pai da teologia moderna", por causa da importância que atribuiu à consciência religiosa universal. Forçado a fugir de Halle por causa das guerras napoleônicas, Neander chegou fatigado e sem um centavo no bolso em Göttingen, mas conseguiu continuar os estudos. Lá acabou sendo incentivado a permanecer e fazer carreira na área acadêmica. Em vez disso, Neander voltou para Hamburgo, com o objetivo de se tornar pastor. No entanto, era clara sua maior aptidão para a sala de aula do que para o púlpito.

Em 1811, na Universidade de Heidelberg, Neander começou a lecionar teologia; tornou-se professor adjunto em 1812. Um livro sobre Juliano, o Apóstata (c. 330–363), definiu seu futuro como historiador da igreja. Em 1813, aos 24 anos, por sugestão de Schleiermacher, Neander se tornou professor de história da igreja na Universidade de Berlim, onde, até sua morte em 14 de julho de 1850, ensinou a doutrina cristã aos estudantes por meio das aulas e de sua vida piedosa. Em suas poucas viagens, costumava levar um baú de livros "para ler um pouco no caminho" (Schaff, "Reminiscences", p. 131).

Sua carreira de professor foi marcada por uma combinação de erudição e piedade. O ensino de história da igreja era mais que uma disciplina intelectual. Tratava-se de uma ocupação sagrada do coração. Neander realizou uma revolução no ensino da história da igreja. Sob a influência de historiadores racionalistas e deístas, o campo havia se tornado "um árido deserto". Neander o transformou em "um jardim de Deus, cheio de flores e frutos" (Schaff, "Reminiscences", p. 136). Para Neander, a história da igreja era o desenrolar contínuo da parábola de Jesus acerca do fermento que, aos poucos, leveda toda a humanidade (Mt 13.33). Ensinar a história eclesiástica consistia em traçar os passos de Jesus por meio de seus discípulos ao longo das eras. Caracterizado por aquilo que Schaff denomina "catolicidade evangélica" (p. 137), Neander ensinava os alunos a enxergar as pegadas de Jesus em todas as partes da cristandade, mesmo em meio aos hereges perseguidos. Para ele, a história da igreja é governada por um centro cristológico.

Um professor cheio de entusiasmo, Neander tinha por objetivo "acender uma fogueira" (p. 143) na alma de seus alunos, alcançando a mente e o coração de cada um, e levando-os a conhecer o Senhor da igreja. Seu magnetismo atraía os ouvintes ao centro do assunto e os levava a esquecer tudo o mais. Não é de se espantar que seus devotos alunos celebrassem cada aniversário dele com presentes, uma serenata e, às vezes, uma procissão com tochas. Nas noites de sábado, o professor tinha o hábito de receber tantos alunos quanto fosse possível caber em sua casa, para tomar chá, tendo Hannah como anfitriã. O projeto mais ambicioso de Neander foi a coleção em seis volumes *História geral da igreja e da religião cristã*. A publicação começou em 1826.

63

O pressuposto de que devemos contemplar a vida de Cristo é central para a existência do cristão como tal, a existência da igreja cristã e a natureza da consciência cristã. A seu toque de poder, os ossos secos do velho mundo pagão renasceram como nova criação em Cristo. Trata-se da raiz e base de nossa civilização moderna, que, mesmo em seus esforços de declarar autonomia, precisa repousar sobre essa raiz. Aliás, se tais esforços fossem bem-sucedidos, a civilização ocidental se dissolveria em seus ingredientes pagãos originais e assumiria uma forma completamente nova. Em suma, o pressuposto é a crença em Jesus Cristo como Filho de Deus, em um sentido que não pode ser atribuído a nenhum ser humano — a imagem perfeita do Deus pessoal na forma da mesma humanidade que se alienou dele, a fim de que, nele, a própria fonte da vida divina se manifestasse e somente nele o objetivo da humanidade se cumprisse.

AUGUSTUS NEANDER, *A VIDA DE JESUS CRISTO*, INTROD., CAP. I, SEÇÃO 2

Ó Senhor, exalta a luz da tua face sobre nós. Hoje mesmo derrama sobre nós a tua bênção. Mediante o reinado do teu Espírito em nosso interior, mantém nossa consciência limpa de ofensas; dá-nos domínio espiritual sobre nossos pensamentos, discursos e atos. Concede-nos graça para negar a nós mesmos, tomar a cruz e seguir os passos de nosso Senhor e Mestre. Amém.

MATTHEW HENRY (1662–1714), *ORAÇÕES: ANTIGAS E MODERNAS*, P. 282

PARA REFLETIR: Mt 12.1-13; Jo 1.1-5,10-14; 8.1-59; 10.30-33; 14.7-9; Lc 9.18-22; Ef 1.15-23; 3:20-21; 4.4-6; 5.25-33; Cl 1.15-20; Ap 19.1-8

◇◇◇◇◇◇ **64** ◇◇◇◇◇◇

(Neander comenta Friedrich Schleiermacher.)

O que é "consciência cristã"? Trata-se do cristianismo como um poder inegável e revelador do eu que entra na vida humana, um poder interno imediato no mundo espiritual do qual veio e sempre virá a regeneração da vida humana. Produz resultados que não podem ser explicados de nenhuma outra maneira. A "consciência cristã" — seu conteúdo — é capaz de se manter firme contra qualquer filosofia hostil ao conhecimento de Deus e desejosa de substituir por abstrações vagas o poder divino que move a raça humana. Assim como a consciência intuitiva de Deus revela a existência à mente humana, o poder onipresente e a autorrevelação de uma Divindade pessoal, do mesmo modo a "consciência cristã" testemunha de que Cristo viveu e continua, por meio do Espírito Santo, a operar sobre a humanidade. As obras da criação revelam Deus àqueles que já têm a consciência da existência divina, pois aquele que não tem a consciência de Deus em seu interior não a encontrará em nenhum outro lugar. Somente aquele que tem "consciência cristã" é capaz de compreender o significado de Cristo e sua igreja.

Augustus Neander, A vida de Jesus Cristo, introd., cap. I,

seção 2, nº 25

Eu te agradeço, ó Deus, pela disciplina que enriquece a obediência e a confiança em ti, pelos fardos que fortalecem e pelos desafios que ampliam a alma. Regozijo-me e dou-te graças pelo forte desejo de ser formado à tua semelhança e pela renovação de nosso mundo segundo tua ordem de beleza, retidão e justiça. A ti sejam a honra e a glória, para todo o sempre. Amém.

Extraído de Serviços para o culto congregacional, citado em

Harvard Square Library

PARA REFLETIR: Mt 4.1-11; Mc 11.12-18; Lc 1.46-55; 2.25-40; 8.22-25; Jo 1.1-18; 14.1-14; At 2.14-36; 17.16-31; 1Co 1.18-31; Ef 1.1-14

Aquilo que a fé cristã afirma acerca de Cristo não é opcional, nem obra do acaso. É absolutamente necessário. Isso é verdade por dois motivos. Primeiro, só Jesus pode satisfazer a necessidade fundamental da natureza humana, uma necessidade testemunhada na história humana e em expectativa de seu cumprimento. Segundo, a confissão cristã de quem é Cristo surgiu da impressão direta que ele causou sobre testemunhas oculares e, por meio delas, sobre toda a raça humana. Essa impressão, afirmada nos evangelhos e que sempre se propagou na consciência da igreja cristã, originou-se na revelação do próprio Cristo e sempre aponta de volta para ela. Sem isso, o testemunho da igreja jamais poderia ter surgido. Assim como o intelecto da humanidade, sem revelação divina, jamais poderia ter chegado ao conhecimento de Deus, também o testemunho cristão acerca de Jesus nunca poderia ter surgido da mente da humanidade pecadora. A confissão de que em Jesus Cristo Deus se encarnou deve ser reconhecida como evidência da vida real desse mesmo Cristo. Os cristãos são constantemente renovados à imagem dele e levados a ele, que é a fonte sempre a jorrar de vida divina.

AUGUSTUS NEANDER, *A VIDA DE JESUS CRISTO*, INTROD., CAP. I, SEÇÃO 3

Misericordioso e amorosíssimo Deus, foi por tua vontade e generosidade que Jesus Cristo, nosso Senhor, se humilhou; a fim de poder exaltar toda a raça humana, desceu às profundezas para exaltar o humilde e nasceu, Deus-homem, da Virgem, com o objetivo de restaurar a imagem celestial. Concede que teu povo se apegue a ti, para que, assim como tu os redimiste por tua generosidade, eles sempre te agradem em serviço santificado. Amém.

"NATAL", ORAÇÕES PARA DATAS SAGRADAS, EM *COLETAS ANTIGAS E OUTRAS ORAÇÕES*, P. 25

PARA REFLETIR: Mt 14.22-36; 16.21; Mc 11.1-19; 12.35-37; Lc 9.14-36; 11.14-28; Jo 5.16-47; 6.25-59; 7.37-52; 8.12-30,48-59; 9.35-41

Fora da ressurreição de Cristo, fora da reaparição do Cristo histórico como motivo e causa pessoal da fé dos discípulos, não existe justificativa concebível para explicar o que aconteceu após a crucificação. Em um golpe ousado, a morte de Cristo aniquilou tudo o que os discípulos de Jesus haviam esperado para o Messias. A derrota foi conclusiva. Se todas as suas esperanças houvessem sido destruídas em caráter definitivo com a morte de Jesus, e nada mais se tivesse ouvido acerca dele, o resultado seria compreensível. É verdade que seja possível, de maneira abstrata, que após o primeiro golpe da morte de Cristo as impressões espirituais profundas que Jesus causou nos discípulos pudessem ser reavivadas e operado neles de alguma maneira poderosa. Contudo, para entender o que os apóstolos fizeram depois, para explicar a transição do desânimo absoluto para o renascimento poderoso e expansivo de sua fé, algo precisa ter acontecido na cadeia de acontecimentos que somente a ressurreição de Cristo é capaz de explicar. A confiança arrasada nas promessas de Jesus só foi restaurada porque o próprio Cristo, após ressuscitar dos mortos, as repetiu para eles. Esse foi o renascimento da comunhão com Cristo para jamais ser dissolvida, crescendo sempre mais e mais.

AUGUSTUS NEANDER, *A VIDA DE JESUS CRISTO*, LIVRO 5, PARTE 2, CAP. 8, SEÇÃO 295

Ó Deus, que prometeste sempre estar presente com tua igreja até o fim dos tempos, e que prometeste que as portas do inferno jamais prevalecerão contra a profissão apostólica, aperfeiçoa em tua graça a força em nossa fraqueza, e mostra a eficácia de tuas promessas ao habitar até mesmo no interior dos mais frágeis santos. Amém.

"PELA IGREJA", INTERCESSÕES, EM *COLETAS ANTIGAS E OUTRAS ORAÇÕES*, P. 97-98

PARA REFLETIR: Mt 26.69-75; 28.1-10,16-20; Mc 14.43-50,66-72; 16.1-8; Lc 23.26-31; 24.13-24; Jo 20.19-23; 1Co 15.12-19

Se o Espírito de Deus revelou a homens santos do passado a Palavra da Verdade, a fim de que a proclamem para a salvação da humanidade; se Deus se revelou por intermédio da vida, da pregação e dos escritos que lhes foram confiados pelo Espírito Santo, isso não deve ser visto como um fato isolado que só pertence ao passado. Para nós, membros vivos do corpo de Cristo, participantes da comunhão de seu Espírito que une o presente com toda a história da igreja desde o Pentecostes, a Palavra de Deus não deve ser um mero fato histórico distante. Por intermédio do Espírito, o passado deve se tornar presente para nós. Não necessitamos de mais revelações. Pelo contrário, a Palavra da Verdade precisa ser, para nós, como se o próprio Senhor, neste momento, estivesse nos falando, como se houvesse acabado de nos contar o que necessitamos saber para encontrar consolação nos sofrimentos presentes, vitória em todas as batalhas espirituais e um mapa para nos guiar com segurança em meio às perplexidades de um mundo hostil à graça.

AUGUSTUS NEANDER, *A EPÍSTOLA DE PAULO AOS FILIPENSES*, SEÇÃO I

Concede a teus servos, ó Deus trino, purificação perene pelo fogo de teu Espírito, fortalecimento por teu poder, iluminação por teu esplendor, preenchimento por tua graça, e então o avanço mediante teu auxílio. Concede à tua igreja fé verdadeira, amor perfeito e humildade autêntica. Dá-nos paciência corajosa, obediência perseverante, tua paz e consciência santa. Após concluir com fidelidade nossa carreira, recebe-nos em teu descanso celestial. Amém.

"PELA PERSEVERANÇA", ORAÇÕES POR GRAÇAS VARIADAS, EM *COLETAS ANTIGAS E OUTRAS ORAÇÕES*, P. 93-94

PARA REFLETIR: Lc 24.13-49; Jo 16.5-16; At 2.29-35; 1Co 15.12-28; Ef 2.1-10; 6.10-18; Fp 3.12-16; Cl 1.21-23; 1Ts 3.11-13; 5.16; Ap 22.12-17

◇◇◇◇◇◇ **68** ◇◇◇◇◇◇

A fim de alcançar tudo o que o Espírito de Deus deseja nos ensinar por intermédio dos escritores inspirados, precisamos prestar a devida atenção às condições e relações históricas em meio àquilo que disseram e fizeram. Tanto quanto possível, devemos, mediante estudo, ser transportados para ver e ouvir o mundo em que viveram. Devemos nos apropriar do conteúdo das Escrituras — a verdade divina revelada a nós — à medida que ela guia a igreja, não na letra da lei, nem como síntese dos pontos de fé, mas sim por meio do encontro histórico, na aplicação do evangelho a circunstâncias históricas e relações sociais específicas, reveladas por intermédio de seres humanos que viveram como testemunhas da revelação divina. Cada autor inspirado testemunhou do evangelho à própria maneira distinta, mas todos eles foram consagrados pelo Espírito Santo. É assim que a verdade divina deve ser trazida para perto de nós, para nosso eu espiritual, sob o despertamento do Espírito Santo. A humilde dependência do Espírito Divino, o único capaz de nos guiar em toda a verdade e desvendar as profundezas da Palavra de Deus, é indispensável para o entendimento correto.

Augustus Neander, *A epístola de Paulo aos filipenses*, seção 1

Em tua graça, ó Senhor, derrama luz e vida sobre toda a igreja, para que teu rebanho, Bom Pastor, prospere em tua graça e seja guardado pelo poder de Deus, mediante a fé, para a salvação, pronta para ser revelada na vinda do Senhor. Amém.

Orações para uso do clero, em *Coletas antigas e outras orações*, p. 180

PARA REFLETIR: Mc 1.1-13; Lc 1.1-80; At 1.1-26; 1Tm 1.3-7,18-20; 3.16; 4.1-16; 2Tm 3.1-17; Tt 2.1-15; 3.1-11; **1Pe 1.3-12;** 5.6-11; Jd 1.17-25

O apóstolo Paulo se esforçara para proclamar o evangelho mais que os outros apóstolos. Entretanto, ele sabia que isso não era obra sua, mas sim o que a graça de Deus realizava por meio dele. Paulo conseguia se lembrar do que havia suportado em nome de Cristo. Ainda assim, ao olhar para o fim de sua vida, não depositava sua confiança em nada do que havia feito, pois tudo parecia marcado por imperfeições. Em vez disso, fixava os olhos no que estava à sua frente, rumo ao prêmio do chamado celestial. Pode parecer estranho ele colocar tamanho peso não no que fora realizado, mas no que estava à sua frente. No entanto, essa tensão é inerente à natureza do discipulado cristão. Os cristãos que avançam em santidade tiram o olhar de si mesmos e o voltam para seu Redentor, a âncora da certeza perfeita. Apelam para a graça libertadora e para a imutável Palavra de Deus. Caso fossem testar a própria vida pelo padrão de santidade perfeita, sua confiança se extinguiria. Quanto mais avançam em santidade, tanto mais conscientes ficam de seus defeitos e máculas, porém mais aguçado se torna o poder do Espírito Santo para reconhecer e aplicar neles o modelo da santidade divina.

AUGUSTUS NEANDER, *A EPÍSTOLA DE PAULO AOS FILIPENSES*, SEÇÃO I

Deus todo-poderoso, Doador de toda sabedoria, ilumina meu entendimento com o conhecimento de tua vontade, e disciplina-me pela verdadeira liberdade com a qual Cristo nos liberta. Que o autoengano não me desencaminhe; que nenhuma tentação me corrompa. Em meio às esperanças e aos temores deste mundo, que o Espírito Santo seja sempre meu advogado e guia. Concede que meus pensamentos se fixem em ti, por meio de Jesus Cristo, meu Senhor. Amém.

SAMUEL JOHNSON (1709–1784), *ORAÇÕES: ANTIGAS E MODERNAS*, P. 248

PARA REFLETIR: 1Co 2.1-5; 3.5-23; 4.1-7; 9.16-23; 2Co 1.12-14,18-22; 4.1-12; Gl 6.7; Fp 3.1—4.1; 1Ts 3.6-13; 2Tm 4.8

Tudo o que acontece na igreja deve ser para o crescimento na verdadeira comunhão com Cristo, recebendo-o por completo e tornando-se cheio dele. Jesus é aquele em direção a quem acontece todo o crescimento e de quem provêm todas as energias vitais. Ele age por intermédio dos diferentes membros, através dos quais sua vida flui. E embora use cada membro de maneira individual, trabalha por meio do todo. Fica claro que o crescimento que provém de Cristo e a ele conduz só pode prosperar por completo quando todos os membros se entregam a ele e, sob sua direção, em dependência e influência mútuas, andam juntos na mais íntima união.

As necessidades do corpo de Cristo e os meios para atender a elas são distribuídos em diversos modos e proporções variadas entre os membros, sustentando-os assim em dependência mútua e influência recíproca. A dependência mútua deve avançar o amor mútuo. Nenhum membro pode se separar do todo. Aquele que recebe dons de Deus deve enxergá-los como um empréstimo destinado ao serviço dos outros. Eles são recursos para manifestar o amor que o Espírito de Deus derramou no coração dos fiéis, a marca pela qual os discípulos de Jesus serão conhecidos.

AUGUSTUS NEANDER, *A EPÍSTOLA DE PAULO AOS FILIPENSES*, SEÇÃO I

Tu, Senhor, és nossa Força, nosso Refúgio e único Libertador. Ensina nossa língua a proferir palavras de invocação a ti. Abre dentro de nós as fontes de oração e santa meditação; revela-nos tua verdade; desperta-nos por teu Espírito. Ama-nos com o amor que dás a teus filhos. Tu nos deste teu Filho mais amado; juntamente com ele, nós te rogamos que nos dês todas as outras coisas que nos são necessárias. Amém.

SERVIÇOS PARA O CULTO CONGREGACIONAL, P. 13

PARA REFLETIR: Rm 12.1-8; 14.1-21; 1Co 12.12-31; 13.1-13; Gl 5.16-26; Ef 2.19-21; 4.1-6,11-13,**15-16**; Cl 2.16-19

Em nosso tempo, de todas as perguntas religiosas importantes que são feitas, a mais fundamental de todas continua a ser: "Quem é Jesus Cristo?". Tudo o mais retorna para essa pergunta. A confissão de que a Palavra — aquele que desde o princípio estava com Deus e era Deus, e por meio de quem todas as coisas foram criadas — se fez carne e habitou entre nós é absolutamente essencial para responder a essa pergunta. Aqui ele se distingue de qualquer outro que já tenha aparecido na história humana. Nele ocorreu a união da essência divina com a natureza humana em todas as suas características, a humanização da essência divina, a fim de restaurar a natureza humana à imagem dessa forma revelada. Isso constitui a identidade singular da pessoa de Cristo. Além disso, a verdadeira identidade de Jesus Cristo forma a essência da fé cristã. Seu propósito grandioso e adequado ao destino da humanidade é elevar tudo o que for humano à dignidade gloriosa da vida divina.

Assim, da correta compreensão de Cristo como a Palavra encarnada depende a apreensão correta da nova realidade que o evangelho de Jesus Cristo proclama. Somente um Cristo completo é capaz de oferecer salvação completa para esta era.

Augustus Neander, *A primeira epístola de João*, introd.

Ó Senhor, o único que coloca ordem verdadeira em todas as coisas, neste dia eu me entrego por completo à tua infinita misericórdia; confio a ti tudo que o sou — eu mesmo, meus desejos, meu presente e futuro, minhas esperanças e apreensões, meu tempo e minha eternidade, minhas alegrias e tristezas, bem como tudo o que eu amo. Cuida de mim como bem te agradar; só tu sabes o que é o melhor. Une-me com firmeza a teu eterno amor. Amém.

Tesouro de devoção (1869), *Orações: antigas e modernas*, p. 252

PARA REFLETIR: Lc 1.26-37,46-55; **Jo 1.1-5,10-18,**29-34; 4.26; 6.20,35,41,48,51; 8.12,24,28,58; 9.5; 13.19; 10.11; 18.5-6,8; Ap 1.9-20; 22.12-13

72

Reconhecendo que a plena união entre o divino e o humano em Cristo — a perfeita harmonia entre os dois — é essencial para a compreensão de quem Cristo é, surgiram na igreja primitiva dois conceitos mutilados, dois erros opostos que falharam em apreender essa união. Eles caíram ao exaltar ou o humano em detrimento do divino, ou o divino em detrimento do humano. O mais irônico é que, quando compreendidos juntos, os erros opostos acabam, sem perceber, por substanciar a afirmação cristã ortodoxa. Juntos eles testemunham a verdade completa na qual divergem. Assim a manifestação de Cristo na terra causou impressões opostas. Em um dos erros, a manifestação do humano é tão completa que o primeiro erro não reconhece nada em Cristo além do homem, muito embora revestido com poderes extraordinários. O outro erro foge para o extremo oposto. Enxerga a glória divina que brilhava em Cristo com fulgor avassalador, e diante disso perde de vista tudo o que é humano. Enxerga a humanidade somente como uma forma visível de manifestação da existência divina. Nem o divino é reconhecido em sua humanização, nem o humano em sua exaltação por meio do divino.

Augustus Neander, *A primeira epístola de João*, introd.

Deus todo-poderoso e eterno, que capacitas teus santos não só a crer em teu Filho, mas também a sofrer em nome dele, estende teu divino auxílio às nossas fraquezas, para que, assim como os santos deram testemunho de tua misericórdia eterna, nós também alcancemos o mesmo testemunho mediante uma profissão constante de fé, por meio de Jesus Cristo, nosso Senhor. Amém.

"Dia de todos os santos", Orações para datas sagradas, em *Coletas antigas e outras orações*, p. 68

PARA REFLETIR: Lc 2.1-7,41-52; 24.39; Jo 1.1-5,14; 4.6; At 2.22-23; Rm 5.15; Cl 1.15-20; Tt 2.11-13; Hb 1.5-14; 2.14-15; 1Jo 4.2-3

Tais erros assumem hoje novos formatos. As palavras do apóstolo João não se aplicam com menos força à nossa era. Hoje, uma classe reconhece Cristo somente como um homem iluminado. Ele pode ter sido o mais perfeito mestre da verdade religiosa a aparecer na terra, o modelo mais perfeito da vida humana. Na opinião dessas pessoas, o cristianismo não passa de um sistema de instruções, preceitos e exemplos morais. Negam a divindade de Cristo, considerando-o diferente dos mais nobres da raça apenas em grau. Explicam os evangelhos de tal modo a reduzi-los ao nível da razão e da experiência humana comum. São incapazes de compreender a salvação que provém de Cristo, a qual só pode proceder de ninguém mais que o Deus encarnado e que opera agora para a transformação do mundo. A glória divina permanece escondida de seus olhos.

Existem outros que têm certa ideia da divindade de Cristo. A humanidade de Jesus se torna mera forma, névoa ou espectro flutuando no éter, sem nenhuma personificação real do terreno e verdadeiro. Em nenhum desses erros encontramos o Redentor do mundo.

Augustus Neander, A primeira epístola de João, introd.

Ó Senhor, Salvador e Guardião daqueles que te temem, afasta de tua igreja todas as seduções enganosas da sabedoria deste mundo; que, sob o ensino de teu Espírito Santo, encontremos prazer em toda instrução profética e apostólica, em vez de nos deleitarmos nas instruções de um mundo que nada conhece acerca da nova criação, o segundo nascimento que vem do alto. Amém.

"Domingo da Trindade", Orações para datas sagradas, em
Coletas antigas e outras orações, p. 66-67

PARA REFLETIR: Mt 1.18,22-23; Lc 1.35; Jo 1.4; 14.9; Rm 1.3-4; Gl 4.4; Fp 2.8; 1Tm 3.16; Hb 1.2-3; 1Jo 1.1-4; 2.18-27; 4.1-5,12; 2Jo 1.7-11

Qual é a importância prática do Santo Cristo ser nosso Advogado *eterno* junto ao Pai? À mediação perpétua por meio do Cristo vivo, ao sacerdócio perene junto àqueles que, por seu intermédio, são reconciliados com Deus, corresponde uma necessidade *eterna* de mediação pelos crentes. São dependentes a todo instante do sacerdócio de Cristo. Em união com ele, formam o povo consagrado a Deus. Com a consciência do pecado e da enfermidade humana, em meio a todas as tentações e todos os conflitos, o povo de Cristo pode confiar com segurança em uma *união indissolúvel* com seu Senhor divino-humano, o qual vivenciou todas as necessidades humanas e está próximo deles na simpatia íntima do perfeito amor. Além disso, toda a sua vida cristã exterior e interior, fluindo da necessidade contínua de redenção, recebe seu significado da mediação *contínua* de Cristo e de nossa união consciente com ele.

Toda a vida cristã, ordenada para a glória de Deus, deve ser governada por meio de sua relação com Cristo, e essa relação deve se manifestar como fruto da *mediação constante* de Cristo. Para a consciência cristã, essa será uma realidade eterna *sempre presente*.

Augustus Neander, A primeira epístola de João, cap. 2

Senhor Jesus Cristo, que, pela redenção do mundo ascendeste do madeiro da cruz para trazer luz a um mundo afundado nas trevas do pecado, nós te rogamos que derrames tua luz sobre nossa vida, para que sejamos capacitados a alcançar vida e luz eterna. Amém.

"Tempo da Paixão", Orações para datas sagradas, em
Coletas antigas e outras orações, p. 48

PARA REFLETIR: Jo 1.14; 3.16; 17.1-26; Rm 5.12-21; 8.28-39; 1Co 1.18-31; 1Tm 2.1-6; Hb 1.1-14; 9.11—10.18; 1Pe 2.4-9; Ap 5.1-14; 20.11-15; 22.15-16

Em muitas expressões apostólicas, toda a vida da igreja e de cada cristão é descrita como um sacrifício agradável a Deus que Cristo, o Mediador perpétuo, o Sacerdote eterno, oferece a seu Pai celestial. Com base nisso, devemos ver que, uma vez que tudo na vida cristã se encontra inserido na mediação de Cristo, e por meio dela recebe consagração, cada elemento da vida humana deve ser consagrado e santificado, posto em conexão com a vida de Cristo. Logo, a distinção entre secular e espiritual, sagrado e profano, não mais existe. Essa velha separação é dissolvida pela mediação perpétua de Cristo.

Ora, a história da igreja ensina que devemos proteger com zelo os ensinos apostólicos. A dependência completa de todos os cristãos da mediação de Cristo em detrimento de todas as outras se baseia nessa verdade. Sempre que ela é obscurecida ou interpretada erroneamente na consciência cristã, a dependência singular de Cristo como Mediador é transferida para o sacerdócio humano ou para outros tipos de mediação. Infiltra-se então uma distinção artificial entre sacerdote e leigo, entre espiritual e secular. A mediação exclusiva de Cristo para a vida inteira, fundamentada em sua reconciliação definitiva, jamais deve ser posta em segundo plano.

Augustus Neander, A primeira epístola de João, cap. 2

Libertos do mal e continuamente estabelecidos em uma nova vida em Cristo, que sejamos capacitados pelo Espírito a nos apegar somente a ti. Pelas feridas de tua paixão, quebra em pedaços todas as armadilhas de nosso antigo inimigo; aceita nosso jejum e ouve nossa oração. Concede-nos fé constante, paz profunda, espiritualidade piedosa, amor puro e graça sem limites. Amém.

"Tempo da Paixão", Orações para datas sagradas, em Coletas antigas e outras orações, p. 50

PARA REFLETIR: Gn 22.1-12; Mt 16.21-28; Lc 18.31-34; 20.17-18; 24.25-27; At 2.29-39; 7.51-60; Rm 12.1-2; 1Co 11.2; Cl 2.9-15

JOHN HENRY NEWMAN
(1801–1890)

Cristãos modernos como Dietrich Bonhoeffer, Madre Teresa e C. S. Lewis parecem ser uniformemente reverenciados por toda a cristandade. É importante acrescentar também o cardeal John Henry Newman, que, primeiro como anglicano e depois como católico romano, deixou uma riqueza de recursos para a igreja.

Newman nasceu em Londres, filho de um banqueiro e de uma descendente de emigrantes huguenotes (protestantes franceses). A família fazia parte do movimento evangélico. Embora Newman tenha se afastado de sua identidade evangélica, acreditando que o movimento evangélico atribuía muito pouca importância à igreja, à Eucaristia e à santidade coletiva, sua formação evangélica teve impacto duradouro. Ele manteve o compromisso com a religião pessoal, a fé em resposta à iniciativa divina, a soberania de Deus e uma vida santa marcada por oração, leitura da Bíblia, crescimento nas virtudes cristãs e a doutrina trinitariana ortodoxa.

Em 1816, Newman ingressou no Trinity College, Oxford, onde, por causa de problemas físicos, não se sobressaiu. Em 1822, contudo, foi eleito docente do Oriel College, um dos mais prestigiosos de Oxford. Em 1825, foi ordenado sacerdote anglicano e atuou como cura (assistente do reitor ou clérigo principal) da Igreja de St. Clement, Oxford. Em 1826, Newman voltou para Oriel, onde surgiu um debate entre religiosos de mentalidade parecida, que ficou conhecido como grupo de Oriel, formado por Richard Hurrell Froude, John Keble, Hugh James Rose e Newman. Os debates se tornaram a semente para o movimento de Oxford, o acontecimento religioso mais significativo do século 19 na Igreja da Inglaterra. Em 1835, o grupo conquistou o apoio de Edward Bouverie Pusey, que liderou o movimento de Oxford após Newman entrar para a Igreja Católica Romana.

As motivações para o movimento de Oxford (também chamado de tratarianismo, por causa da produção de noventa tratados, e de partido anglo-católico, por causa da tentativa de restaurar as práticas litúrgicas ignoradas por evangélicos e liberais) eram diversas. Acontecimentos políticos recentes na Inglaterra e na França haviam levantado o seguinte questionamento: a igreja realmente é uma instituição divina inalterável, soberana em sua esfera, ou pode ser alterada por ações governamentais? Os membros do movimento de Oxford criam na primeira premissa e se convenceram de que era necessária uma renovação abrangente da doutrina da igreja, fundamentada em seu desenvolvimento histórico tanto antigo quanto contínuo.

Um sermão marcante de 1833, "Apostasia nacional", pregado por Keble na Igreja de St. Mary, marca o início do movimento de Oxford. Keble identificou os "sintomas" que demarcam quando a nação se torna "alienada de Deus" e quais são os "deveres dos cristãos sinceros" em momentos de "calamidade extrema" (introd.). Em seguida, Keble postulou os princípios do movimento de Oxford: "A remissão de nossos pecados e todos os outros benefícios da paixão [de Cristo]" são recebidos na Eucaristia (Keble, *Sobre a adoração eucarística*, cap. 1, seção 5); "o dom da Santa Eucaristia é o próprio Cristo" (cap. 1, seção 9), adequadamente administrada por sacerdotes, ordenada na sucessão apostólica, em uma igreja restaurada à pureza de seus primeiros séculos, sem divisão. Em 1833, Newman começou a publicar *Tratados para os tempos*, que explicavam o movimento. Ele seria o autor de 23 dos 90 tratados. Cria que a Igreja da Inglaterra era a *via media*, o caminho do meio entre o protestantismo e Roma.

À medida que o movimento avançava, os autores passaram a defender doutrinas cada vez mais católicas do que protestantes. O tratado de 1841 (90) de Newman foi, por assim dizer, a gota d'água. Ele argumentou que os Trinta e Nove Artigos da Igreja da Inglaterra tinham o objetivo de não ensinar nada além da doutrina católica romana. O bispo de Oxford proibiu a publicação de mais tratados.

Envolvido na controvérsia eclesiástica, Newman e alguns de seus seguidores se retiraram para Littlemore, Oxfordshire, onde viveram de maneira semimonástica. Em 9 de outubro de 1845, pagando um alto preço em relacionamentos pessoais, mas seguido por várias centenas de leigos e religiosos, Newman entrou para a Igreja Católica Romana. Em Roma, em outubro de 1846, foi ordenado padre católico romano. Em 1847, voltou para casa com permissão para fundar a primeira casa da Congregação do Oratório de São Felipe Neri na Inglaterra. Ao longo de quase quarenta anos, Newman foi o líder de um cabido localizado em Edgbaston, Birmingham. Em 12 de maio de 1879, o papa Leão XIII elevou Newman ao ofício de cardeal.

"Jesus, lembre-se de mim quando vier no seu reino." Essa foi a oração do ladrão arrependido na cruz, e essa deve ser a nossa oração. Quem pode nos fazer qualquer bem, além daquele que também será nosso Juiz? Quando pensamentos de angústia nos afligirem, "lembre-se" é tudo o que podemos dizer. Não temos mérito, nem estratégia, nem conhecimento, nem sabedoria próprios para nos justificar. Nada podemos dizer em nossa defesa para Deus. Só podemos reconhecer que somos pecadores indignos. E, ao falar com ele em tom de súplica, pedimos que se lembre de nós com misericórdia, por amor a seu Filho, não segundo o que merecemos, mas sim por causa do amor de Cristo. Quanto mais tentarmos servi-lo aqui, melhor. Mas nos encontramos tão distantes do que deveríamos ser que, se só tivéssemos a nós mesmos em quem confiar, seríamos miseráveis sem qualquer esperança. Nossa condição nos força a confessar isso. Quem é capaz de nos fazer qualquer bem, além daquele que nasceu neste mundo para nossa regeneração, que foi ferido por nossas iniquidades e ressuscitou para nossa justificação?

JOHN HENRY NEWMAN, "O LAPSO DO TEMPO", EM *SERMÕES SIMPLES E PAROQUIAIS*, SERMÃO I

É muito adequado e correto, com todas as capacidades do coração e da mente, e também com o serviço de lábios santificados, louvar o Deus invisível, o Pai Todo-poderoso, e seu Filho unigênito, nosso Senhor Jesus Cristo, que expiou os pecados de nossa raça caída, rompendo o cativeiro causado por nossa antiga culpa. Aleluia! Amém.

"PÁSCOA", ORAÇÕES PARA DATAS SAGRADAS, EM *COLETAS ANTIGAS E OUTRAS ORAÇÕES*, P. 52

PARA REFLETIR: Lc 23.42; At 15.8-11; Rm 3.21-28; 4.1-8; 1Co 1.18-31; 2Co 1.12-14; Ef 2.4-5; 3.12,16-17; Hb 11.6; 1Jo 1.8-10; 2.1-2; 4.10-11

É impossível buscar os louvores de um mundo hostil à graça e, ao mesmo tempo, buscar o louvor de Deus. Mas essa é nossa forte tentação: Deus é invisível; o mundo é visível. O louvor e reconhecimento divinos são futuros; o louvor e reconhecimento mundanos são imediatos. O louvor e reconhecimento de Deus são internos e silenciosos; o louvor e reconhecimento mundanos são volumosos e públicos.

Devemos nos voltar para Deus, tomar nossa cruz e seguir a Cristo, que sofreu vergonha muito maior que a nossa. Você acha que ele não sentiu vergonha quando foi levantado na cruz para humilhação pública? Seus inimigos olharam para ele com ódio e insulto. Todavia, ele desprezou a vergonha.

Temos o privilégio de nos tornar semelhantes a Cristo. Toda a igreja de Deus é vista com vergonha e desprezo. Pessoas arrogantes elaboram argumentos contrários a sua origem divina; os ardilosos tentam degradá-la com propósitos políticos. Ainda assim, ela prevalece e prevalecerá, por meio de Deus Espírito Santo. As promessas que Cristo fez a seu corpo se destinam a todos que buscam a graça de Deus por meio dele.

John Henry Newman, "O louvor dos homens",
em Sermões simples e paroquiais, sermão 4

Proclamem a manhã gloriosa da ressurreição de nosso Senhor! Escancarando as portas da sepultura, ele ergueu o estandarte de sua ressurreição. Por meio dele, os filhos da luz nasceram para a vida eterna e as cortes do reino do céu se abrem para nós. Pois pela cruz de Cristo fomos redimidos, e por sua ressurreição a nova criação começou. Aleluia! Amém.

"Páscoa", Orações para datas sagradas, em
Coletas antigas e outras orações, p. 54

PARA REFLETIR: Lv 18.3; Sl 1.1-3; Dn 1.8; Mt 6.24; **Jo 12.43**; Rm 8.28-30; Ef 4.17—5.20; Cl 3.1-17; **Hb 12.1-12**; 1Pe 1.13-23

Epifania é um termo especialmente designado para a adoração da glória de Cristo. A palavra *Epifania* pode ser entendida com o sentido de "manifestação de sua glória" e nos leva a contemplá-lo como o Rei em seu trono, em meio à corte celestial, com servos a seu redor e guardas a protegê-lo. Em todas as outras ocasiões — Natal, Quaresma, Sexta-Feira Santa, Páscoa, Quinta-Feira Santa e Advento — Cristo faz ou sofre algo. Mas na Epifania nós o celebramos não em um campo de batalha ou em um retiro solitário, mas como o Rei augusto e glorioso, aquele a quem adoramos. Somente então ele recebe e aceita a homenagem de seus súditos. Isso aconteceu quando ele era bebê. Seu trono ficava nos braços de sua mãe imaculada. Seus aposentos estatais eram uma caverna ou cabana. Os adoradores eram os sábios do Oriente. Tudo parecia muito comum, não fosse pelos olhos da fé. Havia apenas uma marca visível de sua divindade. O Filho de Maria foi declarado o Filho do Deus Altíssimo, Pai da Eternidade e Príncipe da Paz por sua estrela, que guiou os sábios ao longo de toda a jornada até Belém.

John Henry Newman, "O tempo da Epifania", em *Sermões simples e paroquiais*, sermão 6

Ó Verbo de Deus encarnado,
Ó Luz no céu sombreado:
Nós te louvamos por quem tu és;
Das páginas das Escrituras,
Como lâmpada para nossos pés,
Tua luz brilha pelas eras futuras.
William Walsham How (1823–1897), Hinário

PARA REFLETIR: 1Cr 16.29; Sl 29.2; 46.7; 95.6; 96.9; Is 60.1-6; Mt 1.18—2.12; 3.13-17; 17.1-9; Lc 2.1-40; **Jo 2.11**; Ef 3.1-12

Longe de nós, soldados de Cristo, a caminho do céu, encher-
-nos de perplexidade por causa deste mundo! "Nenhum sol-
dado se deixa envolver em assuntos da vida civil." Essa era a
regra de São Paulo, "morrer diariamente". A cada dia, tinha ele
cada vez menos ligação com este mundo e um tesouro maior
no céu. Não pense que é difícil imitar Paulo, ou que é necessário receber algum dom milagroso. Todos podemos ser como
ele, de acordo com nossa posição e medida na graça. Fixemos
os olhos em Cristo, nosso Salvador. Meditemos no esplendor e
na glória de sua santidade. Oremos para que o amor pela santidade seja criado em nosso coração, e então no devido tempo
se seguirão atos santos, adequados a nossas circunstâncias. Não
se angustie em relação a quais serão tais atos. E não tente traçar uma linha tênue entre o que é pecado e o que é permitido.
Em vez disso, olhe para Cristo e deixe tudo aquilo que julga
ser da vontade dele que você abandone. Se você o amar profundamente, não irá reclamar do que o discipulado exige; tão
somente arriscará tudo em Jesus. Ele chama aqueles que têm a
vida mais sofisticada a viver com a máxima humildade.

John Henry Newman, "O dever de negar a si mesmo", em *Sermões
simples e paroquiais*, sermão 7

---

*De tuas mãos, ó Deus, estamos dispostos a receber tudo. Tu estendes
tua mão poderosa e capturas o sábio em sua insensatez. Tu abres tua
mão gentil e satisfazes com bênçãos tudo o que vive. E, ainda que
pareça que tua mão se encurtou, aumenta nossa fé e confiança, para
que continuemos a nos apegar a ti. Amém.*

Adaptado de Søren Kierkegaard, "Todo bem e todo dom
perfeito vêm do alto", em *Dezoito discursos edificantes*, da
trad. de Hong, p. 31

PARA REFLETIR: Mt 5.13-16; 7.24-29; 16.24; Lc 12.22-34; 14.25-35; Jo 15.1-7;
1Co 15.31; 2Co 7.1; Fp 3.7-14; Cl 3.1-17; **2Tm 2.4;** 1Pe 5.6-10

◇◇◇◇◇◇ **80** ◇◇◇◇◇◇

(Newman adapta François Guizot.)

Há problemas na vida humana — no destino humano — que não podem ser resolvidos nesta vida, que dependem de uma ordem de coisas desconectadas com o mundo visível, mas que clamam incessantemente por respostas. A avidez por respostas satisfatórias dá origem à religião.

Há outra causa que também impulsiona a humanidade a abraçar a religião. De onde vem a moral? Para onde ela leva? É esse chamado convincente a fazer o bem um fato isolado, sem autor e sem finalidade? Ele oculta ou revela uma origem, um destino além deste mundo? Tais perguntas espontâneas e inevitáveis conduzem a humanidade ao limiar da religião e nos revelam uma esfera que transcende os recursos humanos. Logo, as fontes certas e inesgotáveis da religião são, por um lado, os problemas terríveis que assolam a natureza humana e, por outro, a necessidade de encontrar uma origem e um objetivo para a moralidade que possa justificar adequadamente sua autoridade. A religião assume diversas outras formas — uma união de doutrinas, preceitos e promessas. A religião não pode ser entendida como uma mera expressão do sentimento humano, um impulso da imaginação ou um produto dos poetas.

JOHN HENRY NEWMAN, *ENSAIO SOBRE O DESENVOLVIMENTO DA DOUTRINA CRISTÃ*, CAP. I, SEÇÃO 2.8

Confirma em nossa mente, ó Senhor, os mistérios da verdadeira fé cristã, para que confessemos aquele que foi concebido pela Virgem para ser tanto Deus quanto homem, a fim de que, pelo poder de sua ressurreição salvadora, sejamos capacitados a alcançar alegria eterna e plena esperança de salvação. Amém.

"PELA FÉ", ORAÇÕES POR GRAÇAS VARIADAS, EM *COLETAS ANTIGAS E OUTRAS ORAÇÕES*, P. 75

PARA REFLETIR: Sl 42.4; 63.1; Is 55.1; Mt 5.6; Jo 4.13-14; 6.33-35; 7.37; Rm 1.18-25; 1Pe 2.2; Ap 22.17

PHOEBE PALMER
(1807–1874)

Da metade para o fim do século 19 nos Estados Unidos, aconteceu um reavivamento de santidade no seio de diversas denominações protestantes, incluindo presbiterianos, quacres e congregacionalistas, mas principalmente entre os metodistas. O movimento foi impulsionado pelo aumento do interesse na doutrina wesleyana da perfeição cristã, ou "santificação plena", ou ainda "amor perfeito". John Wesley chamara isso de a "grande contribuição" do metodismo (carta a Robert Carr Brakenbury [15 de setembro de 1790], *Cartas*). O reavivamento deu origem à proliferação de associações não denominacionais de santidade, oradores proeminentes religiosos e leigos, uma literatura próspera, reuniões campais frequentadas por muitos, e evangelistas como Charles G. Finney (1792–1875). Com o tempo, surgiram denominações comprometidas com o conceito wesleyano de santidade cristã. O contexto nacional mais amplo do reavivamento incluiu o movimento fundamentalista, a perda de contato com os pobres urbanos por muitas igrejas metodistas em ascensão social e econômica, bem como a Era Dourada norte-americana, isto é, rápida expansão industrial e econômica, urbanização, aumento exponencial da riqueza para muitos, especulação financeira, imigração da Europa e pobreza nas cidades.

Uma das vozes mais extraordinárias no movimento norte-americano de santidade foi Phoebe Worrall Palmer, uma leiga metodista. Ela nasceu em Nova York, de uma devota família metodista que seguia o exemplo de Susanna Wesley para a espiritualidade doméstica. Seu pai havia se convertido pelo ministério de John Wesley antes de imigrar para os Estados Unidos. Phoebe se tornaria "a maior em meio a incontáveis" porta-vozes metodistas em prol de uma doutrina de orientação wesleyana de perfeição cristã (Ahlstrom, *Religious History*, p. 478). Embora sua educação formal não excedesse o equivalente ao ensino fundamental, sua disciplina para aprender e desenvolver as habilidades de escritora resultou na produção de quase vinte livros, muitos folhetos, artigos e poemas.

Aos 19 anos, Phoebe Worrall se casou com Walter C. Palmer, abastado médico homeopata de Nova York. A segurança financeira de Palmer custeou boa parte do ministério do casal ao longo dos anos seguintes nos Estados Unidos, Canadá (1857) e Ilhas Britânicas (1859).

A morte trágica de três filhos levou Phoebe, em 1837, a uma experiência religiosa que os metodistas chamavam de "inteira santificação". Seu marido teve uma experiência semelhante. Eles acreditavam que deveriam contar aos outros. O resultado foi o ministério público impressionante de Phoebe que começou com seu envolvimento nas Reuniões de Terça-Feira para Promoção da Santidade. Criadas por sua irmã Sarah em 1836, as reuniões eram, a princípio, realizadas para mulheres metodistas. Em 1839, as reuniões foram abertas para homens de diversas denominações. A família Palmer ampliou a casa para conseguir receber os encontros.

À medida que a reputação dos Palmer se espalhava, eles se tornaram evangelistas itinerantes. O ministério de Phoebe cresceu vertiginosamente. Entre 1840 e 1874, ela percorreu milhares de quilômetros para pregar e ensinar em diferentes contextos. Muitos milhares se converteram, e vários outros experimentaram a inteira santificação. *O caminho da santidade* (1843) teve imensa influência entre os promotores da santidade. O livro *A promessa do Pai* (1859) defendeu as mulheres no ministério cristão. Em 1864, ela e o marido compraram e passaram a editar *O guia para a santidade*, revista religiosa mensal muito lida e comprometida com a causa da santidade.

Palmer desenvolveu um método de ensinar a doutrina wesleyana que divergia, em alguns aspectos, do próprio Wesley. Baseando-se em Mateus 23.19, ensinava um "caminho mais curto" que oferecia um trajeto certo para a inteira santificação. O "caminho mais curto" envolvia o reconhecimento da provisão divina para o aperfeiçoamento do amor, a consagração completa a Deus, a confiança na promessa divina de santificar o que é consagrado, e depois o testemunho público do que Deus fez.

Phoebe Palmer foi uma pioneira do século 19 que serviu de exemplo para as mulheres no ministério (uma característica distintiva do reavivamento de santidade), incluindo, de modo notável, o serviço humanitário e assistencial a pobres, prisioneiros e órfãos. Incomodada com as condições de uma região carente na cidade de Nova York, em 1850 Palmer levou a Sociedade Missionária do Lar e da Mulher Metodista a fundar a Missão de Cinco Pontos. A missão fornecia comida, roupas, teto e escola diurna para os filhos dos pobres. Uma fábrica associada oferecia emprego para até quinhentas pessoas.

Tenho profunda consciência de que se eu fizer da minha vida, em todos os detalhes, um poder para Deus, e verdadeiramente a transformar em uma demonstração prática da "beleza da santidade", precisarei permanecer vigilante o tempo inteiro. "Vigiem e orem para que não cedam à tentação", foi a ordem de Jesus. Na instrução divina, a *vigilância* precede a *oração*. Assim como o profeta Elias, nosso olho interior precisa estar alerta aos dois mundos: devemos ver não só as hostes de Deus em nossa defesa, mas também o exército de adversários, alguns deles vestidos como anjos de luz. Discernimento espiritual diligente, vigilância e sabedoria humilde são necessários para garantir a vitória. Deus — Pai, Filho e Espírito Santo — é por nós. Os santos anjos são por nós. Os ministérios das hostes celestiais remidas nos céus e na terra são por nós. Por que então nossa vida, em todos os seus detalhes, não seria triunfante? Pela graça, devemos ser mais vigilantes e orar mais. Assim, seremos cada vez mais vitoriosos.

PHOEBE PALMER, ANOTAÇÃO EM SEU DIÁRIO, 20 DE FEVEREIRO DE 1868, CITADO EM RICHARD WHEATLEY, *A VIDA E AS CARTAS DA SRA. PHOEBE PALMER*, P. 131

Ó amor de Deus, desce ao meu coração. Ilumina os recantos escuros desta habitação negligenciada. Espalha ali teus raios de alegria. Mora nesta alma que anseia por ser templo teu. Irriga qualquer solo estéril tomado de espinhos e ervas daninhas, perdido por falta de cultivo. Torna-o frutífero com teu orvalho. Amém.

AGOSTINHO (354–430 D.C.), BISPO DE HIPONA, HARVARD SQUARE LIBRARY

PARA REFLETIR: Dt 6.16-19; 11.13-18; Pv 4.23; **Mt 26.36-41**; 1Co 15.58; Gl 6.9-10; Fp 3.12-16; Hb 6.9-12; 10.19-25; 2Pe 1.3-11; 3.11-13

A "lei do reino" do amor deve ocupar lugar proeminente no santuário do coração de cada cristão. Só poderemos nos sair bem à vista do Amor Infinito, em constante vitória, se vivermos sob seu domínio. "Vocês fazem bem quando obedecem à lei do reino conforme dizem as Escrituras: 'Ame seu próximo como a si mesmo'." Que bênção viver constantemente na atmosfera do perfeito amor! "Deus é amor." Se tivermos grande acuidade na percepção referente a esse importante princípio que governa a religião cristã, precisaremos tratar a consciência com muito cuidado.

> *Rápida como olhos a piscar,*
> *Torna, ó Deus, minha consciência;*
> *Desperta-me quando o pecado chegar*
> *E afasta-me de toda dormência.*

PHOEBE PALMER, ANOTAÇÃO EM SEU DIÁRIO, 20 DE FEVEREIRO DE 1868, CITADO POR RICHARD WHEATLEY, *A VIDA E AS CARTAS DA SRA. PHOEBE PALMER*, P. 131-132

Concede, ó Deus todo-poderoso, que com verdadeira humildade e obediência de fé aceitemos a graça do teu evangelho que agora nos é oferecida, por meio da qual tu te reconcilias conosco; e concede que perseveremos com constância na fé pura, para que jamais nos afastemos da verdadeira obediência fiel, mas que avancemos mais e mais no conhecimento de tua misericórdia, a fim de que, tendo raízes fortes e profundas, firmemente alicerçados na confiança da fé inabalável, jamais deixemos de te adorar, até que enfim nos recebas naquele reino eterno que nos foi providenciado pelo sangue de teu único Filho. Amém.

JOÃO CALVINO, *OSEIAS*, PALESTRA 4

PARA REFLETIR: Pv 4.23; Is 30.21; Mc 12.28-31; 2Co 6.14—7.1; 1Tm 1.5; Hb 10.22; **Tg** 1.4; **2.8**; 1Pe 3.16; **1Jo** 2.5; 3.18-21; **4.8,18**

Tenho trabalhado para resguardar meu espírito. O humano e o divino podem se confundir um com o outro com muita facilidade; *vigilância* constante é necessária. Caso contrário, sem ter consciência do que está acontecendo, andaremos de acordo com nossos interesses humanos, em lugar dos do Espírito de Deus. Isso aconteceu no passado com Moisés. Ele perguntou: "Ouçam, seus rebeldes! Será que é desta rocha que teremos de tirar água?". Então, com raiva, feriu a rocha em vez de falar com ela, conforme Deus havia instruído. Mas Deus é um Deus zeloso. Ele não reparte sua glória com ninguém, nem mesmo com um servo tão estimado como Moisés. Foi ele severamente punido por assumir a autoridade divina e ferir a rocha com raiva, à sua maneira e com seu poder. Ah, devemos subir à torre de vigia e nos examinar em todos os nossos impulsos enganosos e ações reprováveis!

Graças a Deus porque, mediante sua generosa graça, a linguagem da alma pode entrar em sintonia com o Senhor que habita dentro de nós.

PHOEBE PALMER, ANOTAÇÃO EM SEU DIÁRIO, 13 DE OUTUBRO DE 1872, CITADO EM RICHARD WHEATLEY, *A VIDA E AS CARTAS DA SRA. PHOEBE PALMER*, P. 89

———

Pai de toda misericórdia, nós te damos graças de coração, com toda humildade, por tua bondade e longanimidade para conosco e todas as pessoas. Nós te bendizemos por nossa criação e manutenção, e por todas as bênçãos desta vida; acima de tudo, porém, nós te agradecemos por teu inestimável amor na redenção do mundo mediante nosso Senhor Jesus Cristo, instrumento da graça e esperança de glória. Que expressemos teu louvor, não só com nossos lábios, mas também andando em tua presença com santidade e retidão todos os dias de nossa vida, por meio de Jesus, nosso Senhor. Amém.

SERVIÇOS PARA O CULTO CONGREGACIONAL, P. 85

———

PARA REFLETIR: Nm 20.1-13; Dt 4.9; Sl 39.1; Is 42.8; 48.9-13; Mt 24.3-8; Lc 11.33-36; 12.15-21; Rm 13.11-14; 1Co 9.24-27; Ef 5.15-20; 6.18-20

84

O "primeiro mês" ocorreu há quatro anos, na noite deste dia. Fui conduzida a uma nova vida de fé que me era desconhecida antes. Desde então, a consagração de todo o meu ser tem sido o grande objetivo de minha vida. Creio que não se passou uma hora sem eu pensar que seria melhor morrer a me afastar de Deus. Minha mente relembra com frequência o momento no qual, de maneira muito solene e deliberada, eu me entreguei ao vínculo de uma aliança eterna, para pertencer completamente ao Senhor pelo tempo e pela eternidade, e também o instante em que a oferta foi aceita e selada pelo infinito e imutável Javé.

Antes disso, eu tinha inclinação para a descrença. Soube então que nada menos que o poder divino seria capaz de me sustentar a cada instante na vida da graça. Foi-me mostrado que Deus pode me erguer com sua destra poderosa. Reconheci a necessidade absoluta de ser redimida pela graça, momento a momento.

Phoebe Palmer, anotação em seu diário, 26 de julho de 1841, citado em Richard Wheatley, *A vida e as cartas da Sra. Phoebe Palmer*, p. 125.

Ó Senhor, resplandece sobre nós a luz do teu rosto; que tua paz reine em nosso coração, e que ela nos seja a força e o cântico ao longo do caminho de nossa peregrinação neste mundo. Hoje nos entregamos à tua providência; que tua graça, teu poder e tua sabedoria sejam frutíferos em nós, para o querer e o fazer de tua boa vontade. A ti seja a glória para todo o sempre. Amém.

Matthew Henry (1662–1714), *Orações: antigas e modernas*, p. 282

PARA REFLETIR: Êx 12.1-13; Sl 51.15-17; Mq 6.6-8; Hc 3.17-19; Mt 13.44-46; Rm 6.12-14,19; 12.21; Hb 13.30-21; 2Pe 1.3-11; 3.11-13; Ap 2.8-11; 19.6-8

Minha união com Cristo é *interna, vital* e *real.* Tenho plena consciência de que todos os meus interesses se identificam com os interesses do reino de Cristo. Que meu testemunho final na presença de Deus, dos anjos e dos seres humanos seja que, por experiência, eu saiba que Deus, mediante o poder do Espírito Santo, é capaz de sujeitar o coração a ponto de levar todo o indivíduo a uma *alegre obediência a Cristo.* O Deus trino — Pai, Filho e Espírito Santo — inaugurou a obra de minha salvação. Pela graça, fui capacitada a me entregar à jornada de salvação, santificação e purificação constante, pela qual sou conduzida.

Mas esse processo requer a crucificação da carne. Tenho vitória *por meio* de nosso Senhor Jesus Cristo. Coloquei-me como holocausto sobre o altar do serviço à igreja de Cristo. Às vezes, de maneira dolorosa, é-me permitido sentir o sacrifício ser consumido. Como testemunha do poder da graça salvadora e mantenedora, permita-me afirmar que ela pode nos dar poder para permanecer alegres em meio à tribulação.

PHOEBE PALMER, ANOTAÇÃO EM SEU DIÁRIO, 1º DE JANEIRO DE 1856, CITADO EM RICHARD WHEATLEY, *A VIDA E AS CARTAS DA SRA. PHOEBE PALMER,* P. 129-130.

Querido Deus, busco conhecer-te, amar-te e alegrar-me em ti. Se não conseguir fazer tais coisas com perfeição, que pelo menos eu avance a degraus mais altos a cada dia, até que chegue o mais próximo possível da perfeição. Deus da verdade, que meu conhecimento a teu respeito aumente; que meu amor por ti cresça a cada dia mais e mais; que minha alegria em ti seja completa. Amém.

AGOSTINHO (354–430 D.C.), BISPO DE HIPONA, HARVARD SQUARE LIBRARY

PARA REFLETIR: Sl 1.1-6; 119.1-8; 139.1-12; Mc 8.34; Rm 6.5-11; 12.1-2; **Gl 5.16-24;** Ef 4.17-24; Fp 3.12-16; Cl 3.1-17; 1Ts 5.23-24; 1Pe 1.13-21

Se Cristo estivesse presente em carne, e se eu fosse chamado, junto com Marta, a ministrar às necessidades temporais de Cristo e seus discípulos, parece-me que estaria igualmente envolvida em seu serviço, e as afeições que dele emanariam seriam tão puras e santas como se estivesse com Maria, que adorava despreocupada aos pés de Cristo. Ou, se estivesse assentada com a devota Maria e lançasse o olhar para a mesa por terminar, a escuta dos santos ensinos de Jesus seria interrompida por um fio invisível de simpatia do coração do Salvador de puro amor para o serviço à mesa. Com sentimento igualmente fervoroso e santo, eu me apressaria para organizar os suprimentos necessários, e me regozijaria com a mesma veracidade ao perceber que, diante da necessidade de meu Salvador, eu fora chamada a uma "vocação elevada e santa".

Portanto, não me sinto inclinada a distinguir ou dar preferência àqueles que são chamados a desempenhar deveres temporais ou espirituais. Cada dever, em sua própria maneira, parece espiritual.

"Tudo que faço aqui embaixo, faço-o para o Senhor."

PHOEBE PALMER, ANOTAÇÃO EM SEU DIÁRIO, 1847, CITADO EM RICHARD WHEATLEY, A VIDA E AS CARTAS DA SRA. PHOEBE PALMER, P. 590-591

Ó Filho de carpinteiro, tão cheio de graça que se sentia à vontade entre pescadores e publicanos, ensina-nos que a vida cotidiana é o verdadeiro ambiente para a vida cristã, a fim de que nosso contato comum com Deus aconteça onde se encontram nossos companheiros humanos, nossos anseios, nossos afetos e nosso trabalho. Ensina-nos que, em meio às coisas mais materiais deste mundo, encontramos nosso Senhor todos os dias e buscamos sua santificação em nossa vida. Ali céus e terra se unem, à medida que, por meio do Espírito Santo, lutamos para obter a santidade sem a qual ninguém verá a Deus. Amém.

ADAPTADO DE JOSEMARÍA ESCRIVÁ, "AMOR PASSIONAL PELO MUNDO", SERMÃO PREGADO EM 8 DE OUTUBRO DE 1967

PARA REFLETIR: Mt 20.27-28; 25.31-46; **Lc 10.38-42;** 22.24-27; Jo 11.17-37; 13.12-17; At 6.1-7; **Ef 6.5-9;** Fp 2.1-4; Tg 1.27

SØREN KIERKEGAARD
(1813–1855)

Por que incluir em um livro de heróis da igreja alguém tão ressentido por seus compatriotas em Copenhague que, após sua morte, os pais pararam de dar aos filhos o nome de Søren? Alguém que cria ter herdado a maldição do pai e era tão melancólico que um de seus apelidos foi Dinamarquês da Melancolia? Alguém que calculou errado a data de sua morte e, por causa disso, gastou antes da hora toda a sua herança? Alguém que buscou e conquistou o amor de Regine Olsen, de 14 anos, ficou noivo dela e imediatamente começou a traçar um plano para terminar o noivado, envergonhando a família dela, partindo o coração de Regine e acabando com a própria reputação? Alguém cujo objetivo como escritor era fazer seus compatriotas admitirem que não havia cristãos na Dinamarca, que dedicou páginas a fio explicando como seduzir uma mulher, ou que escreveu com brilhantismo sobre o amor familiar, mas nunca o experimentou? Alguém que recebeu ataques ferrenhos de seu superior eclesiástico por não ser um cristão verdadeiro? Alguém cuja última obra assinada foi um "ataque à cristandade" e que, no leito de morte, se recusou a receber a Eucaristia? Alguém que usou pseudônimos para oito de suas principais obras?

Essas perguntas se referem a Søren Aabye Kierkegaard, dinamarquês que cria ter recebido de Deus a ordem de expor a doença fatal do cristianismo superficial na Igreja da Dinamarca e de expressar da maneira mais clara possível o verdadeiro significado e preço do discipulado cristão. O cumprimento do chamado divino significaria abrir mão da esperança de uma vida feliz ao lado de Regine, uma inédita possibilidade de harmonia doméstica. Além de duvidar de sua capacidade de ser um bom marido, achando que acabaria reproduzindo um aspecto desagradável do próprio pai, Kierkegaard não seria capaz de lançar sobre Regine o escárnio e a maldição que o chamado de Deus implicavam. Ele entendia que Deus havia vetado o casamento e ordenado que Kierkegaard "revisasse a definição do que é ser cristão" (*Antologia de Kierkegaard*, p. 466). O objetivo inabalável de Kierkegaard era libertar Jesus Cristo do cativeiro eclesiástico e cultural, e fazer os cristãos nominais confrontarem seus pontos de vista cegamente elaborados. Ele se exauriu trabalhando para libertar Cristo de uma história morta, na qual Cristo podia ser controlado, a fim de apresentá-lo como o Senhor vivo e contemporâneo da igreja e de todas as dimensões da vida.

Kierkegaard usou com brilhantismo um artifício e gênero literário após o outro, criando por vezes personagens desagradáveis a fim de transmitir sua mensagem. Ninguém no século 19 fez mais para expor uma forma de religião sofisticadamente fabricada, apoiada pela filosofia e incutida com uniformidade nas pessoas desde a primeira infância, mas completamente desprovida do verdadeiro sentido, poder e exigência da conversão cristã. Kierkegaard se recusava a deixar o indivíduo desaparecer dentro do cristianismo cultural e requeria que cada um se levantasse sozinho para prestar contas perante o Senhor, começando a existir como cristão, pessoa, espírito. Negava-se a deixar o escândalo do evangelho ser obscurecido por um sistema filosófico especulativo (hegelianismo) ou reduzido a uma ética racional e administrável (kantianismo). Insistia que Cristo só pode ser conhecido por intermédio da fé transformadora, jamais como um fato histórico. Queria ensinar os cristãos como ser cristãos em meio à cristandade, como voar com Cristo em vez de chafurdar no chão como um respeitável ganso amestrado (Lowrie, *A Short Life of Kierkegaard*, p. 215).

Kierkegaard jamais se identificou como um cristão modelo. Ele sempre estava "se tornando cristão". No entanto, registrou um encontro maravilhoso com o amor de Deus, no dia 19 de maio de 1838, às 10h30: "Alegria indescritível que nos ilumina [...]. Com a língua e a boca, do fundo do coração, eu me alegro por intermédio de minha alegria, dentro, em, sobre, por e com minha alegria" (*Diários*).

A fim de entender Søren Kierkegaard, comecemos com o chamado e o ministério do profeta Jeremias, do século 7 a.C. (Jr 1.1-10), que, quando jovem, aceitou com relutância a instrução divina para acusar a religião elaborada porém apóstata de Judá. Jeremias advertiu quanto às consequências da religião vazia, mas sabia, desde o princípio, que a instituição religiosa e o povo rejeitariam seu ministério. Em ambos, havia um "fogo" queimando "nos ossos" (Jr 20.9), um zelo santo pelo Senhor que nenhum dos dois foi capaz de reprimir.

O que o amor faz, ele é; o que o amor é, ele faz — exatamente no mesmo momento; simultaneamente enquanto vai além de si (em direção externa) ele está em si (em direção interna), e simultaneamente estando em si ele vai portanto além de si, de maneira que esse ir além e esse voltar para dentro, esse voltar para dentro e esse ir além, são simultaneamente a mesma coisa. [...] O amor jamais pensa [...] em salvar a si mesmo, em adquirir confiança em si mesmo; aquele que ama só pensa em dar confiança e salvar o outro da morte. Mas aquele que ama não é assim esquecido. [...] Deus é amor, e quando um ser humano, por causa do amor, esquece a si mesmo, como então Deus deve se esquecer dele! Nada disso! Enquanto aquele que ama se esquece de si e pensa na outra pessoa, Deus pensa nele. [...] Quem ama, ao se esquecer de si, é lembrado pelo amor. Há Alguém que pensa nele e, dessa maneira, aquele que ama recebe o mesmo que dá.

SØREN KIERKEGAARD, *OBRAS DE AMOR*, DA TRAD. DE HONG, P. 261-262

Ó santo Senhor, Pai todo-poderoso, Deus eterno, coloca em nós os dons de tua graça e, com tua misericórdia, derrama sobre nós mediante teu Espírito aquilo que a fragilidade humana é incapaz de alcançar, para que sejamos consolidados na fé perfeita e iluminados pela alegria radiante que vem do Senhor. Conserva-nos na herança incorruptível e imaculada, que jamais se acaba. Amém.

ORAÇÕES PARA USO DO CLERO, EM *COLETAS ANTIGAS E OUTRAS ORAÇÕES*, P. 179

PARA REFLETIR: Lc 6.35; Jo 3.16; 13.34; Rm 8.35-39; 12.9-21; 13.8-10; 1Co 13.1-13; Ef 4.1-2; 1Pe 4.8-11; 1Jo 2.7-11; 3.1-4,11-18; 4.17-21

Embora o naturalista se alegre no que conseguiu ver, admite prontamente que não há limites para as descobertas. [...] O mesmo se aplica à multidão de pecados [...]. *Descobre-se* que a multidão de pecados não para de crescer; ou seja, por meio de sua descoberta, ela parece aumentar cada vez mais, naturalmente também por meio do auxílio das descobertas que se faz acerca da forma astuta e suspeita que o indivíduo age a fim de fazer tais descobertas. [Mas] aquele que *não faz descobertas*, consequentemente esconde a multidão de pecados.

É claro que é fácil ver que a pessoa que ama e nada descobre parece muito medíocre aos olhos do mundo. Pois mesmo em relação ao mal, ao pecado e à multiplicidade de pecados, descobre-se que existe um observador sagaz, astuto, obtuso e, quem sabe, meio corrupto realmente capaz de fazer descobertas.

Mas aquele que ama, ah, não importa que o mundo ria dele, o ridicularize, tenha piedade dele ou diga o que for a seu respeito, é certo que, em relação à multidão de pecados, ele não *descobre* nada.

SØREN KIERKEGAARD, *OBRAS DE AMOR*, DA TRAD. DE SWENSON,
P. 229-231

O amor é paciente e bondoso. O amor não é ciumento, nem presunçoso. Não é orgulhoso, nem grosseiro. Não exige que as coisas sejam à sua maneira. Não é irritável, nem rancoroso. Não se alegra com a injustiça, mas sim com a verdade. O amor nunca desiste, nunca perde a fé, sempre tem esperança e sempre se mantém firme. Amém.

PAULO, 1CORÍNTIOS 13.4-7

PARA REFLETIR: Is 40.1-31; 43.25; 53.5-6; Ez 33.11; Os 11.1-4; Mt 18.21-22; Jo 3.16; 5.24; Rm 3.23-26; 8.1; **1Co 13.1-13; 1Pe 4.8;** 1Jo 1.9

No Novo Testamento, a situação é esta: [...] nosso Senhor Jesus Cristo, absolutamente expressando ele mesmo oposição, permanece em um mundo no qual [...] absolutamente tudo expressa oposição a ele. [...] Quando do indivíduo Cristo requer fé (e, com isso, obtemos uma definição mais precisa do que ele entende por fé), então, em virtude da situação, isso não é possível sem entrar em uma relação [conflituosa] com o mundo ao redor, que talvez envolva perigo mortal. Quando Cristo diz: "Confessem-me diante do mundo", "Sigam-me" ou "Venham a mim", [...] então, em virtude da situação que apresenta o mais expresso entendimento, as consequências sempre serão exposição a perigos, quem sabe até perigo de morte. Em contrapartida, no lugar em que todos são cristãos, a situação é esta: denominar-se cristão é um meio de se proteger de toda espécie de inconveniência e desconforto, bem como um meio de garantir bens materiais, conforto e lucro [...]. [Professamos] crenças [...] acerca de confessar a Cristo perante o mundo, de segui-lo [...]; e a ortodoxia [...] [existe] por toda parte, consistindo a ortodoxia em jogar o jogo do cristianismo.

SØREN KIERKEGAARD, "QUANTO AO QUE EU DISSE SOBRE A 'SITUAÇÃO'", EM "*A PÁTRIA*, QUINTA-FEIRA, 21 DE MARÇO DE 1855", EM *ATAQUE À CRISTANDADE*, DA TRAD. DE ULRICH

Santo Deus, purifica nossa vida a fim de que andemos de maneira adequada à fé que professamos. Concede-nos retidão de propósito, capacidades da razão desimpedidas por paixões profanas, e uma conduta adequada para uma vida de temor piedoso. Amém.

"ORAÇÕES MATINAIS", ORAÇÃO ORTODOXA

PARA REFLETIR: Mt 6.23; 7.13,21-23; **10.32-33; 11.28-29; 16.24;** Lc 9.23; Jo 15.18-21; Rm 12.2; 1Co 13.2; Gl 2.20; 2Tm 3.1; 1Jo 2.15-16; 3.13; Ap 3.15-16

O que eu quero? Para ser bem franco, quero honestidade.

A leniência que marca o cristianismo comum da terra desejo colocar ao lado do padrão do Novo Testamento.

Se eu ou outra pessoa puder provar que esse cristianismo pode ser mantido lado a lado com o Novo Testamento, com a maior alegria concordarei.

Mas não irei por omissão ou [...] truques [...] dar a impressão de que o cristianismo comum da terra e o cristianismo do Novo Testamento são parecidos.

Quero honestidade. [...] É impossível que a comparação se mantenha quando [...] artimanhas engenhosas são aplicadas para disfarçar a diferença entre o cristianismo do Novo Testamento e uma forma suavizada.

É desta falsificação que o cristianismo oficial é culpado: não torna conhecida com franqueza e sem reservas a exigência cristã, talvez porque as pessoas estremeceriam ao ver a que distância do Novo Testamento estamos vivendo, sem poder afirmar que, da maneira mais remota possível, nossa vida possa ser chamada de um esforço [...] para cumprir o requisito do Novo Testamento.

SØREN KIERKEGAARD, *ATAQUE DE KIERKEGAARD À "CRISTANDADE"* (1854–1855), DA TRAD. DE LOWRIE, P. 37-38

Concede-nos, ó Deus todo-poderoso, quando nosso entendimento se obscurecer e o brilho da vida se ofuscar, sabedoria que aprofunda a fé e aumenta a confiança. Quando for difícil traçar teus caminhos, que nossa confiança silenciosa e confiança paciente em ti sejam como a de crianças que têm a certeza de que são amadas e protegidas. Amém.

GEORGE DAWSON (1821–1876), *ORAÇÕES: ANTIGAS E MODERNAS*, P. 293

PARA REFLETIR: Mt 5.1-20,43-48; 13.44-51; 22.1-14; Lc 9.23-26; Jo 12.20-26; 15.18-25; 2Co 4.1-12; Ef 1.6; Fp 3.7-8; Tt 1.15-16

Você ousa afirmar que "a verdade" tão rapidamente se permite ser compreendida como inverdade! [...] Não! "A verdade", que odeia essa inverdade, cujo único objetivo é desejar seu aumento, não é tão rápida assim. Em primeiro lugar, ela não pode atuar por meio do fantástico, que é a inverdade; seu comunicador é somente o indivíduo. E sua comunicação diz respeito, mais uma vez, a esse único indivíduo; pois, nessa forma de enxergar a vida, o indivíduo é exatamente a verdade. A verdade não pode ser comunicada, nem recebida sem estar diante dos olhos de Deus, tampouco sem a ajuda de Deus.

Cristo [foi] crucificado porque, mesmo se dirigindo a todos, não ia junto com a multidão, pois não permitiu, de maneira nenhuma, que a multidão o ajudasse. Nesse aspecto, ele a repeliu por completo, não fundou um partido, nem permitiu votação, mas foi exatamente quem era, a verdade, que se relaciona apenas com as pessoas de maneira individual. Logo, todos aqueles que, em verdade, servem a verdade, são [...], de uma forma ou de outra, mártires.

Søren Kierkegaard, *A multidão é a inverdade: Sobre a dedicação ao "indivíduo único", da trad. de Bellinger, § 8, 9*

Ó Deus, nós provamos que tu és o Senhor de toda graça. Agora capacita-nos por teu Espírito a deixar de lado toda maldade, todo engano, toda hipocrisia, toda inveja e todo tipo de difamação, para que sejamos edificados como um templo espiritual, um sacerdócio santo, a fim de que sempre ofereçamos sacrifícios agradáveis ao Pai por meio de Jesus Cristo, nosso Senhor. Amém.

Baseado em 1Pedro 2.1-5

PARA REFLETIR: Mc 13.22; Lc 11.29-32; 15.25-32; 22.47-53; Jo 1.14; 3.1-8; 6.25-71; 8.31-47; 18.37-38; 2Co 4.1-12; 6.1-18; Ef 1.12-13; 1Jo 1.6; 3.18; 4.1; 2Jo 1.3

No mundo dos eventos, Deus está presente em todos os lugares, em todos os momentos; em um sentido mais verdadeiro do que podemos dizer acerca da mais vigilante justiça humana, [...] Deus é onipresente, embora jamais algum mortal o tenha visto; presente em todos os lugares, nos menores eventos bem como nos mais importantes, naquilo que mal pode ser chamado de evento bem como no evento único, na morte de uma andorinha bem como no nascimento do Salvador da humanidade. Em cada momento, cada fato é uma possibilidade em sua mão poderosa; ele tudo segura com prontidão, preparado a cada instante para mudar tudo: a opinião dos homens, seus julgamentos, sua grandeza e humilhação; ele muda tudo sem jamais mudar a si mesmo. [...] Ele, o Pai das luzes, permanece eternamente imutável. [...] Ele não muda porque é clareza pura, uma claridade que não transparece traço nenhum de ofuscamento e da qual nenhum ofuscamento pode se aproximar.

Reclamamos das pessoas e de sua inconstância, assim como da inconstância de todas as coisas temporais. Mas Deus é imutável. Essa é nossa consolação, um pensamento absolutamente confortante: assim o diz até mesmo a frivolidade. Para sempre, Deus é, em verdade, imutável.

SØREN KIERKEGAARD, "A IMUTABILIDADE DE DEUS", EM *DISCURSOS EDIFICANTES: UMA SELEÇÃO*, P. 256

Concede, Deus todo-poderoso, que nosso coração seja abrandado por teu Espírito, e que a dureza até então predominante seja corrigida, a fim de nos sujeitarmos a ti com submissão genuína, sobretudo quando, com tanta bondade e ternura, tu nos convidas a nos aproximar de ti; que, seduzidos por teu doce convite, corramos e corramos sem nos fatigar até que Cristo enfim nos una a ti e, ao mesmo tempo, a ti nos conduza para a vida eterna, que ele obteve para nós com o próprio sangue. Amém.

JOÃO CALVINO, *OSEIAS*, PALESTRA 6

PARA REFLETIR: Sl 37.1-40; 91.1-13; Is 40.28; 43.1-2; Jr 29.11; Mt 6.25-33; Rm 8.28; 10.12; 11.33-36; 2Co 4.7; Hb 4.16; Tg 1.17

Venham a mim todos vocês que estão cansados e sobrecarregados, e eu lhes darei descanso.

Não há nada de extraordinário no fato de que, estando em perigo e necessitado de ajuda, quem sabe de ajuda rápida e instantânea, a pessoa grite: "Venha a mim!". Nem é extraordinário um charlatão bradar: "Venham a mim! Eu curo todas as doenças". Ah, no caso do charlatão, a falsidade está ligada à necessidade que o médico tem de doentes. "Venham a mim, todos vocês que podem pagar um preço exorbitante pela cura..."

Mas o conceito comum é que o indivíduo capaz de ajudar deve ser procurado; e, quando o encontram, pode ser difícil conseguir acesso a ele. [...] E quando tal pessoa se recusa a receber pagamento ou magnanimamente abre mão de qualquer crédito, isso tão somente exprime o valor que ele atribui a si mesmo. Em contrapartida, aquele que faz a maior entrega pessoal é aquele que se oferece novamente. É ele quem busca os que necessitam de ajuda. [...] Ele vem por anuência própria.

Søren Kierkegaard, "O convite", em *Prática do cristianismo*, da trad. de Lowrie, p. 10-11

Senhor Cristo, nosso Deus, Rei de todas as eras e Criador de todas as coisas, eu te agradeço por todas as bênçãos que me concedeste e pela comunhão de teus puros e vivificantes mistérios. Rogo-te, portanto, bom Senhor que amas a humanidade, preserva-me sob tua proteção e sob a sombra de tuas asas. Tu és o Pão da vida, a Fonte de santidade, o Doador de tudo o que é bom, e a ti damos glória, juntamente com o Pai e o Espírito Santo, agora e para sempre, pelos séculos dos séculos. Amém.

"Oração de São Basílio Magno" (c. 330–379 d.C.), *As orações ortodoxas*, p. 19

PARA REFLETIR: Êx 33.14; Sl 23.1-6; 46.10; Is 40.28-30; **Mt 11.28-30;** Jo 10.1-18; 14.1-4,25-31; Hb 4.1-11; Ap 7.9-17

"Venham a mim!" A compaixão humana pode ajudar aqueles que trabalham e têm um fardo pesado. Pode alimentar o faminto, vestir o despido e prestar auxílio financeiro. Mas convidar para morar dentro do lar, isso não se pode fazer. Caso contrário, a casa e o estilo de vida necessitariam mudar. A pessoa não pode viver com fartura e, ao mesmo tempo, identificar-se todos os dias com os pobres e miseráveis! A fim de convidar para dentro de casa, a pessoa precisa viver da mesma maneira que os mais pobres, ser familiarizada com suas tristezas e sofrimentos. Caso deseje convidar um sofredor, ou precisa mudar a própria condição para ser semelhante à do sofredor, ou mudar o sofredor para que este seja semelhante a ele. Do contrário, a diferença ganhará destaque. É preciso mudar a própria condição para viver como os outros.

Foi isso que aconteceu com aquele que disse: "Venham a mim!". Os que viviam com Cristo o olharam e nada encontraram em seu estilo de vida que contradissesse o convite. Com silenciosa e verdadeira eloquência de conduta, sua vida declarava: "Venham a mim". Ele cumpre sua palavra, pois é a própria Palavra; o que ele diz ele é.

Søren Kierkegaard, "O convite", em *Prática do cristianismo*, em *Seleções*, da trad. de Hollander, p. 154-155

Mestre e Senhor, Jesus Cristo, nosso Senhor, somente tu tens autoridade para perdoar meus pecados e tornar-me digno de receber, sem condenação, teus divinos, gloriosos, puros e vivificantes mistérios, não para meu castigo, mas para minha purificação e santificação, tanto agora quanto em teu reino futuro. Pois tu, Cristo, nosso Deus, és compassivo e amas a humanidade, e a ti damos glória, juntamente com o Pai e o Espírito Santo, agora e para todo o sempre. Amém.

Adaptado de "Oração de São João Damasceno" (676–749 d.C.), Oração ortodoxa

---

PARA REFLETIR: Is 53.1-12; 55.1-13; **Mt** 1.18-23; 4.1-11; **11.28**; 27.27-54; **Jo 1.1-18**; 6.32-40; Fp 2.1-11; Hb 5.7-8; 9.11-28

"Venham a mim!" Que diversidade ilimitada existe nesse convite! Todos são convidados, mas cada pessoa de maneira individual. O convite é estendido por caminhos bem trilhados, mas também nas rotas solitárias em que se vê apenas a pegada de alguém que foge em desespero. O convite chega até as estradas nas quais parece ser impossível retornar. Mesmo nelas, o convite adentra, inicia um resgate e encontra uma maneira de recuperar o fugitivo desesperançado. "Venham!", diz aquele que convida. Não há incerteza em sua voz, somente a certeza da eternidade.

O convite para nas encruzilhadas em que pessoas fatigadas e sofredoras depuseram a cruz para descansar. E mais uma vez ouvem aquele que convida: "Venham a mim, todos vocês que são pobres e quebrantados, que labutam na escassez, tentando sobreviver um dia após o outro. Venham, vocês que são desprezados pelos outros, cuja vida parece não interessar a ninguém. Venham, doentes, aleijados, cegos, surdos, leprosos e acamados!". O chamado daquele que convida quebra todas as barreiras, unindo a todos.

Søren Kierkegaard, "O convite", em Prática do cristianismo, em Seleções, da trad. de Hollander, p. 157-158

Pai todo-poderoso, quando, nos momentos de tristeza, desejamos fortalecer e encorajar a mente contemplando [os santos], teus instrumentos escolhidos que em severas provações espirituais e ansiedades do coração conservaram a mente livre, sem perder a coragem e o céu aberto, nós também queremos acrescentar nosso testemunho ao deles, na certeza de que, mesmo se nossa coragem, em comparação com a deles, for apenas desânimo e nosso poder, impotência, tu, ainda assim, continuas o mesmo. Amém.

Adaptado de Søren Kierkegaard, "A expectativa da fé do dia de ano-novo", em Dezoito discursos edificantes, p. 15

PARA REFLETIR: Is 55.1-7; Mt 18.10-14; 19.13-15; 20.29-34; 27.32-44; Lc 12.22-34; 15.1-32; 18.9-14; Rm 15.1-13

Faça uma pausa agora! Em um instante, tudo o que você vê estará mudado. Em vez de enxergar uma multidão "sobrecarregada" aceitando o convite de Jesus, você verá o oposto. A multidão recuará; um cairá em cima do outro tentando fugir. Será como se aquele que convida tivesse dito: "Vão embora!", em vez de "Venham a mim!". O motivo para a pausa é infinitamente importante e decisivo: A PESSOA QUE CONVIDA! Pausamos não porque Cristo deixou de cumprir sua promessa ou porque não seja Deus. A razão é diferente.

Aquele que convida é e insiste em ser hoje a mesma pessoa histórica que foi há mil e oitocentos anos. Ele não é conhecido nem se permitirá ser conhecido como uma figura trancada no passado, pois, nesse caso, nada a seu respeito poderia ser verdadeiramente "conhecido". Ele não será conhecido ou julgado por meros fatos de sua vida. Conhecê-lo apenas como uma figura histórica distante equivaleria a zombar de Deus. Nada disso! Aquele que convida só pode ser conhecido como objeto de confiança contemporânea radical. Ele continua a ser a "pedra de tropeço", a rocha que faz cair. Ele é Deus e só pode ser conhecido como o Deus vivo.

Søren Kierkegaard, "A pausa", em *Prática do cristianismo*, em *Seleções*, da trad. de Hollander, p. 164-165

Nosso Pai, toda boa e perfeita dádiva vem do alto, do Pai das luzes, em quem não há mudança, nem sombra de variação. Nós te rogamos que abras os ouvidos daqueles que ainda não escutaram acerca de tua graça revigorante e curadora. Concede a cada alma sensível a confiança para crer em tuas promessas. Cura os corações que não te entendem e capacita-os a compreender tua palavra redentora. Amém.

Adaptado de Søren Kierkegaard, *Dois discursos edificantes* (1843), *Antologia de Kierkegaard*, p. 115-116

PARA REFLETIR: Jo 6.25-29; Rm 6.1-14; 1Co 2.4-16; Ef 1.1-14; Fp 2.12-18; 3.7-11; Cl 1.10; **1Pe 2.4-10;** Ap 1.4-20; 4.6-11; 5.11-14; 11.15-19; 12.10-12; 22.12-17

É possível provar, com base na história, que Cristo foi Deus? Perguntando de outra maneira, não é absurdo uma pessoa tentar provar que Cristo é Deus? Afirmar que um ser humano é Deus entra em choque com a razão humana.

As "provas" apresentadas nas Escrituras para a divindade de Cristo, tais como os milagres e a ressurreição de Jesus, são aceitas pela fé, não pela razão sem o esclarecimento do Espírito Santo. Mas alguém pode perguntar: a igreja não adora Cristo há mil e oitocentos anos? Isso não comprova sua divindade? A história já não verificou passo a passo a divindade de Cristo? Não! Em toda a eternidade, o melhor que a história pode fazer é provar que Jesus foi um grande homem, quem sabe o maior que já existiu.

Não revista Jesus de provas brilhantes que removam a pedra de tropeço — fé, dom de Deus. Somente o Pai do céu pode, por meio do dom da fé, revelar que na humilhação de Cristo ele foi o Deus encarnado e que retornará em glória. As provas racionais desgastadas são blasfemas porque tiram a fé de seu devido lugar.

SØREN KIERKEGAARD, "A PAUSA", EM PRÁTICA DO CRISTIANISMO,
EM SELEÇÕES, DA TRAD. DE HOLLANDER, P. 167-171

Ó Deus, tu sempre e invariavelmente és encontrado e sempre és encontrado imutável. Seja na vida, seja na morte, ninguém viaja para tão longe que tu não o encontres. E sempre que qualquer ser humano de ti se aproxima, se vier em sinceridade, sempre encontrará teu amor igualmente cálido, como uma fonte cuja temperatura não muda, ó Grande Imutável! Amém!

ADAPTADO DE SØREN KIERKEGAARD, "A IMUTABILIDADE DE DEUS",
EM DISCURSOS EDIFICANTES: UMA SELEÇÃO, P. 265

PARA REFLETIR: Lc 24.28-35; Jo 1.10-13; 3.1-6; 6.10-71; 15.1-27; 20.19-24; Rm 10.9-10; 1Co 2.5; Gl 2.20; Ef 2.8

"Venham a mim!" Quem convida é Jesus Cristo, em sua humilhação — uma ofensa à sabedoria humana. Ele é Deus encarnado, não em glória celestial (como se fôssemos convidados para os braços do esplendor), mas em sua humilhação. Se assim não tivesse sido, o cristianismo seria apenas mais uma forma de paganismo sensacionalista e a humilhação de Cristo teria sido inútil. Aqueles que retratam um Cristo glorioso e aceitável à razão estão como que em uma caça a um ganso selvagem. A fim de o *conhecer* e crer nele de verdade, é preciso começar com a ofensa, com a humilhação de Jesus, a fim de saber que, nesse humilhado, conhecemos a Deus. Aquele que disse: "Venham a mim" é o mesmo Jesus humilde cuja mãe era uma moça pobre e cujo pai era carpinteiro, de família simples. É o homem comum que, ao mesmo tempo, afirma ser o Eu Sou.

Se tentamos tornar Cristo menos ofensivo, então não temos permissão de nos apropriar de nenhuma palavra sua, nem temos parte com ele. Não podemos nos tornar seus contemporâneos e viajar em sua companhia. Cristo nos adverte assim como o fez com quem viveu em sua época: "Felizes são aqueles que não se sentem ofendidos por minha causa".

Søren Kierkegaard, "A pausa", em *Prática do cristianismo*, em *Seleções*, da trad. de Hollander, p. 179

Derrama a luz de tua face sobre nós, ó Senhor, para que tua Palavra vá em frente dando luz e compreensão para alimentar o coração dos simples, a fim de que, à medida que nosso desejo se fixar em tua santa vontade, recebamos de coração aberto o Espírito de sabedoria e entendimento. Amém.

"Pelo conhecimento sagrado", Orações por graças variadas, em *Coletas antigas e outras orações*, p. 78

PARA REFLETIR: Is 53.1-12; 55.1-5; Mc 3.20-21; 14.43-65; **Lc 2.1-7; 7.18-23, 44-46; 23.1-37**; Jo 18.1-11; 19.1-30; 1Co 1.18-25; 2Co 8.8-9; Fp 2.6-8

O cristianismo entrou no mundo, não como exemplo fulgurante de consolação gentil e inofensiva, mas como o *absoluto*. Deus deseja isso por causa de seu amor, mas é ele quem quer. Ele não permite que os seres humanos alterem sua natureza e o transformem em uma divindade aprazível e moldável. Por ser o *Absoluto*, não muda, nem pode ser questionado. Em vez disso, ele muda os seres humanos por causa de seu amor por eles. Tampouco deseja ouvir qualquer explicação humana tola do motivo para o cristianismo ter entrado no mundo. Deus é o *Absoluto*. Talvez algum clérigo deseje reduzir Deus a seu tamanho, a fim de obter o favor daqueles que se rebelam contra o *Absoluto*. Talvez conquistem algum favor ao pregar o cristianismo como algo carnalmente aceitável, uma dentre muitas opções possíveis. Se as demandas do evangelho são reduzidas a meros padrões humanos, é claro então que as pessoas dirão coisas favoráveis sobre ele. Mas tal cristianismo é inútil, uma representação incorreta do evangelho, uma praga sobre todos nós. Para a mente carnal, o verdadeiro cristianismo parece absurdo, mera loucura. Com efeito, é *absoluto*, completamente incomensurável com o cristianismo trivializado.

Søren Kierkegaard, "Cristianismo como o Absoluto;
contemporaneidade com Cristo", em Prática do cristianismo, em
Seleções, da trad. de Hollander, p. 206-207

Pai todo-poderoso, Criador dos céus e da terra, tu não permites que ninguém te ponhas à prova. Perdoa nossa impaciência infantil, pois, com muita frequência, tentamos te influenciar com nossas orações a fazer o que não consideras correto, nem o melhor para nós. Por intermédio de teu bendito Espírito, implanta em nós a confiança para te adorar como o Pai infalível de toda paz, alegria e esperança. Amém.

Adaptado de Søren Kierkegaard, Dois discursos edificantes
(1843), Antologia de Kierkegaard, p. 114-115

PARA REFLETIR: Êx 3.1-15; Jo 1.1-3; 4.26; 8.24,28,58; 13.19; 14.1-14; 17.1-5; 18.1-8; Ef 1.1-23; Cl 1.15-23; Hb 13.8; Ap 1.9-18; 2.8; 5.1-14

Jesus nos adverte repetidas vezes contra o sofrimento implicado em tornar-se e permanecer cristão. Se você deseja escapar do sofrimento, não se torne cristão.

Há um golfo intransponível entre Deus e as expectativas e prescrições humanamente projetadas para ele. Tornar-se cristão significa passar a ser contemporâneo do Cristo vivo, transformado à sua imagem. Não tem nada que ver com relacioná-lo ao passado distante, como muitos tentam fazer. O passado não é realidade; só o contemporâneo é realidade. Caso tornar-se cristão não signifique fazer de Cristo nosso contemporâneo, então toda a conversa sobre ser cristão não passa de vaidade, ilusão, armadilha e, igualmente, blasfêmia contra o Espírito Santo.

Pois, no que diz respeito ao Absoluto, só existe um tempo, a saber, o presente. Ele não é contemporâneo com o Absoluto, pois, para ele, não existe Absoluto. Uma vez que Cristo é o Absoluto, no que diz respeito a ele, só existe uma relação: a contemporaneidade.

SØREN KIERKEGAARD, "CRISTIANISMO COMO O ABSOLUTO; CONTEMPORANEIDADE COM CRISTO", EM *PRÁTICA DO CRISTIANISMO*, EM *SELEÇÕES*, DA TRAD. DE HOLLANDER, P. 207-208

Deus de toda consolação e esperança, concede à nossa alma a paciência de reconhecer, em toda humildade, que tu nunca nos enganas. Tu criaste os céus e a terra; com milagre ainda maior, de nosso coração instável e impaciente crias a essência incorruptível de um espírito calmo, confiante e obediente. Preserva-nos do terror de nossa vontade. Amém.

ADAPTADO DE SØREN KIERKEGAARD, *DOIS DISCURSOS EDIFICANTES* (1843), *ANTOLOGIA DE KIERKEGAARD*, P. 113-114

PARA REFLETIR: Is 40.9-26; Mt 12.31; 16.23; Lc 11.37-52; 12.8-10,49-53; 14.25-33; Rm 6.1-14; 1Co 1.23; 2Co 3.18; 1Jo 1.1-7; 5.1-12

Pode-se ler sobre a história e a relegar ao passado. Pode-se julgar os atos dos outros por suas consequências e seguir adiante. Contudo, na vida de Cristo na terra não existe passado, somente o presente eterno. Ele não está congelado na história, esperando que as pessoas o avaliem por seus resultados, à distância. O cristianismo meramente histórico não passa de alucinação, uma confusão mental nada cristã. Os verdadeiros cristãos de cada geração vivem em caráter contemporâneo com Cristo. Ele é eternamente contemporâneo. Todo discurso aprendido sobre o cristianismo que presume que Cristo pertence ao passado é herege.

Se Cristo, sendo seu contemporâneo, não conseguir atraí-lo para ele, você jamais será cristão. Você pode honrar, louvar, agradecer e, com todos os bens terrenos, recompensar aqueles que o enganam, levando-o a pensar que é cristão. No entanto, eles o estão ludibriando. Se você não conseguir suportar o Cristo contemporâneo, se não conseguir se convencer a sair pelas ruas e confessar: "Veja! É Deus ali naquela procissão repugnante", e se não conseguir pensar que essa também será sua condição quando se ajoelhar e o adorar, então você não é cristão. Ainda não aprendeu a fugir para a graça.

SØREN KIERKEGAARD, "CRISTIANISMO COMO O ABSOLUTO;
CONTEMPORANEIDADE COM CRISTO", EM *PRÁTICA DO CRISTIANISMO*, EM
SELEÇÕES, DA TRAD. DE HOLLANDER, P. 209-210

Diante da cruz daquele que morreu,
Eis que caio prostrado;
Que se crucifique todo pecado meu
E Cristo seja em tudo glorificado.

MATTHEW BRIDGES (1800–1894), HINÁRIO

PARA REFLETIR: Mt 24.36-44; 25.1-13; Jo 1.1,14; 17.1-5; Cl 1.3-8,15-23; Hb 12.18-29; 13.20-21; Ap 1.1-8,17-18; 19.11-16; 20.11-15; 22.12-16

Pai dos céus! O que é o ser humano sem ti? Tudo o que ele sabe, por mais que seja tão vasto e variado, não passa de um fragmento desconectado se ele não conhecer a ti; o que são todos os esforços do ser humano, por mais que cerquem o mundo, senão um trabalho feito pela metade se ele não conhecer a ti, aquele que é um e tudo ao mesmo tempo! Então tu podes dar sabedoria ao entendimento para compreender uma coisa; podes dar sinceridade ao coração para receber entendimento; podes dar pureza à vontade ao desejar uma só coisa. Então, quando tudo estiver indo bem, concede perseverança para desejar uma só coisa, nas distrações a concentração de desejar uma só uma coisa, e nos sofrimentos a paciência para desejar uma só coisa [...]. Que dês ao jovem, no início da vida, quando o dia desponta, a resolução para fazer uma só coisa; quando o dia se aproxima do fim, que dês ao idoso a lembrança renovada de sua primeira resolução, a fim de que a última seja como a primeira, e a primeira como a última; que seja a vida de alguém que desejou uma só coisa.

Søren Kierkegaard, "Sobre a ocasião da confissão", em
O essencial de Kierkegaard, p. 270

Ao nome de Jesus
Todo joelho se dobrará;
O rei da glória agora
Toda língua confessará;
Agrada ao Pai
Que chamemos de Senhor
Aquele que desde o princípio
Foi o Verbo em todo fulgor.
Carolina Maria Noel (1817–1877), Hinário

PARA REFLETIR: Êx 9.16; Mt 16.24-25; Lc 9.62; Jo 15.1-17; Rm 8.28,35-39; 12.1-2; Fp 2.12-13; 3.12-14; 2Tm 1.9; Hb 12.1; 1Pe 2.2

◇◇◇◇◇◇ **103** ◇◇◇◇◇◇

A graça de Deus [...] é uma das coisas mais dignas de ser desejadas; [...] é, de tudo o que existe, o bem mais bem-aventurado a se possuir.

Acontece então, pouco a pouco, que a graça de Deus jamais pode ser possuída por força, para que o coração humano se torne, no sentido mais belo, cada vez mais insatisfeito, cada vez mais ardente de desejo, cada vez mais cheio de anseio pela certeza da graça de Deus. [...] No caso dos bens terrenos da vida, o princípio é que o ser humano só necessita de pouco. À medida que precisa de cada vez menos, torna-se mais e mais perfeito [...]. Mas, no que diz respeito à relação entre o ser humano e Deus, o princípio é invertido: quanto mais o homem necessita de Deus, tanto mais perfeito ele é. [...] Quando o ser humano desperta plenamente para [a importância da graça], ela o chama de lado, para um lugar no qual ele não ouve mais a língua materna terrena da mente mundana, nem os discursos costumeiros dos homens, tampouco os alarmes dos atos no palco da vida. Mas ele se posiciona agora onde a palavra é glorificada e a palavra confia a ele o segredo da perfeição, ou seja, que necessitar de Deus não é um embaraço vergonhoso, mas, em vez disso, a perfeição da vida humana. E deve ser a mais triste de todas as tragédias o ser humano passar pela vida sem descobrir que necessita de Deus.

Søren Kierkegaard, *Discursos edificantes*, vol. 2, da trad. de Swenson, p. 128-129

Senhor de toda vida, Fonte de toda luz, tu governas todas as coisas por teu amor e poder constantes. Recebe nossa gratidão por toda alegria que tu concedes à vida mortal, mas principalmente pela alegria que vem do perdão dos pecados, do fortalecimento das fraquezas, da certeza de vitória e da tão almejada vida eterna. Amém.

George Dawson (1821–1876), *Orações: antigas e modernas*, p. 117

PARA REFLETIR: Sl 63.1; 143.6; Is 26.9; 55.1; Jo 4.13-14; 6.35; 7.37; Rm 5.1-6; 2Co 8.9; 9.8; Ef 1.6-7; Fp 3.12-21; 1Ts 1.12; 2Pe 3.18; Ap 22.17

O fator garantido no pecado é exatamente este: que ele acontece *perante* Deus.

A determinação do pecado envolve [...] a possibilidade de ofensa, o paradoxo. Pois o paradoxo resulta da doutrina da expiação. Primeiro o cristianismo vai em frente e estabelece o pecado em uma posição tão segura que a compreensão humana jamais é capaz de alcançar; então, é a mesma doutrina cristã que se propõe acabar com o pecado de forma tão completa que o entendimento humano jamais compreenderá. A especulação, que se afasta dos paradoxos, tira um pouco dos dois extremos e, assim, prossegue com maior facilidade; não torna o pecado totalmente positivo e, a despeito disso, não consegue atravessá-lo de modo que o esqueça por completo. Mas o cristianismo, o primeiro descobridor dos paradoxos, é, nesse caso, também tão paradoxal quanto possível; trabalha diretamente contra si mesmo quando estabelece o pecado com tanta segurança em uma posição que parece absolutamente impossível acabar com ele novamente. Então, é exatamente o cristianismo que, por intermédio da expiação, o elimina de forma tão completa que é como se afundasse no mar.

Søren Kierkegaard, O desespero humano, da trad.
de Lowrie, p. 162-163

A Páscoa, com triunfo e alegria,
Só ela o pecado destruiria!
Do poder do pecado, liberta-nos, Senhor,
Almas recém-nascidas em teu amor.

Hino latino (sec. 4 d.C.), da trad. de
Robert Campbell (1849), Hinário

PARA REFLETIR: Is 53.5-6; Lc 5.17-26; 7.36-50; Jo 1.10-13; 7.37-39; 10.1-42; Rm 5.2; 1Co 1.26-31; Ef 2.4-10; Hb 9.12; 1Pe 2.24; 3.18; Ap 5.9

JOHN CHARLES (J. C.) RYLE
(1816–1900)

Falhas e decepções mordazes podem, não raro, ser transformadas em bênçãos substanciais e duradouras para a igreja de Cristo. John Charles (J. C.) Ryle, proeminente bispo evangélico da Igreja da Inglaterra, é um exemplo notável.

Ryle nasceu com privilégios em Macclesfield, no condado de Cheshire, Inglaterra, em 10 de maio de 1816. Foi o filho mais velho do parlamentar John Ryle e de Susannah Ryle. Anglicanos nominais e membros importantes da sociedade, seus familiares haviam feito fortuna com a indústria da seda. John Charles foi educado em Eton, colégio tradicional no qual gerações de rapazes da aristocracia britânica já haviam recebido tutoria e, posteriormente, em Christ Church, Oxford, onde se destacou por sua excelência. Até ser acometido por uma infecção grave no peito enquanto se preparava para os exames finais em Oxford, a atitude de Ryle para com a religião era tão nominal quanto a de seus pais. Enquanto estava enfermo, Ryle começou a orar e ler a Bíblia. Ao participar do culto em uma igreja (não identificada por nós), sua atenção foi capturada durante a leitura de Efésios 2.8-9: "Porque pela graça sois salvos, mediante a fé; e isto não vem de vós, é dom de Deus; não de obras, para que ninguém se glorie" [RA]. Aceitando o texto como uma mensagem direta para ele, a partir de então Ryle passou a ter certeza da salvação.

Após se formar em Oxford, Ryle voltou para casa a fim de ajudar o pai nos negócios e, um dia, assumir a liderança. No entanto, em junho de 1841, o empreendimento faliu e o futuro que John Charles esperava se esvaiu. Buscando um meio de se sustentar, ele se apresentou para atuar no ministério anglicano. Foi ordenado em dezembro de 1841 e aceitou a primeira função como cura (clérigo que auxilia o ministro titular) na região rural e infestada de doenças de Exbury. Em 1843, Ryle se tornou reitor da Igreja de St. Thomas, Winchester, onde se mostrou um pastor eficaz e cheio de energia. Em seis meses, a congregação aumentou para mais de seiscentos membros. De 1844 a 1861, Ryle foi reitor da Igreja de Helmingham, Suffolk. Enquanto permaneceu ali, lia bastante e produziu obras que lhe deram notoriedade. Começou a escrever tratados e *Meditações nos evangelhos* (1856–1869). Uma divergência com um membro da congregação o levou a se transferir para uma paróquia em Stradbroke, Suffolk, onde conquistou reconhecimento nacional pela pregação e defesa da fé evangélica.

Dentre suas publicações encontram-se *Religião prática* (1878) e *Santidade: natureza, obstáculos, dificuldades e raízes* (1877). É possível que jamais tenha sido escrita uma abordagem reformada superior à santificação ou ao chamado a uma ativa e crescente vida santa do que em *Santidade*. Ryle ficava alarmado pelo que considerava uma série de erros doutrinários cometidos por alguns representantes do movimento da "vida superior". Ele pensava que os defensores desse movimento davam ênfase exagerada à perfeição cristã, mas espaço insuficiente para a participação ativa (crescimento na graça) e a confissão no processo contínuo e vitalício de santificação. Ryle ensinava que a "fé santificadora é uma graça cuja própria vida é ação". Trata-se de uma fé que opera pelo amor (Gl 5.6). Assim como a mola principal de um relógio, a "fé santificadora" move toda a pessoa rumo à formação na imagem de Cristo (introd.).

A forte defesa que Ryle fazia da doutrina evangélica, em contraponto com os críticos liberais e anglo-católicos, o tornaram líder da causa evangélica dentro da Igreja da Inglaterra. Ele foi escolhido para se tornar reitor da Catedral de Salisbury. Antes, porém, de assumir a função, o primeiro-ministro britânico, Benjamin Disraeli, conservador de origem judaica, lhe ofereceu o cargo de bispo de Liverpool, uma diocese nova habitada, em grande parte, pela classe trabalhadora. Ele foi bispo de 1880 a 1900. Tornou-se muito querido pelo rebanho por causa de suas convicções e de seu discurso claro. Bispo Ryle era um evangélico ativo e trabalhava para alcançar seu crescente rebanho urbano por meio da construção de mais igrejas e postos missionários. Em 1900, aos 84 anos, um derrame e sua saúde fragilizada o forçaram a se aposentar, impedindo que morresse "com a mão na massa", conforme esperava. Faleceu pouco tempo depois.

Há muitos anos, tenho a convicção profunda de que a santidade prática e a consagração total a Deus não recebem a devida atenção. Controvérsias, um espírito partidário e o mundanismo consomem a piedade vívida de muitos. O tema da piedade pessoal infelizmente fica em segundo plano. A importância imensa de "adornar a doutrina de Deus, nosso Salvador", e torná-la mais atrativa e bela em nossos hábitos e disposições diários é por demais negligenciada. A santificação, em seu lugar e na proporção doutrinária correta, é tão importante quanto a justificação. A doutrina protestante e evangélica sensata perde o valor e se torna prejudicial, caso não seja acompanhada de uma vida santa. É desprezada e considerada vazia por não cristãos.

No entanto, é importante que a vida de santidade cristã seja fundamentada sobre um alicerce bíblico sadio. Não deve ser prejudicada por declarações infundadas e desproporcionais. Satanás conhece o poder da verdadeira santidade e os danos imensos que uma maior atenção a ela provocará a seu reino. É do interesse do inimigo, portanto, promover rixas e contendas. Que o Senhor o repreenda por meio de nossa vida.

John C. Ryle, Santidade, introd.

Meu Deus, eu te agradeço de coração por toda a tua bondade para comigo. Busco tua orientação e teu direcionamento em tudo o que faço. Que tua sabedoria seja meu conselho, que tua mão seja meu guia, e que teu braço seja meu apoio. Entrego-me às tuas mãos. Inspira em minha alma desejos santos e celestes. Capacita-me, em alguma medida, a viver aqui neste mundo como meu Senhor viveu e a agir em todas as coisas como ele deseja que eu aja. Amém.

Ashton Oxenden (1808–1892), Orações:
antigas e modernas, p. 313

PARA REFLETIR: Dt 5.2—6.9; Am 5.14-15; Mt 7.13-27; Lc 11.33-36; Rm 8.29; 12.9-13; Gl 5.13-15; Cl 3.12—4.6; **Tt 2.10;** 3.3-8

O Novo Testamento deixa claro que os crentes são um com Cristo, que existe uma união especial entre ele e seu povo. Nós morremos com Jesus, fomos sepultados e ressuscitamos com ele. Recebemos o ensino distinto de que Cristo está "em nós". Todavia, precisamos tomar cuidado com o que afirmamos. Fica claro que "Cristo habita em nosso coração pela fé" e realiza sua obra por intermédio do Espírito. Entretanto, a menos que tomemos cuidado, podemos ignorar ou infringir o papel único do Espírito no sistema divino de salvação. Nosso chamado é obra de Deus Pai. A expiação, mediação e intercessão são obras de Deus Filho. A santificação corresponde à obra especial do Deus Espírito Santo. Lembremo-nos de que nosso Senhor prometeu enviar outro Consolador que habitaria conosco para sempre, preenchendo o lugar de Jesus em nosso meio. No esforço de honrar a Cristo, não desonremos o Espírito Santo. À destra do Pai, Cristo reina como nosso Cabeça e Sumo Sacerdote ressurreto. Conforme prometeu, porém, ele realiza sua obra por meio do Espírito.

JOHN C. RYLE, *SANTIDADE*, INTROD., SEÇÃO 5

Ó Santo, que nos ensinas a buscar primeiro teu reino e sua justiça, ensina-me a dizer "seja feita a tua vontade", antes de pedir "o pão nosso de cada dia". Ensina-me a aceitar tua vontade como a base para minha felicidade e a valorizar outras coisas apenas como sua superestrutura. Perdoa meu erro de me preocupar mais com a fome do corpo que com a do espírito. Conduze-me sempre por uma descoberta cada vez mais ampla de que, à tua destra, há delícias sem-fim. Amém.

GEORGE MATHESON (1842–1906), *ORAÇÕES: ANTIGAS E MODERNAS*, P. 257

PARA REFLETIR: Mt 28.16-20; **Jo 14.16-17; 15.26;** Rm 8.10,14-16,26-27; 1Co 1.1-9; 2.9-16; 12.13; 2Co 6.14—7.1; Gl 2.20; 4.19; **Ef 3.17;** Cl 3.11

Sejamos profundamente gratos pelo evangelho glorioso da graça de Deus. Esse é o remédio divino para o pecado, a doença mais letal da humanidade. Não precisamos ter medo de confrontar o pecado, examinar sua natureza, origem, poder e devastação se, ao mesmo tempo, olhamos para o remédio todo-poderoso que Jesus Cristo proveu. Pois embora o pecado tenha abundado, superabundou a graça. Da aliança eterna da redenção, Pai, Filho e Espírito Santo participam. Por intermédio do Mediador dessa aliança, que morreu por nossos pecados e ressuscitou para nossa justificação, Deus, em sua graça, renova e santifica seu povo. Cristo atua como nosso Sacerdote, Substituto, Médico, Pastor e Advogado. Por meio de sua intercessão perpétua, nosso Senhor é capaz de salvar até mesmo o maior dos pecadores. Na expiação de Cristo pelo pecado, e mediante a obra fiel do Espírito Santo, existe remédio pleno, perfeito e completo para a doença espantosa do pecado. Por mais terrível e tremendo que seja o pecado, ninguém precisa desanimar e se desesperar sempre que, ao mesmo tempo, olhar para Jesus Cristo.

JOHN C. RYLE, *SANTIDADE*, CAP. I, SEÇÃO 5

Sonda meu coração, ó Senhor. Tira tudo o que obstrui a doação de mim mesmo como sacrifício vivo, santo e agradável a ti. Concede-me graça para te obedecer em todas as coisas e sempre seguir teu direcionamento gracioso. Que hoje eu tome o cuidado de não ferir ninguém por palavras ou atos, mas que eu permaneça ávido por fazer o bem a todos. Perdoa todas as minhas palavras apressadas e meus pensamentos dessemelhantes a Cristo. Faze-me vigilante. Mantém-me longe de tudo o que venha a te ofender, em nome de Jesus Cristo. Amém.

ASHTON OXENDEN (1808–1892), *ORAÇÕES: ANTIGAS E MODERNAS*, P. 251

PARA REFLETIR: Zc 9.9; Mt 8.15; 21.1-9; Lc 5.31; Jo 10.14-18; 17.4; At 2.22; **Rm 5.12-20**; 1Co 9.8; **1Tm 1.15**; 3.16; Hb 4.14; 5.8-9; 9.15; 12.24

A santificação é a obra interior que Cristo realiza no crente por intermédio do Espírito Santo. Jesus, com o próprio sangue, lava os pecados do crente. Também separa o crente do amor natural pelo pecado e o mundo, colocando um novo princípio no coração dele e tornando-o cheio de piedade prática na vida. O Espírito realiza essa obra mediante a promessa da Palavra de Deus, embora às vezes use aflições e provas providenciais. As Escrituras chamam de santificada a pessoa em quem Cristo, por meio do Espírito, realiza essa obra.

Quem pensa que Jesus Cristo viveu, morreu e ressuscitou só para oferecer justificação e perdão dos pecados tem muito a aprender. Tais limitações desonram nosso Senhor, fazendo dele apenas meio Salvador. Cristo proveu todas as dimensões da redenção. Por meio de sua expiação, ele livra não apenas da culpa do pecado, mas também do domínio do pecado, pelo poder do Espírito Santo. Cristo é nossa "justiça" e nossa "santificação". Ele efetua a santificação tanto quanto a justificação.

JOHN C. RYLE, *SANTIDADE*, CAP. 2, PARTE I

Deus eterno, santifica meus pensamentos, intenções, palavras e ações, para que tudo o que eu pensar, falar ou fizer glorifique teu nome. Transforma necessidades em virtudes e obras da natureza em obras da graça, ordenando-as e temperando-as de acordo com tua vontade. Que nenhum orgulho, nenhuma atitude interesseira, nenhuma cobiça ou vingança, nenhuma ambição mesquinha ou imaginação pecaminosa poluam meu espírito. Torna-me por completo servo do Espírito Santo, a fim de que, fazendo todas as coisas para tua glória aqui neste mundo, eu possa contemplar tua glória no mundo por vir, por meio de Jesus Cristo, nosso Senhor. Amém.

JEREMY TAYLOR (1613–1667), *ORAÇÕES: ANTIGAS E MODERNAS*, P. 310

PARA REFLETIR: Jo 17.13-19; Rm 8.5-11; 15.15-16; **1Co 1.26-31**; 6.11; Ef 5.25-27; Cl 1.21-23; 1Ts 2.13; Tt 2.13-14; 3.4-7; 1Pe 1.1-2; 2.2-3

Qual é o custo de ser um cristão verdadeiro? Custa muito pouco ser um mero cristão de aparência. A pessoa só precisa comparecer à igreja aos domingos e ser toleravelmente moral durante a semana. Vai tão longe quanto milhares a seu redor. É uma obra fácil e barata; não exige negação do eu, nem sacrifício pessoal. De acordo com as Escrituras, porém, o verdadeiro discipulado custa caro. Há inimigos a vencer, batalhas a travar, sacrifícios a fazer, um Egito a abandonar, um deserto a atravessar, uma cruz a carregar e uma corrida a terminar. A conversão não coloca a pessoa em uma poltrona, a partir da qual ela é então transportada para o céu. Nada disso! O discipulado começa com uma luta tremenda contra potestades e principados. Calcule o preço!

O discipulado cristão custa a morte de toda justiça própria. Custa virar o rosto ao pecado, libertar-se dele, crucificá-lo e esforçar-se para mantê-lo sob o poder do Espírito, sem nenhum tipo de trégua particular com ele. Custa o amor à tranquilidade e a aprovação deste mundo. Quando um navio corre risco de naufrágio, a tripulação não se importa em lançar a carga ao mar.

JOHN C. RYLE, *SANTIDADE*, CAP. 2, PARTE I

Todo louvor seja a Deus, o Pai de nosso Senhor Jesus Cristo! Por sua grande misericórdia, ele nos fez nascer de novo, por meio da ressurreição de Jesus Cristo dentre os mortos. Agora temos uma viva esperança e uma herança imperecível, pura e imaculada, que não muda nem se deteriora, guardada para nós no céu. Assim, querido Senhor, concede-nos força e sabedoria para enfrentar as responsabilidades e oportunidades deste dia. Amém.

ADAPTADO DE PEDRO, I PEDRO 1.3-4; MATTHEW HENRY
(1662–1714), *ORAÇÕES: ANTIGAS E MODERNAS*, P. 282

PARA REFLETIR: Ez 18.30-32; Mt 5.11-12; Lc 9.23-26; 14.25-33; Jo 6.25-66; Rm 12.1-2; Ef 5.1-20; 1Pe 1.13-25; 4.1-11; 5.6-11; 2Pe 3.10-18

Qualquer cristão que tem fome e sede da vida espiritual procurará crescer na graça, uma busca inseparável da santificação. Mas o que significa para o cristão crescer na graça? Não quer dizer que ele cresce com segurança ou aceitação em Deus. Nenhum cristão pode se tornar mais justificado, mais perdoado ou mais em paz com Deus do que no momento em que aceita Cristo como seu Redentor. A justificação daquele que crê é uma obra completa, perfeita e divina. O mais frágil dos santos, por mais que não saiba nem sinta, encontra-se tão completamente justificado quanto o mais maduro dos cristãos. Nossa posição diante de Cristo não admite variação de grau, nem acréscimo, nem diminuição.

Crescer na graça significa aumentar o grau, a força, o vigor e o poder das graças que o Espírito Santo planta no coração do crente. Tais graças admitem progresso e acréscimo. Arrependimento, fé, esperança, amor, humildade, zelo, coragem e outros podem ser pequenos ou grandes, fortes ou fracos, vigorosos ou frágeis, além de variar em diferentes momentos da vida. O crescimento na graça significa que a consciência do pecado se torna mais aguçada, a fé se fortalece, a esperança ganha brilho, o amor recebe extensão, a mente do Espírito fica mais compreensiva e o poder da piedade se manifesta melhor.

JOHN C. RYLE, SANTIDADE, CAP. 6

Ó Jesus Cristo, cresce dentro de mim,
E tudo o mais diminuirá!
Que meu coração se aproxime mais de ti
E livre do pecado sempre ficará.

JOHANN KASPAR LAVATER (1741–1801), HINÁRIO

PARA REFLETIR: Mc 4.30-32; Rm 5.1-11; 6.5-14; 8.1-17; 12.2; Ef 2.1-10; 4.14-16; Fp 1.9-11; 3.7-14; **Cl** 1.9-14; **2.6-15**; Hb 6.1; 2Pe 3.18

A conduta de nosso Senhor em relação a seus discípulos enquanto viveu no meio deles esclarece com toda beleza sua compaixão e longanimidade. Jamais algum professor teve alunos que aprendessem tão devagar como no caso de Jesus e os apóstolos. E nenhum estudante jamais teve professor tão paciente. Os discípulos jamais entenderam por que Jesus veio a este mundo. As advertências mais claras de Jesus em relação ao que aconteceria iam além da compreensão deles. Pedro chegou a tentar dissuadir Jesus do sofrimento. Os discípulos discutiam sobre quem dentre eles seria o maior. Na noite de sua paixão, três de seus melhores caíram no sono e Pedro o negou três vezes.

No entanto, ao longo de todo o ministério de Cristo é possível observar piedade, compaixão, paciência e amor imutáveis. Ele não rejeitava as pessoas por serem obtusas, covardes e incrédulas. Em vez disso, passo a passo, conduzia cada um como a ama faz com a criança que está aprendendo a andar. Após sua ressurreição, distribuiu palavras de bondade, restaurou Pedro, reuniu os discípulos ao seu redor, os abençoou e ordenou que pregassem o evangelho.

Que o mundo inteiro saiba que Jesus não lança fora os que nele creem. Ele cuida das ovelhas de seu rebanho e as conduz para casa.

John C. Ryle, Santidade, cap. 12, parte 5

Ensina-nos a te conhecer, ó Deus. Dá-nos um coração que te ame, que confie e se deleite em ti, aderindo fielmente à tua vontade. Que nenhuma tentação nos afaste e nenhuma tribulação nos leve para longe, mas que todas as tuas dispensações e cuidados nos sejam mensageiros de teu amor, a fim de nos aproximar de ti e nos tornar aptos para teu reino celestial. Amém.

Benjamin Jenks (1646–1724), *Orações: antigas e modernas*, p. 288

PARA REFLETIR: Sl 103.7-18; Is 40.11; 66.13; Mt 6.22; 11.28; 12.20; 28.10,20; Mc 6.52; Lc 9.45,54; 18.34; Jo 21.17; Hb 7.25; Tg 5.11

FREDERICK DOUGLASS
(c. 1818–1895)

Um dos discursos mais moralmente esclarecedores na história dos Estados Unidos foi proferido por um homem cuja identidade racial levava muitos dos norte-americanos a desqualificá-lo de imediato como incapaz de efetuar conquistas morais e intelectuais. O ex-escravo Frederick Douglass recebeu o convite de falar no encontro da Sociedade Feminina Abolicionista de Rochester, Nova York, em 5 de julho de 1852. O evento visava comemorar o Quatro de Julho, a data de assinatura da Declaração de Independência do país. O local foi o Corinthian Hall, em Rochester. Um dos trechos mais emocionantes do discurso formal de Douglass aconteceu quando ele surpreendeu o público ao lamentar: "Este Quatro de Julho é de *vocês*, não *meu*. *Vocês* podem se alegrar; a mim cabe o lamento" ("Oração"). Douglass estava falando em nome de si e de cerca de quatro milhões de outros negros, escravizados em uma terra cujo documento fundador declarava que todas as pessoas foram criadas iguais perante Deus.

Frederick Augustus Washington Bailey nasceu escravo em Talbot County, Maryland, por volta de 1818. Aos 6 anos de idade, foi escolhido para trabalhar na "casa grande" do latifúndio de seu senhor. Quando tinha cerca de 12 anos, foi mandado para Baltimore, a fim de morar na casa de Hugh e Sophia Auld. Ensinar um escravo a ler era ilegal nos estados escravocratas. No entanto, Sophia desafiou a proibição e ensinou Frederick a ler e escrever. Embora Hugh Auld tenha dado fim às aulas, Frederick continuou a aprender com as crianças brancas e com outras pessoas. Algo crucial para sua formação foi ter ganhado a obra *O orador columbiano*, livro de lições destinadas à educação clássica e ao aprendizado da retórica.

A leitura de jornais e literatura política despertou nele uma oposição moral profunda à escravidão. Quando seu dono o alugou para trabalhar em outra fazenda, Frederick ensinou os escravos da propriedade a ler o Novo Testamento aos domingos. Armados com cassetetes e pedras, donos de escravos de outros latifúndios dispersaram a congregação. Posteriormente, aos 16 anos, Frederick foi enviado para trabalhar na terra de Edward Covey, que tinha a reputação de "colocar o escravo em seu lugar". Covey quase conseguiu dominá-lo psicologicamente. Mas Frederick obteve êxito mesmo depois de sofrer um ataque físico de duas horas. Covey nunca mais o espancou.

Frederick tentou fugir duas vezes. Por fim, em setembro de 1838, auxiliado por uma mulher negra livre chamada Anna Murray, obteve sucesso. Em decorrência de uma série de coincidências felizes, ele chegou a Nova York e se abrigou na casa do abolicionista David Ruggles. Assim que se viu seguro, Frederick pediu que buscassem Anna Murray, por quem tinha se apaixonado. Os dois se casaram em 15 de setembro de 1838 e foram morar em New Bedford, Massachusetts, com o auxílio de Mary e Nathan Johnson. Nathan sugeriu que Frederick adotasse o sobrenome Douglass.

Em New Bedford, Frederick Douglass entrou para a Igreja Metodista Episcopal Africana Sião e recebeu licença para pregar. Assinou o periódico semanal *O Libertador*, editado pelo líder abolicionista William Lloyd Garrison, e se tornou ativo nos encontros abolicionistas, aos quais era convidado a fim de contar sua história. Nessa época, Garrison ouviu Douglass falar e ficou impressionado com suas habilidades retóricas e persuasão moral. Garrison escreveu sobre Douglass em *O Libertador*, exposição que levou o ex-escravo a proferir seu primeiro grande discurso antiescravidão, diante da Sociedade Abolicionista de Massachusetts, em Nantucket. Começou então um extenso itinerário de viagens. Em cerca ocasião, enquanto falava no centro-oeste do país, uma multidão irada o espancou. Foi resgatado da possível morte por uma família de quacres.

Em 1845, aos 27 anos, Douglass publicou sua primeira autobiografia, que foi sucedida por três revisões e ampliações (1855, 1881 e 1892). Por causa de sua fama de escravo fugido, Douglass precisou partir para a Irlanda, a fim de evitar a recaptura.

Depois mudou-se para a Inglaterra, onde permaneceu por dois anos. Enquanto esteve na Irlanda e Inglaterra, Douglass falou a grandes multidões e conquistou apoio para a abolição da escravatura nos Estados Unidos. Seus apoiadores conseguiram juntar o dinheiro necessário para comprar sua liberdade legal. Voltou para os Estados Unidos em 1847, na condição de homem livre. Após seu retorno, passou a publicar periódicos abolicionistas e falava com eloquência em favor do voto feminino.

O clero que defende a escravidão transforma o nome do cristianismo em uma máquina de tirania e crueldade bárbara. Tal atitude serve para confirmar mais infiéis nesta era do que todos os escritos de Thomas Paine, Voltaire e Bolingbroke reunidos. Esses ministros tornam o cristianismo algo frio e de coração empedernido, sem os princípios de correto procedimento e sem sentimentos de compaixão. Roubam a beleza do amor de Deus e dão forma imensamente horrível e repugnante à religião. Tornam o cristianismo uma religião de opressores, tiranos, ladrões de pessoas e *bandidos*. Não se trata mais da "religião pura e verdadeira" que vem do alto, a qual é "primeiramente, pura; depois, pacífica, indulgente, tratável, plena de misericórdia e de bons frutos, imparcial, sem fingimento" [RA].

Fazem da fé cristã uma religião que favorece os ricos em detrimento dos pobres; que exalta os orgulhosos em detrimento dos humildes; que divide a humanidade em duas classes, tiranos e escravos; e diz para o homem em cadeias: "Permaneça aí" e para o opressor: "Continue a oprimir".

FREDERICK DOUGLASS, "ORAÇÃO", PROFERIDO EM 5 DE JULHO DE 1852

Nós te rogamos, ó Senhor, que impeças nossa língua de falar o mal e nossos lábios de qualquer dolo, para que, assim como os santos anjos cantam teus louvores no céu, nossa língua te glorifique na terra. Amém.

BREVIÁRIO ROMANO, *ORAÇÕES: ANTIGAS E MODERNAS*, P. 266

PARA REFLETIR: Sl 82.3; Pv 31.9; Is 58.6-12; 61.8; Jr 22.3; Am 5.4-15; Mq 6.8; Mt 7.12; 22.36-40; Lc 4.18-20; 10.30-37; Gl 3.28; **Tg 1.27; 3.17;** 5.1-6

Aqueles que defendem a escravidão transformam o cristianismo em uma religião que pode ser professada e desfrutada por todos os ladrões e escravizadores da humanidade. Colocam Deus como um ser que faz acepção de pessoas; negam que ele seja o Pai da raça humana; pisoteiam a grande verdade da fraternidade dos homens. Cremos que tudo isso é verdade em relação à igreja popular e aos cultos comuns em nossa terra. O cristianismo se tornou uma religião — igreja e culto — que deve, com a autoridade das Escrituras, ser declarada uma abominação aos olhos de Deus. Usando as palavras de Isaías, a igreja norte-americana precisa ouvir: "Parem de trazer ofertas inúteis; o incenso que oferecem me dá náusea! Suas festas de lua nova, seus sábados e seus dias especiais de jejum são pecaminosos e falsos; não aguento mais suas reuniões solenes! Odeio suas festas de lua nova e celebrações anuais; são um peso para mim, não as suporto! Não olharei para vocês quando levantarem as mãos para orar; ainda que ofereçam muitas orações, não os ouvirei, pois suas mãos estão cobertas de sangue. Lavem-se e limpem-se! Removam seus pecados de minha vista e parem de fazer o mal. Aprendam a fazer o bem e busquem a justiça. Ajudem os oprimidos, defendam a causa dos órfãos, lutem pelos direitos das viúvas".

Frederick Douglass, "Oração", proferido em 5 de julho de 1852

Ó Deus, que criaste o amor e amas a paz e afeição puras, que todos os aterrorizados pelo medo, os aflitos pela pobreza, os assolados pela tribulação e os exauridos pela doença sejam libertos por tua atenção providencial, elevados por tua graça transformadora e consolados por tua compaixão infalível, por meio de Jesus Cristo, nosso Senhor. Amém.

Sacramentário galiciano (800 d.C.), *Orações:*
antigas e modernas, p. 263

PARA REFLETIR: Dt 10.18; Sl 1.1-6; 37.27-29; **Is 1.10-20;** 56.1-12; 59.1-11; 61.8; Jr 9.23-24; Os 4.1-3; 6.1-3; Zc 7.9; Mt 25.31-46; Tg 4.1-2; 1Pe 4.17

HANNAH WHITALL SMITH
(1832–1911)

O segredo do cristão para uma vida feliz (1875), de Hannah Whitall Smith, é um clássico do cristianismo. No entanto, se levarmos em conta a associação atual de felicidade com tudo o que é agradável, confortável e, com frequência, autocentrado, o título da obra pode dar a impressão errada. Em comparação com as conotações de hoje, a vida de Hannah nem sempre foi feliz, tampouco ela desejava promover a felicidade como a norma cristã. A palavra grega *makarios*, traduzida por "feliz" na Nova Versão Transformadora ou "bem-aventurado" nas versões Almeida, está bem distante do sentido popular do termo nos dias atuais e também do "evangelho da prosperidade" pseudocristão. *Makarios* quer dizer "abençoado". Essa palavra aparece com frequência no Novo Testamento, mas nunca para descrever prazer. Em três casos, *makarios* está ligado ao sofrimento (Tg 5.11; 1Pe 3.14; 4.14), e em outro, à obediência a Cristo (Jo 13.17). *O segredo do cristão para uma vida feliz* fala sobre a paz que resulta da entrega ao senhorio de Jesus Cristo, em união com seus propósitos, a despeito do sofrimento. O tema de Hannah receberia o título mais preciso de alegria (do grego *chara*) cristã, que faz parte do fruto do Espírito Santo (Gl 5.22). A alegria cristã se baseia na paz permanente de Deus, não em circunstâncias mutáveis. Embora alguns detalhes da vida de Hannah sejam difíceis de apontar com precisão, boa parte de sua experiência foi tragicamente marcada por amargo desapontamento e traição.

Hannah nasceu em uma família abastada de quacres na Filadélfia. Seus pais eram muito rígidos e introspectivos, e não conheciam o evangelho da graça gratuita e da nova criação. Quando criança, Hannah se considerava cristã, mas nada sabia sobre o novo nascimento. Ela achava que a paz com Deus podia ser obtida por meio de um comportamento bondoso e da produção de um sentimento de amor por Deus. O resultado foi o desespero e a dúvida. Em 1851, enquanto ainda em aflição religiosa, Hannah se casou com Robert Pearsall Smith, também quacre. A morte trágica de uma das filhas do casal aos 5 anos de idade se tornou, para Hannah, uma janela para encontrar paz com Deus. Incapaz de aceitar que sua filha havia desaparecido no nada, Hannah se sentiu atraída a reuniões realizadas no meio do dia por empresários de Filadélfia. Ela se convenceu da existência de Deus. Em agosto de 1858, o "fato" da existência divina havia se traduzido em fé em Jesus Cristo como seu Salvador. Percebeu que a salvação não se baseava em emoções mutáveis, mas sim no amor e perdão de Deus. Hannah começou a contar aos outros sobre sua experiência. Passou a congregar com os Irmãos de Plymouth, e Robert, com os presbiterianos.

Ainda assim, Hannah às vezes era afligida por acessos espiritualmente incômodos de raiva, amargura e irritação. Tomou conhecimento de alguns cristãos que falavam sobre uma vida cristã mais profunda ou superior. Mesmo duvidando do testemunho deles, Hannah participou de alguns cultos, nos quais aprendeu que Cristo veio salvar não só da culpa do pecado, mas também de seu poder. Era inegável a qualidade de vida daquelas pessoas.

Por meio da influência do reavivamento metodista, Robert e ela se sentiram atraídos à doutrina wesleyana da santificação. Ambos foram "batizados com o Espírito Santo", uma ênfase que marcou o movimento de santidade do século 19. Logo começaram a falar em reuniões de adeptos da santidade. Então, em 1873, incentivados por William Boarman, o célebre defensor presbiteriano do movimento da "vida superior", os Smith se uniram a ele em ministério na Grã-Bretanha.

Em 1875, Robert se envolveu em um relacionamento extraconjugal. À medida que ele se ofuscava, a influência de Hannah crescia cada vez mais, mesmo com a deterioração do casamento. Ela ficou conhecida como Anjo das Igrejas. Tornou-se forte defensora do movimento pelo direito de voto das mulheres e foi fundadora da União Feminina de Temperança Cristã. Em 1895, voltou para a Inglaterra, onde escreveu livros, continuou a defesa dos direitos das mulheres e promoveu a Associação Britânica Feminina de Temperança.

Com o tempo, Hannah aderiu ao universalismo. Em *O altruísmo de Deus* (1903), ela conta como passou a ser central para sua fé a crença de que o amor "altruísta" de Deus acabará levando "todo joelho [a] se prostrar" e "toda língua [a] confessar que Jesus Cristo é Senhor" (p. 206, 210; Fp 2.10-11).

A pergunta mais importante é: "Qual é o nome de Deus?". O destino do universo e da humanidade depende da resposta. Que tipo de criador e governante trouxe o mundo à existência? Se o Criador é descuidado e indiferente, não pode haver razão para esperança, paz ou consolo. Os nomes usados para Deus na Bíblia revelam seus propósitos, sua glória, graça, misericórdia, amor constante, sabedoria e poder. Os filhos de Israel perguntaram: "Qual é o nome desse Deus?". Queriam saber quem estavam sendo chamados a seguir. "Eu Sou o Que Sou" foi a resposta divina. O nome inclui a eternidade e o caráter santo e imutável de Deus, exatamente os atributos necessários para um Deus digno de confiança. Israel aprendeu que é possível confiar no Senhor, pois ele não abandona aqueles que o buscam e é uma "fortaleza" de segurança. No Evangelho de João, Jesus se identifica como o "Eu Sou" encarnado. Cada característica de Deus, cada revelação de seu caráter, cada prova de seu amor infindo, cada declaração de seu cuidado vigilante, cada afirmação de seus propósitos de terna misericórdia, cada manifestação de sua longanimidade — tudo isso se cumpriu em Jesus Cristo.

Hannah Whitall Smith, O Deus de toda consolação, cap. 2

Louvado seja o Deus vivo!
Seu nome seja todo enaltecido,
Que foi, é e há de ser
Sempre o mesmo engrandecido!

Daniel ben Judah (metade do séc. 14), da
trad. de Max Landsberg (1845–1928)
e Newton Mann (1836–1926), Hinário

PARA REFLETIR: Êx 3.13—4.18; 2Sm 7.22; Sl 9.10; 20.7; **Pv 18.10;** Is 45.18-19; **Jo** 6.35,48,51; **8.**12,23,**58;** 9.5; 10.9,11; 11.25; 14.6; 15.1

O apóstolo João disse: "Ninguém jamais viu a Deus". Se alguém quiser falar com as formigas, pode ficar de pé em cima do formigueiro e fazer discursos fastidiosos o dia inteiro. Enquanto correm para lá e para cá, nenhuma palavra chega até elas. Mas, se alguém conseguisse se encarnar no corpo de formiga, poderia aproximar-se delas e falar em sua língua, tornando-se inteligível na mesma hora. Foi isso que Deus fez por intermédio de Cristo, que revelou o Pai com sua vida — do berço à sepultura — em cada momento de sua existência. Precisamos ir a Cristo para ter o conhecimento de Deus. Recuse-se a crer em qualquer coisa sobre Deus não revelada em Jesus. Somente nele Deus é revelado de maneira definitiva, pois ele é a "imagem expressa" de Deus. Aquilo que o Pai diria e faria em determinadas circunstâncias, Cristo disse e fez. Para conhecer a Deus, só precisamos aceitar o testemunho de Cristo. Se quisermos saber, de maneira definitiva, o que Deus quis dizer quando se denominou "Eu Sou" para Moisés, nós encontraremos essa verdade revelada em Cristo. Ele é a tradução completa do *nome*. Rejeite qualquer tradução do *nome* em divergência com aquilo que Cristo revelou.

HANNAH WHITALL SMITH, *O DEUS DE TODA CONSOLAÇÃO*, CAP. 2

Senhor e Mestre Jesus Cristo, Palavra coeterna do Pai, que assumiste nossa semelhança, com exceção do pecado, para a salvação de nossa raça, capacita-nos a ser não apenas ouvintes de tuas verdades, mas também praticantes de tua palavra, a fim de produzir o bom fruto, trinta e cem vezes mais, para chegarmos ao reino dos céus, ó nosso Salvador e Guardião. Amém.

ORAÇÕES POSTERIORES AO CULTO, EM *COLETAS
ANTIGAS E OUTRAS ORAÇÕES*, P. 131

PARA REFLETIR: Jo 1.1-28; 5.16-30; 10.30; **14.5-14; 17.6-19;** 1Co 1.18-29; **2Co 4.6;** Gl 1.6-10; Ef 1.3-14; Cl 1.15-23; **Hb 1.3;** 1Jo 4.12

Jesus Cristo "preenche" o "Eu Sou" de Deus — descanso para o fatigado, paz para o atribulado, força para o fraco, sabedoria para o tolo, justiça para o pecador. É nosso privilégio e dever rejeitar todos os conceitos de Deus que conflitem com a vida, o caráter e os ensinos bem-aventurados de Jesus. Mas talvez você diga: "Sim, tudo isso é verdade, mas como posso tomar posse disso? Sou uma criatura pobre e indigna. Não ouso crer que tal plenitude de graça me pertence". Como você pode tomar posse disso? Você não pode de jeito nenhum! Mas pode permitir que essa verdade tome posse de você. Essa é uma boa-nova magnífica. Faça com ela o mesmo que faria com qualquer boa notícia terrena. Posicione-se ao lado da confiabilidade de Cristo. Diga: "Eu vou crer aqui e agora!". Tudo o que Cristo é, Deus é. Jamais terei medo de Deus como se ele fosse um feitor exigente, que dá ordens enquanto permanece uma divindade afastada e inacessível, envolta no próprio esplendor, indiferente a minhas tristezas e meus temores. Não aceite nenhum pensamento sobre Deus que entre em divergência com Cristo, e sua vida será transformada.

HANNAH WHITALL SMITH, *O Deus de toda consolação*, CAP. 2

Ó Deus, que por intermédio de teu querido Filho nos consagraste para um caminho novo e vivo em tua presença, concede-nos, nós te rogamos, a certeza de tua misericórdia, e santifica-nos com tua graça celestial; que, ao nos aproximarmos de ti com o coração puro e a consciência imaculada, nós te ofereçamos um sacrifício de justiça e celebremos teu bendito nome com fé e no espírito de teu Filho. Amém.

SERVIÇOS PARA O CULTO CONGREGACIONAL, P. 17

PARA REFLETIR: Êx 3.1-14; Jo 1.15-18; 5.31-47; 8.48-59; 10.11-18; 11.25-26; Rm 3.21-26; 5.1-11; 8.28-39; Fp 4.8-9; Hb 4.14-16; 5.7-8; 1Jo 5.18-21

("O Pai de toda misericórdia e Deus de toda consolação.")

Embora o próprio Deus afirme ser o Deus de toda consolação, alguns cristãos mostram, por meio da aparência melancólica e do tom tristonho, que não conseguem encontrar consolo ou paz em lugar nenhum. Em vez de consolo, comunicam sombria tristeza por onde passam. Está fora de cogitação para eles induzir qualquer um a crer que o belo nome por meio do qual Deus se anuncia seja algo mais que um chavão piedoso e vazio. A vida abertamente sem consolo de muitos cristãos é, temo eu, responsável por boa parte da descrença no mundo. O apóstolo Paulo diz que devemos ser cartas vivas, conhecidas e lidas por todas as pessoas. Aquilo que as pessoas "leem" em nós é bem mais importante para a disseminação do reino cristão do que reconhecemos. Não é aquilo que dizemos que *fala*, mas, sim, quem nós *somos*. É fácil dizer coisas belas sobre Deus ser o Deus de toda consolação, mas, a menos que saibamos o que é ser consolados, estaremos falando para o vento. Envolva-se na alegria e no deleite da consolação divina.

HANNAH WHITALL SMITH, *O DEUS DE TODA CONSOLAÇÃO*, CAP. 3

Por ti, ó Mestre, que amas a humanidade, sigo eu em frente neste dia, por tua misericórdia, a fim de cumprir tuas obras. Ajuda-me em todos os momentos e em todas as coisas; livra-me de todo mal e de qualquer concordância com Satanás; salva-me e conduz-me para teu reino eterno. Pois tu és meu Criador, Provedor e Doador de todo dom perfeito. Portanto, todas as minhas esperanças estão em ti, e a ti com toda alegria eu rendo glória, agora e para todo o sempre. Amém.

"ORAÇÕES MATINAIS", *AS ORAÇÕES ORTODOXAS*, P. 9

PARA REFLETIR: Ne 8.9-18; Sl 16.5-11; 30.5; 33.1-2; 34.1-10; Is 55.9-13; Rm 14.17-18; 15.13; **2Co 1.3-6; 3.1-3;** Gl 5.16-26; Fp 4.4-9; Cl 1.9-12

Com sons de trombeta, declaremos que a glória de uma religião de amor, a glória da religião de Jesus Cristo, é que ele foi ungido para consolar "todos os que choram". O Deus de toda consolação enviou seu Filho para consolar um mundo em prantos. Por meio de sua vida terrena, Jesus cumpriu sua missão divina. Quando os discípulos lhe pediram que invocasse fogo do céu para consumir alguns samaritanos que se recusaram a dar abrigo e comida para os peregrinos que viajavam até Jerusalém, Jesus os repreendeu. Ele recebia pecadores e comia com eles. Quando todos viravam as costas para Maria Madalena, ele a acolheu, curando-a de seus espíritos malignos e de suas enfermidades. Ele se recusou a destruir a mulher pega em ato de adultério. Em vez disso, declarou aos escribas e fariseus que a tinham trazido: "Aquele de vocês que nunca pecou atire a primeira pedra". Em seguida, disse à mulher: "Eu também não a condeno. Vá e não peque mais". Jesus sempre estava do lado dos que lamentam. Foi por isso que ele veio; essa era sua missão.

Hannah Whitall Smith, O Deus de toda consolação, cap. 3

Olha para nós, ó Senhor. Que toda a escuridão de nossa alma desapareça perante os raios de teu fulgor. Preenche-nos com santo amor e abre-nos os tesouros de tua sabedoria. Tu conheces nossos desejos; aperfeiçoa, pois, aquilo que começaste e que teu Espírito nos levou a pedir em oração. Volta tua face para nós e mostra-nos tua glória. Então nossos anseios se satisfarão e nossa paz será completa. Amém.

Agostinho (354–430 d.C.), bispo de Hipona,
Orações: antigas e modernas, p. 312

PARA REFLETIR: Mt 18.10-14; 20.29-34; **Lc** 1.50-55; 7.11-17; **8.1-3; 9.51-56;** 10.25-37; 12.4-7; 13.10-17; 23.32-35,39-43; **Jo 8.1-11;** 2Co 1.3-7

A expressão "muito mais" aparece diversas vezes nas Escrituras a fim de caracterizar a salvação que o Senhor Jesus Cristo proporciona. Algum de nós já alcançou seu pleno significado? Uma coisa é certa: ninguém que já tenha compreendido seu significado deve viver novamente em tristeza e derrota. Não existe desafio enfrentado por qualquer um de nós que não possa ser "muito mais" do que resolvido pela gloriosa salvação providenciada por Jesus Cristo. Com frequência, porém, somos tentados a pensar que "muito menos" seria uma expectativa mais realista. "Muito menos" nos põe em risco de tornar nossa vida derrotada, miserável e mínima. Quando, porém, avaliamos o que significa ser filho de Deus, somente a linguagem do "muito mais" é apropriada, ainda que alguns cristãos creiam que "muito menos" é mais prudente. Se nosso Pai celestial declara que a salvação que ele proporciona é "muito mais" que suficiente para nossa vitória, mas, nos pensamentos secretos, insistimos em aderir ao "muito menos", então, por meio desses pensamentos, tiramos o crédito das provisões e da confiabilidade do Pai. "Muito menos" é a linguagem da fraqueza, do visível, do razoável e do superficial; "muito mais" é a linguagem do invisível, da presença de Deus e de sua provisão inesgotável.

HANNAH WHITALL SMITH, *O DEUS DE TODA CONSOLAÇÃO*, CAP. 9

Ó Senhor Deus, Pai de toda misericórdia e Deus de toda consolação, além das bênçãos da natureza e da graça que concedeste a toda a humanidade, tu derramaste tua longanimidade sobre mim e me fizeste alegre por intermédio de tuas obras. Eu me alegrarei e darei louvores pelas obras de tuas mãos. Bendito seja o Senhor que só faz coisas maravilhosas e graciosas. Toda a terra se enche com tua majestade. Amém.

JEREMY TAYLOR (1613–1667), *ORAÇÕES: ANTIGAS E MODERNAS*, P. 294

PARA REFLETIR: Mt 6.30; 7.11; Lc 11.13; Rm 5.9-10,15,17; 11.12; 2Co 3.9; 4.15; Ef 3.20; 1Tm 1.14; Tt 3.6; Fm 1.16; Hb 9.14; 1Pe 1.7

Muitos cristãos são como o homem que labuta ao longo da estrada, curvando-se sob um fardo pesado, quando uma carroça aparece. O motorista oferece carona, ao que o homem aceita com alegria. Mas, depois de sentado, continua a carregar seu fardo. "Por que você não coloca sua carga no chão?", sugere o motorista. "Ah!", responde ele. "Já lhe pedi demais. Jamais pensaria em querer que também carregasse minha carga!" De igual modo, muitos cristãos que se entregam aos cuidados e à guarda do Senhor continuam a se curvar sob o fardo de uma vida sem vitória.

Examine as Escrituras e você ficará pasmo ao descobrir que, sempre e em toda parte, existe a certeza de que nosso Senhor é capaz de livrar os cristãos do jugo do pecado, para que, depois de "livrar-nos de nossos inimigos", nós o sirvamos "sem medo, em santidade e justiça, enquanto vivermos". Esse é um desafio poderoso, mas nosso Libertador é capaz de cumpri-lo. Ele veio destruir as obras do diabo, e também veio nos livrar do poder e domínio do pecado. Ousamos pensar que Cristo não está disposto a cumprir seus propósitos ou é incapaz de fazê-lo?

Hannah Whitall Smith, O segredo cristão
para uma vida feliz, caps. 2–3

Sê o Desejo de nosso coração e o Governante de nossos pensamentos, ó Pai celestial, pois devemos possuir teu amor e teu fôlego santo espalhado em nossa vida, como fonte de vigor. Protege nosso caminho e guarda nossos desejos da tentação. Amém.

Rowland Williams (1817–1870), Orações:
antigas e modernas, p. 265

PARA REFLETIR: 2Sm 22.51; Sl 34.15-22; Mt 1.21; **Lc 1.67-75**; At 3.26; Rm 6.12-22; 8.1-14,37; 2Co 1.3-7; Ef 4.22-24; 5.27; 1Pe 2.21-24; **1Jo 3.8**

Podemos supor por um instante que o Deus santo, que odeia o pecado no pecador, está disposto a tolerá-lo no cristão e que organizou o plano da salvação de maneira a ser impossível para os salvos da culpa do pecado encontrarem libertação do poder do pecado? Homens santos de todas as gerações se uniram para declarar que a redenção realizada por nós por nosso Senhor Jesus Cristo é a redenção do poder do pecado, bem como de sua culpa, e que nosso Senhor Jesus é capaz de salvar todo aquele que se aproxima de Deus por meio dele. A única coisa capaz de obstruir os propósitos divinos para nós é a falha em entrar em harmonia com seus planos. Mas se a harmonia pode ser estabelecida por meio da submissão completa à vontade de Deus, então Deus trabalhará nos crentes a fim de cumprir sua boa vontade. Logo, tenham bom ânimo, pois a obra à qual Cristo se propôs ele certamente completará, sem nada faltar. Não titubeie diante das promessas divinas por causa da descrença. Glorifique a Deus e creia que ele é capaz de cumprir o que prometeu.

HANNAH WHITALL SMITH, *O SEGREDO CRISTÃO*
PARA UMA VIDA FELIZ, CAP. 2

Desce, ó Divino Amor,
Busca minh'alma com fervor,
Visita-a com teu ardor resplendente;
Ó Consolador, queira te aproximar,
Dentro de meu coração irás brilhar,
Com tua chama santa reluzente.
BIANCO DA SIENA (M. 1434), DA TRAD. DE RICHARD FREDERICK
LITTLEDALE (1833–1890), HINÁRIO

PARA REFLETIR: Sl 1.1-6; Is 6.1-7; Jo 15.1-16; Rm 4.16-25; 6.1-14; 8.1-17; **Fp 2.13; 1Ts 5.4-11,23-24;** 1Ts 2.16-17; **Hb 7.25;** 1Pe 1.13-25; 4.7-11; 2Pe 1.3-4; 1Jo 2.1-17

Melhor e mais doce que saúde, amigos, dinheiro, fama, facilidade ou prosperidade é a vontade adorável de nosso Deus. Ela ilumina as horas mais sombrias com um halo divino, espalhando a mais brilhante luz solar sobre caminhos escuros. Aquele que fez da vontade de Deus seu lar sempre reina; no fim, nada dará errado para ele. Sem dúvida, nada mais é que um privilégio glorioso que se descortina à sua frente quando digo que o primeiro passo para uma vida com Cristo em Deus é a consagração completa. Não imagine que se trate de uma exigência dura e severa. Faça isso com alegria, gratidão e entusiasmo. Receba como um privilégio. Posso lhe garantir, com base em minha experiência, que você encontrará o lugar mais feliz no qual já entrou.

A fé como confiança é um elemento absolutamente necessário para receber qualquer presente. Se um amigo nos der algo por completo, o objeto só se tornará realmente nosso quando crermos que nos foi dado, quando o chamarmos de nosso. Isso se aplica, acima de tudo, aos dons espirituais. O amor pode ser derramado sobre nós por outro, porém ele só se torna nosso quando o aceitamos.

Hannah Whitall Smith, *O segredo cristão*
para uma vida feliz, cap. 4

Ó Senhor Deus, Pai de toda misericórdia, Fonte de consolação e bênção, de vida e paz, de plenitude e perdão, eu te ofereço as mais sinceras e humildes expressões de um coração feliz e agradecido, pois tu me revigoraste com tua consolação e alargaste meu território com tuas bênçãos. Amém.

Jeremy Taylor (1636–1667), *Orações: antigas e modernas*, p. 294

PARA REFLETIR: Jr 29.11-13; Mt 7.21-23; Lc 6.46; Jo 3.16; 6.38-40; 8.27-30; Rm 12.2; 1Ts 4.3-5; Hb 11.6; 13:20-21; 1Jo 2.16-17

Para um serviço cristão alegre e eficaz, tão somente coloque suas obras nas mãos do Senhor e deixe-as ali. Deus precisa tomar posse do eu interior. Confiança e preocupação não podem andar juntas em harmonia. O serviço inteligente inclui, é claro, conformidade com os planos do Mestre. Mas a responsabilidade final não pode ser transferida dos ombros do Mestre para os do servo. Com uma perspectiva tão limitada e uma ignorância tão grande, devemos procurar garantir que estamos vivendo e agindo em harmonia com a vontade de nosso Divino Mestre. Então deixe os resultados a cargo dele; viva com alegria. Certa vez, um escravo a bordo de um navio se viu em meio a uma tempestade violenta. Ele assobiava contente enquanto todos os outros estavam aterrorizados. Até que alguém lhe perguntou: "Você não tem medo de se afogar?". Com um largo sorriso, respondeu: "Olha, sinhô, eu acho até que sim. Mas eu não pertenço a mim mesmo, então vai ser apenas uma perda de meu patrão".

Se nosso serviço pertence a Deus, então a responsabilidade é dele e não sobra espaço para nos preocuparmos em como enfim cumpriremos seus propósitos. Ele conhece tudo e é capaz de administrar bem todas as coisas.

Hannah Whitall Smith, *O segredo cristão
para uma vida feliz*, cap. 10

Nós te rogamos, ó Senhor, que teu trono seja exposto perante nós a fim de que recebamos os benefícios de teu reino. Contempla e visita a vinha que plantaste. Fortalece os fracos, dá graça aos contritos, instrui os fortes e edifica toda a igreja em amor. Santifica teu povo, ilumina-o com sabedoria e preserva-o em misericórdia. Bom Pastor, defende a aquisição do teu sangue. Retorna o errante para o caminho. Amém.

Orações posteriores ao culto, em *Coletas antigas e outras
orações*, p. 133-134

PARA REFLETIR: Êx 20.1-26; Sl 9.10; 28.7; Pv 3.5-6; Mt 6.25-34; 7.7-8; Lc 7.1-10; 9.37-43; Jo 16.17-33; Rm 15.13; Ef 1.3-14; Hb 11.1-40

CHARLES H. SPURGEON
(1834–1892)

O Espírito Santo pode cutucar e pressionar um rebelde até ele ser acurralado por aquilo que Francis Thompson (1859– –1907) chamou de Cão de Caça do Céu. Lembre-se de Saulo de Tarso, na estrada para Damasco, ou do Agostinho não convertido, abrindo o livro de Romanos enquanto ouvia uma criança por perto cantar: "Pega e lê; pega e lê" (*Confissões*, livro 8, cap. 12). Acrescente a esse grupo o adolescente de 16 anos Charles Haddon Spurgeon, que havia se revoltado e lutado contra Deus "o máximo que conseguira" (Fullerton, *Biography*, p. 17).

Certa manhã de domingo, uma tempestade de neve mudou o caminho de Spurgeon, que acabou não indo para a própria igreja. Ele vagou até uma capela metodista primitiva em Colchester. Deus estava "arando a alma [de Spurgeon], com dez cavalos negros em sua equipe — os dez mandamentos — para então arar de volta com [...] o evangelho" (Fullerton, *Biography*, p. 29). O resultado foi um espírito incomodado, mas rebelde. Durante o culto, o pregador explicava Isaías 45.22: "Que todo o mundo se volte para mim para ser salvo!". Olhando para o jovem visitante, o pregador anunciou: "Jovem, você parece muito infeliz [...]. Você sempre será infeliz [...] na vida e miserável na morte se não obedecer a meu texto. Mas, se obedecer agora, será salvo neste momento" (p. 30-31). Atendendo ao apelo, Spurgeon nasceu de novo no Espírito. Ele foi resgatado "do poder das trevas" e levado "para o reino" de Deus (Cl 1.13). Tudo o que Spurgeon conquistaria a partir de então seria apenas um desdobramento dessa ocasião transformadora.

Percebendo que havia sido chamado para o ministério cristão, Spurgeon recebeu treinamento informal. Por dois anos, atuou como pregador em uma pequena congregação próxima de Waterbeach. Em 1854, aos 20 anos, foi convidado a se tornar ministro da Capela de New Park Street, em Londres. A congregação tinha uma célebre herança, pois fora liderada por três pastores conhecidos que, juntos, serviram por 150 dos 200 anos de história da igreja. Mas a comunidade ao redor havia se deteriorado; agora ela ficava em um distrito industrial dilapidado. O total de membros havia diminuído de 1.200 para 200.

O impacto das pregações de Spurgeon foi surpreendente. Em 1855, o prédio da igreja ficou pequeno. Foi preciso um novo templo. À medida que o tamanho da congregação crescia, alguns pastores ridicularizaram Spurgeon, dizendo que ele só estava em busca de glória. Alguns jornais o caricaturaram como um palhaço inculto e egocêntrico. Sem se deixar intimidar, Spurgeon e a igreja seguiram em frente, reunindo-se em auditórios públicos enquanto construíam novos templos.

Em 1856, Spurgeon se casou com Susannah Thompson, membro da igreja a quem ele havia batizado no ano anterior. Em 19 de outubro de 1856, enquanto se reuniam temporariamente no Music Hall, Royal Surrey Gardens, dez mil pessoas se apertavam para ouvir Spurgeon. Outras dez mil escutavam do lado de fora. Durante o culto, alguém fez um trote e gritou: "Fogo!". Isso levou a uma debandada de pessoas em pânico que deixou 7 mortos e 28 gravemente feridos. Os jornais de Londres foram inclementes ao culpar o jovem Spurgeon, à época com 22 anos de idade (Fullerton, *Biography*, p. 91-93).

Em 1856, a congregação votou por construir um novo templo e mudar seu nome para Tabernáculo Metropolitano. No fim de 1891, a igreja contava com 5.311 membros. Ao longo dos anos, a congregação doou muito dinheiro para caridade, e em 1886 fundou o Orfanato Stockwell.

Na esfera teológica, Spurgeon se alinhava ao calvinismo, mas não de maneira rígida. Ele achava que nenhum sistema teológico continha o todo da fé cristã. "O todo da verdade não está [...] neste sistema ou naquele, nem com este homem ou aquele outro. Que tenhamos a responsabilidade de saber o que é bíblico em todos os sistemas e aceitar" (Fullerton, *Biography*, p. 121).

Spurgeon, ou o Príncipe dos Pregadores (como era conhecido por muitos), era um leitor ávido, sobretudo de autores calvinistas e puritanos. São diversas as referências em seus sermões a Justino Mártir, Agostinho, John Bunyan, George Whitefield, Jonathan Edwards e outros. Por ocasião de sua morte, sua biblioteca continha doze mil volumes. Ele inaugurou uma faculdade informal de capacitação para o pastorado, instruindo indivíduos chamados ao ministério.

A publicação dos sermões de Spurgeon e outras obras garantiu sua influência duradoura. Existem 63 volumes de seus sermões. Muitas publicações adicionais, que incluem *As cartas de C. H. Spurgeon*, reunidas por seu filho, ajudam a completar o *corpus*.

A menos que seja cultivado, o campo nada produzirá além de espinhos e ervas daninhas. Isso também se aplica a nós. A menos que o grande Agricultor nos lavre com sua graça, nada produziremos de bom. Se eu souber de um país no qual o trigo cresce sem a obra de um lavrador, então quem sabe tenha esperança de encontrar uma pessoa com vida santa sem a graça de Deus. Até agora, toda a terra necessita dos esforços e do cuidado do agricultor. De igual modo, a necessidade da lavoura da graça é universal. Jesus disse a todos: "É preciso nascer de novo". A menos que o Espírito Santo abra o coração com o arado da lei e o semeie com a semente do evangelho, nenhuma ponta de santidade crescerá, mesmo que sejamos filhos de pais piedosos e considerados moralmente justos em meio àqueles com quem trabalhamos e convivemos. O arado divino também é necessário para destruir o mal. Nada é capaz de destruir as ervas daninhas do pecado e mantê-las sob cultivo espiritual com exceção do Espírito de Deus.

Charles H. Spurgeon, "O Agricultor",
em *Conversas com lavradores*

Tu, ó Senhor, és o Auxílio dos desvalidos, a Esperança dos desesperançados, o Porto Seguro dos que navegam pelas águas turbulentas da tribulação, e o Salvador da tempestade inclemente. Que tua majestade gloriosa e teu cuidado providencial estejam sobre todos nós. Prospera a obra de tuas mãos. Permanece dentro de nós para nos fortalecer, fora de nós para nos manter, acima de nós para nos proteger, embaixo de nós para nos suster, à nossa frente para nos guiar e à nossa volta para nos defender. Ó Senhor, nosso Pai, bendito sejas para todo o sempre. Amém.

Lancelot Andrewes (1955–1626), *Orações:
antigas e modernas*, p. 264

PARA REFLETIR: Is 28.24; Mt 7.15-23; 13.24-32; Lc 6.43-45; 8.1-15; **Jo 3.1-15;** 15.1-17; Gl 5.16-26; Ef 1.3-14; 2.1-10; 3.14-21; 4.7-16,20-24; 5.1-2

A alegria é um privilégio e dever cristão. A generosidade de Deus se revela quando ele proporciona alegria como parte de nossa obediência. Como são desobedientes os rebeldes que não param de murmurar! Como parece natural para a pessoa abençoada pelo perdão divino ser feliz! Um homem morreu de júbilo exultante ao pé da forca ao ficar sabendo que o rei o havia perdoado. Receberemos o livre perdão do Rei dos reis e o desperdiçaremos em rejeição indesculpável? Mas alegria e leviandade não são a mesma coisa. A alegria cristã é ancorada "no Senhor", não nas circunstâncias deste mundo, nem em sua comida e bebida.

O fato de Deus ser nosso Pai para sempre e de nos ter reconciliado com ele já é motivo suficiente para salmos sem fim. Deus revestiu seus coristas com vestes de santidade. Que eles não limitem então suas vozes de alegria; que cantem alto e bom som e bradem como aqueles que encontram grandes benefícios no Senhor. Não permita que um desejo excessivo de decoro o leve a sussurrar seus louvores quando o apelo é por um irromper de cânticos do coração, sim, um excesso sagrado de louvor!

CHARLES H. SPURGEON, COMENTÁRIO SOBRE O V. 11, "SALMO 32", EM
TESOURO DE DAVI, VOL. 2, P. 85

Bendito és tu, Senhor Jesus Cristo, pois por tua exuberante misericórdia fortaleceste os fracos, limpaste nossa sujeira, curaste nossa cegueira, perdoaste nossos pecados, consolaste nossa desolação e nos ressuscitaste da morte para a vida eterna. Tu és o Pão da vida, o Rei dos reis e Senhor dos senhores. Com alegria espiritual e júbilo celeste, reverência e honra, devoção e ação de graça, fé e humildade, entramos em tua presença com exultante louvor. Amém.

"ANTES DA CELEBRAÇÃO", ORAÇÕES EUCARÍSTICAS, EM *COLETAS*
ANTIGAS E OUTRAS ORAÇÕES, P. 137-138

PARA REFLETIR: Sl 32.1-11; Is 40.9,31; 49.13; Sf 3.17; Zc 9.9; Lc 1.28,47; 10.21; Jo 3.29; 16.20,22; 20.20; At 8.8; 13.52; Rm 11.33-36; 2Co 5.11-15

◇◇◇◇◇◇◇ **126** ◇◇◇◇◇◇◇

(Spurgeon adapta J. W. Reeve.)

Quando o crente reconhece que Deus o perdoou gratuita e completamente, tem coragem para ser verdadeiro diante de Deus. Não sente necessidade de fingimentos na presença divina. Que devedor não declararia abertamente todas as suas dívidas depois que o credor prometeu perdoá-las? Que doente não confirmaria a própria enfermidade na confiança de que a cura está disponível? A verdadeira fé sabe que o "dolo" diante de Deus não só é impossível, como também deixa de ser necessário. O crente nada tem a esconder. Ele se vê diante de Deus, despido e transparente. Aprendeu a se revelar assim como é, porque sabe que Deus o revelou assim como ele é.

No evento da justificação pela graça mediante a fé, a verdade é estabelecida dentro do ser. Não há engano no espírito daquele que enxerga a verdade sobre si mesmo à luz da verdade divina, pois a verdade divina mostra de uma vez por todas que, em Cristo, ele, o pior dos pecadores, é justificado perante Deus. Deixa de pertencer a si mesmo; é comprado por um preço para a glória divina.

CHARLES H. SPURGEON, COMENTÁRIO SOBRE O V. 2, "SALMO 32",

EM *TESOURO DE DAVI*, VOL. 2, P. 90-91

Senhor Jesus Cristo, manda-nos uma nova unção do Espírito Santo, a Promessa do Pai, a fim de que ele nos dê vida e nos ensine a plenitude da verdade, no bendito mistério da Trindade santa e sem divisão, para que nossa salvação seja perfeitamente realizada por meio de seus dons e de seu ministério infalível. Amém.

"DOMINGO DA TRINDADE", ORAÇÕES PARA DATAS SAGRADAS, EM

COLETAS ANTIGAS E OUTRAS ORAÇÕES, P. 66

PARA REFLETIR: 2Cr 7.14; **Sl 32.1-7**; 51.1-19; Lc 18.9-14; 19.1-10; Jo 1.27; 2Co 4.1-18; 5.16-21; 2Tm 1.5; 1Pe 2.22; 1Jo 1.8-10

Deleitar-se em Deus é exaltá-lo, mesmo que nenhuma nota musical escape de nossos lábios. Deus é, em verdade, o Redentor que afirmou ser, e é nosso Deus fiel para todo o sempre. Essa confiança deve despertar dentro de nós uma alegria contínua e transbordante. Alegrar-se em meio a confortos temporais é arriscado, regozijar-se em si mesmo é tolice, e regozijar-se no pecado é fatal. Mas regozijar-se em Deus é celestial. Aquele que deseja ter um céu dobrado — aqui e na eternidade — precisa começar a se alegrar como os santos do alto. Esse é nosso distinto privilégio e dever.

Mas mesmo os mais justos não são sempre felizes; até eles necessitam ser despertados para desfrutar seus privilégios em Cristo. Deus está ligado ao belo; por isso, quando os cristãos vestem seus trajes de coral, tornam-se belos aos olhos de Deus. Nenhuma joia complementa melhor um rosto santo que o louvor sagrado, e uma harpa se encaixa bem em mãos lavadas com sangue. O louvor é a veste dos santos no céu. É apropriado que eles já provem essas vestes agora aqui na terra.

CHARLES H. SPURGEON, COMENTÁRIO SOBRE O V. 1, "SALMO 33", EM
TESOURO DE DAVI, VOL. 2, P. 104

Eterno Advogado, Espírito Santo, Paracleto, Espírito da verdade, que estás sempre presente, o Tesouro das coisas boas e Doador da vida eterna, vem habitar e reinar em nós, purifica-nos de toda mácula e, em teu tempo, termina a esperança de salvação que agora opera em nós. Amém.

"TEMPO DE PENTECOSTES", ORAÇÕES PARA DATAS SAGRADAS, EM
COLETAS ANTIGAS E OUTRAS ORAÇÕES, P. 65

PARA REFLETIR: Sl 5.11-12; **33.1-22**; 91.1-16; 100.1-5; Is 61.10-11; Jo 14.25-27; Rm 5.3-4; 15.13; 2Co 1.3-7; Gl 5.16-26; Fp 4.4-9; 1Jo 3.16-20

◇◇◇◇◇◇◇ **128** ◇◇◇◇◇◇◇

(Lição sobre "cavalos"; Spurgeon adapta Joseph Caryl.)

Se a força dos "cavalos" vem de Deus como presente, então não confie na força dos "cavalos". Se você confia na força que Deus deu a "cavalos", transforma o presente em seu deus. Muitas vezes, Deus proíbe a confiança na força de "cavalos" porque sabe que somos tentados a depositar nossa confiança em coisas fortes, muito embora não passem de criaturas. As Escrituras advertem: "Não confie em seu cavalo de guerra para obter vitória". É como se Deus estivesse dizendo: "Você acha que um 'cavalo' é capaz de salvar você? Saiba que até mesmo o mais forte dos cavalos não passa de uma criatura". Logo, quando Deus livra seu povo, ele o faz por ser o Senhor, seu Deus, não pelo poder da flecha, do cavalo, do cavaleiro, da espada ou de uma batalha. É como se o Senhor estivesse nos instruindo: "Não deposite sua fé na força de criaturas". Lembre-se de que o Senhor Deus é sua confiança; ele pode livrá-lo com ou sem "cavalos", e assim fará.

CHARLES H. SPURGEON, COMENTÁRIO SOBRE O V. 17, "SALMO 33",
EM *TESOURO DE DAVI*, VOL. 2, P. 117-118

Nosso Salvador e Redentor, levantado da terra na cruz cruel, atraindo hoje todas as pessoas para ti, livra-nos de toda servidão estrangeira sob a qual fomos curvados ou nos curvamos. Completa tua obra de salvação em nós e continua a completar tua obra até o fim do mundo. Pai, Filho e Espírito Santo, sê para sempre glorificado. Amém.

ADAPTADO DE SØREN KIERKEGAARD, *PRÁTICA DO CRISTIANISMO*, EM
ANTOLOGIA DE KIERKEGAARD P. 413-414

PARA REFLETIR: Jó 39.19; Sl 18.1-50; **33.1-22**; Is 40.9-31; **Os 1.7**; Hc 3.11-19; Rm 11.33-36; Fp 2.12-13; 4.10-13; 1Pe 4.11; Jd 1.24-25; Ap 22.1-6

❖❖❖❖❖ **129** ❖❖❖❖❖

Ai! Quantas vezes o povo de Deus se aflige por causa daqueles que praticam o mal, aparentemente com impunidade. Sobretudo nas horas adversas, podemos achar que somos tratados com severidade excessiva, pois observamos pessoas que ignoram a Deus e rejeitam a integridade. Mesmo assim, levam uma vida próspera. O clima tempestuoso pode talhar até mesmo a nata da humanidade. Mas somos instruídos a não nos preocupar com os perversos. Preocupar-se significa inquietar-se, encher-se de cólera ou ficar com o espírito vexado. A natureza acende um fogo de ressentimento quando vemos pessoas más andando em cavalos elegantes enquanto os justos afundam na lama. Somente a escola da graça é capaz de nos ensinar a discernir a providência paradoxal com paciência devota e quietude, na certeza de que o Senhor é justo em todos os seus atos. Em vez de invejar os maus, devemos olhá-los com horror e aversão. Ninguém inveja um touro gordo castrado, decorado com faixas e guirlandas, pois está sendo levado ao matadouro. Por mais verde que a grama pareça, a foice da morte, eternidade e juízo está sendo afiada.

A visão só contempla a aparência das coisas — *daí a inveja*. Com uma ótica mais fiel, a fé enxerga as coisas como elas realmente são — *daí sua paz*.

Charles H. Spurgeon, comentário sobre os v. 1-3, "Salmo 37", em
Tesouro de Davi, vol. 2, p. 170-171

Somente em ti, querido Senhor,
Temos doce esperança e consolação;
Escudo contra os inimigos, bálsamo para as feridas,
Nossa grande e segura salvação.

Joachim Magdeburg (c. 1525–c. 1587), da trad. de Benjamin
H. Kennedy (1804–1889), Hinário

PARA REFLETIR: Sl 27.1-14; 34.1-22; **37.1-40**; 42.5; Pv 3.5-8; Mt 5.1-12; Lc 12.22-26; Rm 8.26-28; 2Co 11.23—12.10; Fp 4.6-7; Hb 13.4-6

O povo de Deus é sustentado, o tempo inteiro e em todas as circunstâncias, por seu forte poder e sua salvação. Há anos, o capitão D. estava à frente de um navio que seguia de Liverpool para Nova York. Numa das viagens, sua família estava com ele. Certa noite, enquanto os passageiros dormiam, teve início uma súbita tempestade. Agitou as águas e atingiu o navio. A embarcação foi lançada para o lado, tirando do lugar tudo o que era móvel. Os passageiros acordaram e logo se aperceberam do perigo iminente. Algumas pessoas saíram da cama e começaram a se vestir, preparando-se para o pior. A filha do capitão D., com 8 anos, despertou. "O que aconteceu?", perguntou ela. Disseram-lhe que uma tempestade terrível havia assolado o navio. "Meu pai está na cabine?", indagou a menina. "Sim, ele está." Então, com toda calma, ela voltou para a cama, colocou a cabeça no travesseiro e voltou a dormir.

Os títulos de Deus são promessas de que ele é nosso escudo, nossa fortaleza e nosso esconderijo. Os títulos de Cristo são os mesmos: o caminho, a verdade e a vida. O Espírito Santo é o Espírito da verdade, de santidade, glória, graça e súplica.

Charles H. Spurgeon, comentário sobre os v. 4-5, "Salmo 121",
em *Tesouro de Davi*, vol. 6, p. 21

Deus Pai, que o Espírito Santo, o Paracleto, que procede de ti, limpe nosso coração, ilumine nossa mente, nos torne frutíferos e, conforme teu Filho prometeu, nos conduza em toda a verdade, por meio de nosso Senhor Jesus Cristo. Amém.

"Tempo de Pentecostes", Orações para datas sagradas, em
Coletas antigas e outras orações, p. 63

PARA REFLETIR: Sl 8.1-9; 23.1-6; 103.13-14; **121.1-8**; Mt 6.25-34; 10.30-31; 1Ts 2.16—3.5,16; Tg 5.7-9; 1Pe 5.6-11; Ap 3.7-13

"Das profundezas do desespero, Senhor, clamo a ti." Em geral, as profundezas silenciam tudo aquilo que tragam. Mas quando as profundezas da tribulação engoliram o salmista, ele não conseguiu ficar calado. As profundezas não foram capazes de impedi-lo de orar. Pelo contrário, no abismo ele clamou a Javé. Debaixo da inundação, a oração persistia e resistia. Acima do bramido do oceano, ergueu-se o clamor da fé. Não importa onde estamos, contanto que possamos orar. Mas a oração nunca é mais autêntica do que quando surge nos piores lugares. A oração feita das *profundezas*, quando elas ameaçam destruir, dá *glória a Deus nas maiores alturas*. A profundidade da tribulação abala as profundezas da fé. Os diamantes brilham mais em meio à escuridão. Aquele que ora nas profundezas poderá em breve cantar nas alturas.

Tudo o que pedimos é ser ouvidos por Deus. Se o Senhor nos escutar, deixaremos que sua sabedoria superior saiba melhor como responder. O fato de nossa oração ser ouvida é mais importante do que como ela será respondida.

CHARLES H. SPURGEON, COMENTÁRIO SOBRE OS V. 1-2, "SALMO 130", EM *TESOURO DE DAVI*, VOL. 7, P. 66-67

Nós te bendizemos, ó Deus, Senhor de toda misericórdia. Em tua amável bondade tu nos ergueste, para que glorifiquemos tua majestade. Ilumina os olhos de nosso entendimento e afasta-nos da indolência; abre nossa boca e enche-a com teu louvor, para que o confessemos incessantemente perante o mundo, pois tu és Deus, glorificado em todas as coisas, o Pai eterno, o Filho unigênito e o Espírito santíssimo e vivificador, um só Deus eterno. Amém.

"ORAÇÕES MATINAIS", *AS ORAÇÕES ORTODOXAS*, P. 9

PARA REFLETIR: Sl 13.1-6; 22.1-5; 74.1-23; **130.1-8;** Is 54.7-8; Jn 2.1-10; Mc 15.33-39; Lc 23.44-49; Rm 8.28-39; 2Co 6.1-10

A natureza entra em decadência, mas a graça prospera. Na natureza, o fruto pertence aos dias de vigor. No jardim da graça, porém, quando as plantas se enfraquecem, elas se tornam fortes no Senhor e abundam em frutos aceitáveis a ele. Nenhum medo do futuro deveria incomodar os idosos, pois são herdeiros de uma promessa cheia de graça que deve ser aguardada com tranquila expectativa. Sua experiência madura, seu temperamento manso e seu testemunho certeiro são capazes de nutrir muitos. Mesmo se confinados ao leito, são capazes de demonstrar o fruto da paciência; se pobres e desconhecidos, seu espírito de contentamento atrai a admiração dos que sabem valorizar a verdadeira dignidade. A graça não abandona o santo idoso quando os cuidados familiares falham. As promessas divinas permanecem certas quando os olhos já não conseguem ler. O pão do céu alimenta aquele cujos dentes não mastigam mais, e o hino do Espírito continua melodioso quando os filhos da música já não têm condições de cantar.

Cada cristão idoso é uma carta de recomendação da fidelidade imutável de Javé. Deus não aflige seus servos idosos, nem diminui suas consolações quando as enfermidades pesam sobre eles. A misericórdia divina aos idosos prova a fidelidade de Deus.

CHARLES H. SPURGEON, COMENTÁRIO SOBRE OS V. 14-15, "SALMO 92", EM *TESOURO DE DAVI*, VOL. 4, P. 120-121

Ó Deus, em quem se encontra a fonte de vida e em cuja vida vemos luz, aumenta em nós o brilho do conhecimento divino para que possamos beber dos rios da água viva prometidos pelo Espírito Santo. Amém.

"PELO CONHECIMENTO SAGRADO", ORAÇÕES POR GRAÇAS VARIADAS, EM *COLETAS ANTIGAS E OUTRAS ORAÇÕES*, P. 78

PARA REFLETIR: Sl 71.1-24; **92.1-15**; 103.1-5; Is 40.27-31; 46.3-4; Lc 2.36-48; Jo 6.46-51; Fp 4.4-9

Adore o Senhor com exultação, pois ele sempre tem prazer em seu povo. O que pode ser mais surpreendente que um Deus todo-suficiente que se apraz em seu povo? Que generosidade é essa da parte de Javé a ponto de notar, amar e se deleitar nos seus? Sem dúvida, neles nada há que evoque o prazer daquele que é Bendito para sempre. Isso é verdade, mas ele voluntariamente condescende com os simples e embeleza os humildes com sua salvação. Eles reconhecem a necessidade de redenção, e Deus, em sua graça, a derrama sobre eles. Lamentam pela própria deformidade, e ele lhes concede a mais seleta forma. Ele adorna os aflitos com livramento. Salva-os santificando-os e reveste-os com a beleza da santidade. Torna seus filhos mansos e então dá beleza aos mansos. Os humildes perante ele são como José e, sobre eles, coloca uma túnica de muitas cores.

Aquele que tanto se apraz em seu povo deve ser abordado com muito júbilo. Que os santos sejam alegres em glória, pois Deus os honrou e colocou sobre eles uma glória rara. Que sua alegria proclame seu estado de honra.

CHARLES H. SPURGEON, COMENTÁRIO SOBRE O V. 4, "SALMO 149", EM
TESOURO DE DAVI, VOL. 7, P. 438-439

Que maravilhosa gentileza de tua longanimidade para conosco! Que ternura inestimável em teu amor! Esta santa noite pascoal põe em fuga nossas ofensas, purifica nossos pecados e restaura inocência aos culpados e alegria aos desesperados. Nesta noite celestial, céus e terra se reconciliam. Preserva, ó Senhor, teus servos no deleite dessa felicidade pascal, por meio de Jesus Cristo, nosso Senhor. Amém.

"PÁSCOA", ORAÇÕES PARA DATAS SAGRADAS, EM *COLETAS
ANTIGAS E OUTRAS ORAÇÕES*, P. 53

PARA REFLETIR: Sl 29.1-2; 96.1-13; **149.1-9;** Lc 15.1-24; At 2.22-28; 5.17-41; 16.25-34; Rm 5.1-5; 1Pe 1.6-8; 4.13-14

DWIGHT LYMAN (D. L.) MOODY
(1837–1899)

A maior tendência social nos Estados Unidos pós-guerra civil foi o surgimento de novas e imensas cidades, como Chicago e Detroit, e a rápida expansão de cidades mais antigas, como Boston e Filadélfia. O país estava passando por uma transição, de predominantemente agrícola para majoritariamente industrial. Em 1920, a população norte-americana havia mudado do campo para as cidades. Além da migração rural, a grande imigração transatlântica de europeus acelerou a expansão urbana.

As cidades apresentaram enormes desafios religiosos, sociais, econômicos e educacionais para as igrejas. Algumas congregações ministravam principalmente para as pessoas com mais condições financeiras. Outras atendiam à migração rural daqueles que procuraram suas denominações de origem. Outros ainda trilharam um caminho novo, ao alcançar pessoas sem afiliação religiosa, que eram socialmente marginalizadas.

Os esforços protestantes inovadores para alcançar as populações urbanas incluíram a expansão do potencial evangelístico e educacional da escola dominical, o movimento evangélico social, os ministérios nos guetos promovidos pelo Exército da Salvação e as missões de resgate fundadas por grupos pentecostais e de santidade. Ganhou destaque a obra religiosa, educacional, social e física da YMCA e YWCA [Associações cristãs de moços e moças]. Além disso, foi o auge do reavivamento não denominacional personificado por grandes reavivadores como Charles C. Finney (1792–1875), William Ashley "Billy" Sunday (1862–1935) e Dwight Lyman Moody.

D. L. Moody cresceu em Northfield, Massachusetts, filho de Edwin e Betsey. Viria a ser uma das mais proeminentes figuras religiosas no cenário nacional e internacional do século 19. De 1854 a 1856, vendeu sapatos em uma loja de Boston, que pertencia a seu tio Samuel. Ele exigia que Moody frequentasse a escola dominical. Por meio da influência de seu professor, Edward Kimball, Moody "aceitou a Cristo" (Ahlstrom, *Religious History*, p. 743). Em 1856, mudou-se para Chicago, na esperança de fazer fortuna vendendo sapatos. Passou a frequentar a Igreja Congregacional de Plymouth e, a cada domingo, enchia quatro bancos com pessoas das ruas e pensões. Posteriormente, assumiu a liderança de uma escola dominical missionária afastada e logo reuniu 1.500 membros. Muitos deles eram meninos de rua e andarilhos tirados das ruas, sarjetas e porões de Chicago. Desse esforço nasceu, em 1863, a Igreja da Rua Illinois (que mudou de nome para Igreja de Moody após a morte do evangelista). Sua congregação não denominacional atraiu o apoio de amigos abastados, como Cyrus McCormick, inventor que fundou a McCormick Harvesting Machine Company, empresa fabricante de máquinas colheitadeiras. Após a guerra civil, Moody se tornou presidente do YMCA de Chicago. Ele usou essa posição como instrumento de evangelismo, alcançando mais de seiscentas famílias em um único ano.

Entre 1867 e 1872, acontecimentos decisivos mudaram a direção da vida de Moody. Por meio da influência de um pregador dos Irmãos de Plymouth, Moody descobriu o amor de Deus pelos pecadores, um conceito do qual ele até então estranhamente carecia. Em 1870, Ira David Sankey (1840–1908) passou a acompanhá-lo como cantor em suas iniciativas evangelísticas. Em 1871, enquanto estava em Nova York, Moody passou por um aprofundamento espiritual que alimentou sua "paixão pelas almas" (Ahlstrom, *Religious History*, p. 744). Em 1872, enquanto se encontrava na Inglaterra para representar a YMCA, Moody foi o orador convidado em um púlpito de Londres. Quatrocentos interessados atenderam ao apelo, evento que selou seu futuro como reavivador em campanhas.

A primeira grande campanha de Moody ocorreu na Grã-Bretanha, entre 1873 e 1875; ele alcançou de 3 a 4 milhões de pessoas. Então as campanhas foram para os Estados Unidos: para o Brooklyn, em um auditório para cinco mil pessoas, Filadélfia, Nova York, St. Louis e cidades da costa do Pacífico.

　　　　HERÓIS DA IGREJA — A ERA MODERNA

Moody pregou seu último sermão em Kansas City, em 16 de novembro de 1899. Após adoecer, voltou para casa em Northfield, Massachusetts, onde, cercado por familiares, morreu em 22 de dezembro do mesmo ano.

Somando milhões de ouvintes e milhares de convertidos, Moody obteve êxito em "conciliar as cidades com a religião dos tempos antigos" (Weisberger). Embora tivesse escassa educação formal, liderou a criação de escolas para rapazes e moças; os pobres e as minorias foram os principais beneficiados. Ele foi a principal inspiração para o Movimento Voluntário de Estudantes. Hoje, o Instituto Bíblico Moody é resultado do patronato de Moody à Sociedade Evangelizadora de Chicago, iniciado em 1886.

Só existe um lugar na terra no qual o medo da morte, do pecado e do juízo jamais nos incomodará: o Calvário. No oeste dos Estados Unidos, durante o outono, quando não chove por meses, às vezes a grama da planície pega fogo. Se o vento é forte, as chamas sobem a seis metros de altura, destruindo pessoas e animais. Quando os habitantes dessas regiões inóspitas veem o que está acontecendo, sabem que não têm condições de correr mais rápido que o fogo. Então acendem um fósforo e queimam a grama a seu redor. As chamas varrem tudo. Em seguida, pisam na área queimada para ficar em segurança. As chamas crepitam ao passar por eles; a morte imprime sua marca em tudo com fúria. Mas esses homens não temem a torrente do incêndio. No lugar onde pisam, a grama já foi queimada; não há perigo, pois nada mais resta para ser queimado.

O fogo do pecado tem assolado toda a raça humana. Há 1.800 anos, sua fúria crepitou contra o Filho de Deus na cruz. Ele tomou tudo sobre si. Agora, se nos posicionarmos debaixo da cruz, estaremos seguros para todo o sempre.

Só existe um lugar no qual podemos estar seguros contra a destruição do pecado: o Calvário.

Dwight L. Moody, "O lugar de segurança",
em *Anedotas e ilustrações de Moody*

Ó cruz fiel, acima de todas as outras,
A árvore mais nobre e singular!
Doce madeiro e doce ferro,
Que peso mais doce pudeste suportar!
Venâncio Honório Clemenciano Fortunato (c. 540–c. 600 d.C.),
da trad. de John Mason Neale (1818–1866), Hinário

PARA REFLETIR: Mt 27.1-50; Jo 10.1-18; 19.28-37; 1Co 1.18-31; 15.12-28; Gl 6.14-16; Ef 2.1-16; Cl 1.1-14; 2.13-15; Hb 12.1-3

Suponha que um homem queira ir para Cincinnati. Ele entra no vagão, mas depois fica em dúvida se embarcou no trem certo. Teme que o trem esteja indo para St. Louis. Ele não sossega até tirar a dúvida e ter a certeza de que está a caminho de Cincinnati. Todos nós estamos a caminho da eternidade, indo o mais rápido que o tempo é capaz de nos levar. Não ter a certeza do destino é contrário às Escrituras. Se quisermos ter paz quanto a nosso destino, devemos ter certeza, e podemos ter. A resposta se encontra na Palavra de Deus. Ouça o que Pedro diz: "Sabemos que temos uma morada incorruptível". Em sua epístola aos Colossenses, Paulo agradece ao Pai, que nos fez "dignos de participar da herança dos santos no reino da luz". O Pai tem autoridade para nos garantir isso, pois nos livrou "do poder das trevas e nos trouxe para o reino de seu Filho amado".

DWIGHT L. MOODY, "ELE NÃO DESCANSARÁ",
em *ANEDOTAS E ILUSTRAÇÕES DE MOODY*

Ó Senhor misericordioso, que ao som de tua voz fizeste Lázaro levantar da sepultura, concede-nos de tal modo escutar tua voz por intermédio do Espírito Santo que, pela graça, sejamos alçados para a vida eterna em ti. Amém.

"QUARESMA, OU DIAS DE JEJUM", ORAÇÕES PARA DATAS SAGRADAS,
em *COLETAS ANTIGAS E OUTRAS ORAÇÕES*, P. 40

PARA REFLETIR: Lc 15.1-24; Jo 3.1-16; 5.24-27; 6.35-40; 10.27-30; Rm 8.1-8, 12-17; 10.5-13; Ef 2.8-9; **Cl 1.12-13; 1Pe 1.4;** 1Jo 5.1-5,13-21

Quando criança, eu estudava numa escola com um professor de pavio curto que sempre carregava uma vara (ou bengala) para castigar os desobedientes. Muitas vezes, essa vara desceu em minhas costas. Ele governava pela lei. Na época, alguém começou um movimento em favor do controle da escola pelo amor. Nós, garotos, achávamos que, sem a vara, reinaríamos livres dentro da escola.

A nova professora começou o ano letivo com uma oração. Ela pediu graça e força para guiar a escola. Bem, os dias se passaram e, por várias semanas, não houve vara. Aconteceu, porém, que algumas regras foram descumpridas, e eu fui o primeiro transgressor. A professora me fez ficar depois da aula, e eu sabia que a vara estava a caminho. Então assumi uma atitude beligerante. No entanto, após a aula terminar, não vi vara nenhuma. A professora se sentou a meu lado, disse quanto me amava e como orava para conduzir a escola pelo amor. Disse: "Quero lhe pedir um favor: se você me ama, tente ser um bom menino". Nunca mais causei problemas. Ela me colocou sob a graça. É exatamente isso que o Senhor faz.

Dwight L. Moody, "O amor, não a vara, conquista o pequeno Moody", em *Anedotas e ilustrações de Moody*

Ó Cristo, Filho de Deus, tu deste a outra face para aqueles que ilegitimamente te golpearam e, por nossa causa, suportaste a vergonha de bom grado; que nós, teus servos, sejamos instruídos pelo exemplo de tua paixão, prontos para carregar teu jugo e aprender de ti, que és manso e humilde de espírito. Amém.

"Tempo da Paixão", Orações para datas sagradas, em *Coletas antigas e outras orações*, p. 46

PARA REFLETIR: Lc 7.36-48; Jo 10.14-18; Rm 6.1-14; Gl 3.26-29; 5.1,16-18, 22-26; Ef 5.1-2,8-20; Cl 3.12-17; 1Pe 1.3-9; 1Jo 3.1-3; 4.12-21

Veja o pobre Pedro. Ele negou o Senhor e jurou que nunca o tinha visto. Se em algum momento Jesus precisou dos discípulos à sua volta, foi na noite em que seus inimigos fizeram falsas acusações contra ele. E ali estava Pedro, jurando que nunca o conhecera. Jesus poderia ter repreendido o discípulo: "Pedro, é verdade que você não me conhece? Acaso você se esqueceu de como eu curei sua sogra quando ela estava à beira da morte? Você se esqueceu de como o levantei quando você estava se afogando no mar? É verdade, Pedro, que se esqueceu do monte da transfiguração, quando céus e terra se uniram e você ouviu a voz falando das nuvens? Você se esqueceu da cena no monte, quando quis construir três tabernáculos? É verdade, Pedro, que você não me conhece e se esqueceu de quem eu sou?".

Jesus poderia ter exposto o pobre Pedro. Em vez disso, só lhe deu um olhar de compaixão, e isso partiu o coração do discípulo. Ele saiu dali e "chorou amargamente".

Dwight L. Moody, "A compaixão ilimitada de Cristo", em Amor assombroso e outros temas do evangelho

---

Deus todo-poderoso e eterno, que nos restauras por meio da bendita paixão de teu Cristo, preserva em nós as obras de tua misericórdia, para que a celebração diária desse mistério em nossa vida se conforme continuamente com a imagem de teu Filho querido. Amém.

"Tempo da Paixão", Orações para datas sagradas, em Coletas antigas e outras orações, p. 42

PARA REFLETIR: Mt 14.22-23; 16.21-23; 18.14-15,21-35; **26.31-35,69-75**; Mc 1.30-31; 9.2-6; **Lc 22.31-34,54-62;** Jo 21.15-24; At 2.29-41; 1Pe 1.3-12

Estamos familiarizados com a palavra "graça" desde a infância. Mas talvez não exista palavra mais incompreendida em nossa língua. As pessoas falam sobre graça, mas, via de regra, pouco sabem a seu respeito. Alguém pode ir ao banco pegar um empréstimo de mil dólares por sessenta ou noventa dias. Se tiver recursos para quitar o empréstimo, o banqueiro provavelmente emprestará mais dinheiro, contanto que o indivíduo encontre alguém para consignar a nota. Depois que os dois ou três meses se passam, a nota expira. O banco pode dar *três dias de graça* antes de declarar que a nota venceu. Mas o banco força o devedor a pagar juros sobre o dinheiro durante os três dias de graça. Se o devedor não conseguir pagar o valor e os juros na data estipulada, o banco venderá os bens de quem deve. Poderá até tomar a casa e os móveis do devedor. Isso não é graça nenhuma, mas ilustra bem o conceito popular de graça. A graça de Deus libera do pagamento da dívida e dos juros. Graça significa misericórdia imerecida, favor imerecido.

Dwight L. Moody, "A fonte da graça", em *Graça soberana*, cap. 1, p. 7-8

Senhor, confiante em tua longanimidade, aproximo-me de teu trono, como um enfermo que vai até o Médico, um cego até a Luz do mundo, um pobre até o Senhor dos céus e da terra, uma ovelha perdida até o Pastor e Guardião de minha alma, como alguém alheio àquele que, por sua ampla misericórdia, nos concede a esperança viva pela ressurreição de Jesus Cristo dentre os mortos. Amém.

"Antes da Celebração", Orações eucarísticas, em *Coletas antigas e outras orações*, p. 137-138

PARA REFLETIR: Mt 18.21-35; Lc 15.11-24; 19.1-10; Rm 3.21-26; 5.1-11; 2Co 9.6-11; 5.17; Ef 2.1-10; 2Tm 1.8-12; Tt 3.3-8; 1Pe 1.13

Um pastor apontou para um idoso da congregação. Durante a Guerra Civil, o homem havia se alistado na Confederação e fora enviado como espião. Os exércitos não têm misericórdia de espiões capturados. Ele foi pego, capturado, julgado e condenado à morte por um esquadrão de fuzilamento. Antes de ser executado, os soldados da União lhe traziam o racionamento diário de comida. A cada vez que se aproximavam, o prisioneiro insultava o nome do presidente Abraham Lincoln. Os guardas ficavam tão irados que aguardavam com ansiedade o dia de sua execução. Alguns sentiam vontade de atirar nele ali mesmo na cela ou deixá-lo morrer de fome.

Certo dia, um oficial da União foi até a cela. O prisioneiro sabia que havia chegado sua hora. Em vez disso, o oficial lhe entregou o perdão de Abraham Lincoln! Ele estava livre para voltar para a esposa e os filhos. "O quê?", indagou. "Eu nunca disse nada de bom sobre Abraham Lincoln!" "Se você recebesse o que merecia", respondeu o oficial, "seria fuzilado. Mas alguém intercedeu e conseguiu seu perdão." O ato de bondade imerecida ganhou o coração endurecido do prisioneiro. O pastor me contou: "Ninguém na República tem sentimentos mais gentis para com nosso ex-presidente do que esse homem".

É exatamente isso que a graça de Deus realiza.

Dwight L. Moody, "A fonte da graça",
em Graça soberana, cap. 2, p. 18-19

Ó Deus, Criador do verão e do inverno, que crias o bem daquilo que tinha o objetivo de fazer o mal, dá-nos graça para fugir do que proíbes, a fim de que deixemos de lado as obras das trevas e escolhamos aquilo que ordenas. Transforma-nos em filhos da luz. Dá aos agentes de tua providência controle sobre nós, para que, servindo-te com paz e gratidão, sejamos um dia levados para servir-te em glória. Amém.

Rowland Williams (1817—1870), Orações:
antigas e modernas, p. 346

PARA REFLETIR: Sl 118.1-7; Lc 7.36-48; 15.11-24; Rm 3.23-26; Ef 1.3-11; 5.19-20; Fp 4.4-7; Cl 3.17; 1Ts 2.13-15; Hb 12.28-29

Teria Cristo se encarnado e ido para o Getsêmani e o Gólgota sofrer se os seres humanos pudessem ir para o céu mediante esforços próprios e, assim, fazer por merecer a salvação? Se as pessoas pudessem salvar a si mesmas, Cristo não precisaria sofrer. Qualquer um que tenta merecer o caminho para o céu está tentando "escalar de outra maneira". É "ladrão e assaltante". Cristo abriu o caminho novo e fulgurante que devemos seguir. Se alguém obtivesse sucesso em trabalhar para alcançar o céu, jamais pararíamos de ouvir a história! Tais pessoas são como crianças em um cavalo de balanço: muito movimento, mas nenhum progresso. São os tais que "chegaram lá" sem ajuda de ninguém. Não dá para aproximar-se desses indivíduos sem os ouvir exaltar a si mesmos. Uma coisa não haverá no reino de Deus: jactância.

Se você ou eu chegarmos ao céu, será pela soberana graça de Deus. O aleijado não pode percorrer longas distâncias para visitar os enfermos, mas pode confiar plenamente na graça divina. Deus tornou a salvação tão simples que jovens e velhos, sábios e tolos, ricos e pobres, todos podem confiar na graça de Deus.

DWIGHT L. MOODY, "SALVO SOMENTE PELA GRAÇA",
EM *GRAÇA SOBERANA*, CAP. 2, P. 20-21

Ó Deus, tu transformas as sombras da noite em manhã; por teu Espírito, transforma-nos diariamente em filhos do dia. Ilumina nossa razão, purifica nossas afeições e limpa nossa consciência. Oferecemo-nos a ti para prestar-te culto racional, pedindo que nos governes, a fim de que a desconfiança infiel e todo pensamento mau sejam afastados de nossa mente, para que andemos com alegria na luz de tua presença. Amém.

EXTRAÍDO DE *SERVIÇOS PARA O CULTO CONGREGACIONAL*, CITADO EM
HARVARD SQUARE LIBRARY

PARA REFLETIR: Sl 105.1-7; Mt 7.21-23; Lc 7.36-50; 18.9-14; **Jo 10.1-18;** Rm 3.9-31; 1Co 1.18-31; Gl 1.3-9; 3.26—4.7; Ef 2.1-10; Tt 2.11-14

O Espírito Santo, que inspirou os profetas e capacitou os apóstolos, continua a animar, guiar e consolar os cristãos. Alguns céticos dizem que não existe energia vital no mundo além da energia física. Ao contrário de tal declaração, dezenas de milhares que não poderiam ser enganados se tornam novas criaturas por um poder que não é físico, nem psicológico. Pessoas que estavam mortas em seus pecados — alcoólatras que haviam perdido toda a capacidade de superar o vício, irresponsáveis morais que haviam sucumbido a um comportamento bestial, ateus que antes proclamavam sua descrença — já receberam o poder transformador do Espírito. Agora vivem na verdadeira nobreza do discipulado cristão, separados de seu antigo eu por uma distância infinita.

Quem rejeita essa verdade imperecível o faz correndo risco pessoal. Eu creio cada vez mais que o poder criador divino e milagroso reside no Espírito Santo. Acima e além de toda lei natural, mas ao mesmo tempo em harmonia com ela, toda criação, providência e governo da igreja são presididos pelo Espírito Santo. O Pai eterno e o Filho eterno cumprem todas as coisas segundo o conselho do Pai e para a glória do Deus trino.

DWIGHT L. MOODY, "A FONTE DO PODER", EM *PODER SECRETO, OU O SEGREDO DO SUCESSO NA VIDA E NO TRABALHO CRISTÃOS*, CAP. I

Deus, meu Rei, tua forte confissão
Meu nome para sempre bendirá;
Dia após dia em santa adoração,
Teu louvor minha boca proclamará.
RICHARD MANT (1776–1848), HINÁRIO

PARA REFLETIR: Lc 4.18; Jo 3.1-36; At 2.38; Rm 5.3-21; 8.1-17; 15.13; 1Co 3.16-17; 2Co 3.6-10,18; 5.17; Gl 2.20; 5.19-26; Ef 6.10-13

JAMES ORR
(1844–1913)

As propostas de como a fé cristã deve avaliar a modernidade e reagir a ela variam muito. Aqueles que mais contribuem com a fé são os que trabalham para colocar em diálogo criativo a modernidade e a fé apostólica. Engajam-se positivamente nos desenvolvimentos da ciência, por exemplo, sem abrir mão da fidelidade constante aos marcos definidores da fé cristã histórica. O teólogo escocês James Orr foi um dos membros dessa comunidade. Sabia que, para a fé apostólica avançar, ela precisa permanecer fiel a seu caráter histórico, ao mesmo tempo que entende e aceita os desenvolvimentos modernos que não são contrários à fé. Por um lado, reconhecia a importância dos desenvolvimentos da ciência; tentou conciliar a teoria da evolução humana com a doutrina da criação divina. A evolução de plantas e animais parecia apoiada por um grande corpo de evidências. Ele acreditava que a evolução resultava da atuação divina guiando o processo.

Em contrapartida, Orr rejeitava toda forma de modernidade que se recusasse "a reconhecer qualquer coisa na natureza, vida ou história além do desenvolvimento natural". Entre esse ponto de vista moderno e a visão cristã que "junta os mundos natural e moral na mais elevada unidade, por meio da referência a seu princípio supremo", não pode haver "comunhão" (*Visão cristã*, palestra 1).

Para Orr, o centro absoluto e inegociável da fé cristã é a encarnação de Deus em Jesus de Nazaré, um milagre superlativo que refuta todas as objeções a atividades divinas milagrosas e redentoras na natureza. Tudo o que é essencial para a fé e prática cristã avança com base na encarnação. "Por meio de sua luz, todas as outras doutrinas são iluminadas e transformadas" (*Visão cristã*, anexo à palestra 1).

Orr nasceu em Glasgow, na Escócia. Ficou órfão e passou boa parte da infância em Manchester e Leeds. A fim de se sustentar, tornou-se aprendiz de encadernação de livros. Em 1865, entrou para a Universidade de Glasgow. Em 1870, obteve um mestrado em artes e ingressou na Faculdade Teológica da Igreja Presbiteriana a fim de se preparar para o ministério cristão. De 1874 a 1891, pastoreou em Hawick, Escócia. Em 1891, tornou-se professor de história da igreja na Faculdade Teológica da Igreja Presbiteriana Unida em Edimburgo. Em 1900, Orr foi transferido para a Faculdade da Igreja Livre Unida, onde lecionou teologia sistemática e apologética (a defesa da fé cristã) até sua morte em 1913. As palestras e os ensinos de Orr fizeram dele um dos teólogos mais conhecidos do mundo anglófono.

Além de *A visão cristã de Deus e do mundo* (1893), suas numerosas obras acadêmicas incluem *O progresso do dogma* (1901), *A Bíblia em julgamento* (1907), *A ressurreição de Jesus* (1908) e *Cristo e civilização: Uma pesquisa da influência da religião cristã sobre os rumos da civilização* (1910). Sua fama de pesquisador se projetou após se tornar editor geral da obra *Enciclopédia bíblica internacional padrão*.

Embora suas obras acadêmicas sejam influentes e cheias de conteúdo, Orr não era um teólogo recluso em uma torre de marfim. As preocupações pastorais se refletem em diversos livros. *A fé do cristão moderno* (1910), da qual as leituras para esta seção foram extraídas, confirma essa ideia. Na obra, Orr explica como o cristão fiel pode viver de forma moderna, ao mesmo tempo que mantém a confiança nas Escrituras como portadoras de autoridade para testemunhar a autorrevelação de Deus a Israel, na encarnação de Jesus, em seus milagres como atos criadores e redentores, em sua pessoa, em seus ensinos, e em sua cruz e ressurreição. A maior parte das instruções de Orr é aplicável hoje da mesma maneira que há mais de cem anos.

Uma vez que a Bíblia personifica uma revelação divina, ela possui propósito e estrutura, uma "unidade orgânica" ausente em todos os outros livros sagrados. A Bíblia tem alma, significado e uma unidade que liga todas as suas partes e processos, por meio de passos inteligentes, de uma etapa à outra. Gênesis dá início à história. Êxodo e os outros livros do Antigo Testamento a continuam. As profecias germinais são sucedidas por relatos mais expandidos, e por fim ocorre o cumprimento profético. A fase patriarcal dá lugar à era mosaica; esta, por sua vez, à profética; a profética aguarda com expectativa o Messias e seu reino. Quando Jesus vem, reúne todas as partes e completa o todo. Lança, então, as bases para a fundação de um reino espiritual que durará para sempre.

Logo, temos nas Escrituras uma revelação divina, histórica e progressiva. A revelação dá substância às Escrituras. O propósito na revelação confere unidade à Bíblia. Nenhum outro livro sagrado tem como a Bíblia uma revelação que transmite dessa maneira seu caráter de singularidade e propósito.

James Orr, A fé do cristão moderno, p. 11-13

Não limitamos a verdade de Deus
Ao pobre alcance de nossa mente,
A uma noção de hora e lugar
Crua, parcial e decadente;
Não, que uma nova e superior esperança
Se nos desperte dentro do coração;
Ó Deus, concede luz e verdade
Para irromper de tua Palavra em profusão.

George Rawson (1807–1889), Hinário

PARA REFLETIR: Js 1.8; Sl 1.1-3; 19.7-11; Is 55.11; Lc 24.13-27; Jo 5.39; Rm 15.4; 2Tm 3.16; Hb 4.12-14; 2Pe 1.21

Atualmente, boa parte dos esforços destinados a minar a confiança na Bíblia e no evangelho começa como dúvida ou negação da realidade dos milagres. Espalhou-se um espírito que parece tornar quase que necessário para os que são desta época negar a possibilidade de milagres.

Mas se os milagres não acontecem, fica bem claro o que sobra para a Bíblia e sua história. Ou a Bíblia é o relato de uma revelação sobrenatural, ou nada é. Trata-se da história de um sistema sobrenatural no qual o poder de Deus, transcendendo a natureza para a realização de grandes objetivos, continua a se manifestar. O evangelho em si, centrado em Jesus Cristo, é a intervenção sobrenatural de Deus na história humana com o propósito de redenção. Se os milagres são tirados da Bíblia, eliminamos a base de toda a sua mensagem. Sua credibilidade é destruída.

JAMES ORR, *A FÉ DO CRISTÃO MODERNO*, P. 61-62

Nós te damos graças, ó Deus Pai, por teres nos livrado do poder das trevas e nos conduzido ao reino de teu Filho; concede-nos então, nós te rogamos, que assim como pela morte ele nos reconduziu à nova criação, possa ele agora aumentar em nós todos os dias a sabedoria e o entendimento, a fim de continuarmos a louvar nosso Deus glorioso. Amém.

"PÁSCOA", ORAÇÕES PARA DATAS SAGRADAS, EM
COLETAS ANTIGAS E OUTRAS ORAÇÕES, P. 58

PARA REFLETIR: Mc 16.17; Lc 1.35; Jo 1.14; 8.56; 14.12; At 3.16; Rm 8.11; 1Tm 3.16; 1Pe 1.3; 1Jo 1.1-2

◇◇◇◇◇◇◇ **144** ◇◇◇◇◇◇◇

Se acreditamos de fato em um Deus vivo, pessoal, que revela a si mesmo, sem dúvida ele pode agir de maneiras novas e transcendentes *acima*, bem como *dentro*, dos limites da natureza. Deus é o autor da natureza. É ele quem concede seus poderes. É o Agente secreto em suas obras; ele a sustém momento a momento. Que afirmação absurda alguém alegar que Deus se restringiu de tal modo pelas leis que ele mesmo criou a ponto de não poder, nem mesmo para a finalidade mais elevada, agir acima e além delas!

Não existe nada no conceito bíblico de milagre que elimine o uso divino das forças naturais. Mesmo nesse caso, porém, Deus intervém por um ato de sua vontade a fim de ordenar, produzir e realizar um resultado específico, em um momento específico, de maneira específica. Deus lança mão de instrumentos naturais a fim de se revelar e tornar manifesto seu poder de modo especial e excepcional.

Contudo, em ocasiões como a criação do mundo, a encarnação de Deus, que se uniu com a humanidade, e a ressurreição de Cristo, não há como escapar de uma verdadeira intervenção divina — um ato criativo real para fins *redentores* e *corretivos*.

JAMES ORR, A FÉ DO CRISTÃO MODERNO, P. 65-71

Ó Deus Pai Todo-poderoso, que amaste o mundo com tamanho amor que voluntariamente entregaste teu Filho unigênito para ser crucificado por nossa redenção, torna a nós, os redimidos por teu precioso sangue, tão frutíferos nas obras de amor que tenhamos parte na primeira ressurreição e jamais temamos o poder da segunda morte. Amém.

"PÁSCOA", ORAÇÕES PARA DATAS SAGRADAS,
EM COLETAS ANTIGAS E OUTRAS ORAÇÕES, P. 58

PARA REFLETIR: Gn 1.1; Jó 12.7-9; Sl 19.1-2; 24.1-2; Is 42.5; Jo 1.1-3; Rm 1.20; Hb 1.20; 11.3; 2Pe 3.5

Os milagres, entendidos como um verdadeiro ato criador e redentor de Deus, são *válidos* e *necessários* no grande plano da revelação redentora. O plano inteiro da graça divina na Bíblia é sobrenatural em sua origem (Deus), em sua descoberta (revelação), na maneira graciosa empregada (encarnação, expiação e exaltação de Cristo) e nos poderes por meio dos quais opera no coração dos seres humanos e do mundo (o Espírito Santo). Como antídoto divino para o pecado, digno de Deus e adequado para a necessidade humana, a intervenção divina na história humana de maneira sobrenatural é necessária. Sem essa entrada sobrenatural de Deus na história (um sistema sobrenatural que transcende a natureza em poder e consequências), a revelação divina não poderia ter ocorrido.

Nas Escrituras, os milagres não devem ser considerados algo arbitrário, caprichoso ou uma infração desprovida de significado sobre a natureza, mas, sim, em *conexão com* o plano de Deus e em *subordinação* a seus objetivos. Existe uma reserva, uma dignidade, um propósito ético e um caráter razoável associados aos milagres nas Escrituras.

James Orr, A fé do cristão moderno, p. 72-73

Deus todo-poderoso e misericordioso, tu és a Força do fraco, o Refrigério do cansado, a Consolação do abatido, o Livramento do tentado, a Vida do moribundo, o Deus da paciência e de toda consolação; tu conheces bem a fragilidade interna de nossa natureza, como trememos diante da dor e não conseguimos carregar a cruz sem teu auxílio divino. Ajuda-me a ter paciência, a manter esperança inabalável em ti e a possuir uma confiança infantil que discerne o coração do Pai, oculto embaixo da cruz. Amém.

Johan Habermann (1516–1590), Orações:
antigas e modernas, p. 352

PARA REFLETIR: Gn 1.14; Jr 1.5; 29.11; Mt 9.20-22; 12.22-37; Lc 4.33-36; At 28.9; Cl 1.15-17; Ap 21.1-8

Com base na fé do testemunho apostólico sobre Jesus, conforme encontrado nos evangelhos e nas epístolas, e em conjunto com o testemunho difundido sobre a atuação do Espírito Santo, a igreja primitiva se lançou na tarefa de definir a doutrina da *Trindade* — *um* Pai divino, Filho divino e Espírito divino. Esses três são revelados na obra completa da redenção cristã e são identificados como os principais na obra da salvação. Cada um é adorado como divino. Entretanto, a união da divindade é assegurada. Não há nem pode haver três Deuses. A distinção é *um* dentro da natureza divina eterna. Existe um nome santo — Deus — porém triplo, no qual somos batizados. Sem dúvida, a doutrina da Trindade é um mistério inesgotável. Trata-se, porém, da revelação gloriosa da natureza intrínseca do Senhor.

Começamos com o próprio Cristo, em sua manifestação histórica. De sua autorrevelação, a saber, sua vida, morte, ressurreição, bem como de seu caráter, palavras e obras, aprendemos a conhecer o Filho eterno do Deus eterno.

JAMES ORR, A FÉ DO CRISTÃO MODERNO, P. 87-89

A ti, ó grandioso Um em Três
Louvor eterno seja para sempre proclamado!
Tua soberana majestade veremos em glória
E, pela eternidade, serás amado e adorado!

ANÔNIMO (C. 1757), HINÁRIO

PARA REFLETIR: Mt 28.19; Jo 8.42; 10.30-36; 14.26; 17.1-3; Rm 8.9-11; 1Co 8.6; 12.3-6; Fp 2.5-8; 1Pe 1.2

(Orr cita um trecho de seu livro, *A Bíblia em julgamento* [1907].)

Nos ensinos de Jesus, entramos na presença do *constante e eterno*. Não se encontra em nenhum dos evangelhos qualquer declaração superficial e trivial proferida por ele. Evitando meras controvérsias seculares, ele lida com princípios profundos e duradouros — com aquelas verdades fundamentais que dão luz e orientação a cada era por vir. Jesus não se compromete com nenhum lado da política partidária; nenhuma denominação ou nenhum grupo dentro da igreja; nenhuma forma de administração da igreja ou ação exclusiva; nenhum modo de organização social; nenhuma solução para a questão de capital e trabalho, de governantes e súditos, de ricos e pobres. O motivo é que a solução para essas perguntas pode ser apropriada para uma era, mas não a solução adequada para outra. Cristo não é o mestre de uma só era. Se fosse, suas palavras, assim como as de todos os outros mestres, se tornariam obsoletas. Ele é o mestre de todas as épocas e eras. Suas palavras nunca envelhecem; jamais são deixadas para trás com o progresso do mundo.

James Orr, A fé do cristão moderno, p. 106-107

Ó santo Pai amoroso, cujas misericórdias vão de eternidade em eternidade, nós te agradecemos porque teus filhos podem buscar refúgio de todas as aflições com a bendita certeza de teu amor. Em toda tristeza que assola nosso espírito, em todo sentimento de solidão e perda, em toda dúvida e preocupação da alma, nós nos voltamos para ti. Tu conheces bem nossa estrutura e sabes que somos pó. Sê nossa força e nosso libertador. Que o evangelho de teu amado Filho ministre consolação e paz à nossa alma. Amém.

Henry W. Foote (1838–1889), Orações:
antigas e modernas, p. 345

PARA REFLETIR: Mt 4.23; **Lc 12.14;** 1Jo 1.14; 18.36; Rm 14.5-12; Gl 3.28; Ef 2.20-22; Hb 4.15; Ap 22.13

⬦⬦⬦⬦⬦ **148** ⬦⬦⬦⬦⬦

O que Jesus queria dizer ao falar sobre o reino de Deus? Essa expressão, tão frequente em seus lábios, é vasta e de múltipla importância. Mas parece que chegamos ao cerne do reino quando entendemos que diz respeito à *supremacia de Deus no coração e nas questões humanas, bem como em todos os departamentos de tais situações*. O reino de Deus começa do lado de dentro, na nova vida comunicada à alma por Cristo, mas não deve permanecer ali. O reino precisa atuar em todos os departamentos da vida, até que o todo seja colocado sob o reino e a direção de Deus.

Da parte divina, o reino é a esfera do governo gracioso e paterno de Deus e a concessão de todas as bênçãos espirituais. Da parte humana, trata-se da esfera de realização da justiça divina.

Jesus não espera perfeição em seu reino na terra, mas, sim, sua consumação na eternidade, conectando-o com a *parousia* [segunda vinda] de Jesus, com a ressurreição e com o juízo. Por mais que tarde, o dia certamente virá, de acordo com a boa vontade do Pai.

JAMES ORR, *A FÉ DO CRISTÃO MODERNO*, P. 116-118

Ó Senhor, nosso Deus Todo-poderoso, que enviaste teu Filho para estabelecer um reino de justiça na terra, nós oramos por toda a igreja cristã. Edifica-a na verdade e preencha-a com toda paz; purifica-a de toda corrupção e livra-a de todo erro; fortalece-a e confirme-a no que é correto; supre suas necessidades, cura suas divisões e, diante de diversidades exteriores, que haja união interna por intermédio do Espírito Santo. Toda glória seja dada ao Pai, Filho e Espírito Santo, um só Deus eterno. Amém.

SERVIÇOS PARA O CULTO CONGREGACIONAL, P. 96-97

PARA REFLETIR: Mt 3.2; 5.20; **6.10-11**; 24.45-51; Mc 1.15; Lc 1.31-33; 8.1; 10.9; Rm 14.17; Cl 1.1-20; 2Pe 3.13

Não é com base no raciocínio humano acerca do rumo provável do futuro que os cristãos baseiam sua confiança na consumação do reino de Deus. Em vez disso, a certeza da vitória final é derivada da fé firme em Deus e no evangelho de seu Filho. Se Deus reina; se ele é santo, justo e bom; se sua vontade revelada é que a justiça prevaleça sobre o pecado; se é possível confiar na lei moral para a exoneração; se existem poderes divinos no mundo que procedem do Cristo exaltado — poderes mais fortes que todas as forças que podem ser arregimentadas contra eles —, então só se pode chegar a uma conclusão: não importa quão longa e complexa seja a estrada, o objetivo será alcançado.

Os tempos e as épocas estão guardados nas mãos do Pai, porém a consumação é certa. Essa é a primeira coisa a ser estabelecida, fortalecida e consolidada acerca da fé que se encontra em Cristo. As correntes cruzadas de especulação moderna e negação não mais nos incomodarão. Essa é a convicção que deve caracterizar o "cristão moderno", assim como caracterizou os cristãos de eras passadas.

JAMES ORR, *A FÉ DO CRISTÃO MODERNO*, P. 227-228

Ó amorosíssimo Senhor, eu me ofereço a ti. Eu te peço que tomes nos cuidados de tua graça inexprimível meu espírito e corpo, minhas disposições, palavras e ações. Em todas as coisas, dirige-me e governa--me, para que eu fuja de toda ocasião de pecado e, assim, me apegue constantemente a ti e a teus mandamentos, para que nem vida nem morte, nem nada que me sobrevenha possa me separar de ti. Amém.

TESOURO DE DEVOÇÃO (1869), *ORAÇÕES: ANTIGAS E MODERNAS*, P. 347

PARA REFLETIR: Sl 31.24; 130.7; **At 1.7;** Rm 5.2-5; 15.13; 1Co 15.51-58; 2Co 3.12; **Hb 12.26-27; 1Pe 5.10**

Não é verdade, conforme a descrença tenta nos fazer pensar, que as *correntes da era* estão fluindo todas na mesma direção. Deus está abalando tudo nos céus e na terra, mas as coisas que não puderem ser abaladas permanecerão. Deus permanece, a Bíblia permanece, Cristo permanece, o pecado e a necessidade do mundo permanecem, e o evangelho como a solução divina para o mundo permanece. É a mais pura ilusão imaginar que qualquer uma dessas coisas será deixada de lado na marcha mundial do progresso. O que o mundo pode fazer para as substituir?

Não existe uma única "cosmovisão moderna". As vozes da era formam Babel. Contra sua discórdia surge o testemunho imutável de Pedro em Cesareia de Filipe, quando confrontado com a Babel de sua era: "Tu és o Cristo, o Filho do Deus vivo". Sobre esse testemunho, defendido pelos cristãos de todas as eras, Cristo encontrou uma rocha para edificar sua igreja. Ela perdurará enquanto se apegar a esse fundamento.

JAMES ORR, "O PANORAMA ATUAL", *A FÉ DO CRISTÃO MODERNO,*
P. 228-230

Deus Todo-poderoso, Pai e Senhor de todas as criaturas, com humildade eu te rogo que me dês sabedoria do alto, para que eu te adore e anuncie teus caminhos para toda a terra. Ensina-me a sujeitar-me à tua providência em todas as coisas, a ser moderado na prosperidade e a entender meu dever de acordo com os propósitos de tua misericórdia. Quando em adversidade, ensina-me a ser paciente e a olhar através das nuvens, para ver a consolação do Senhor. Amém.

JEREMY TAYLOR (1613–1667), *ORAÇÕES: ANTIGAS E MODERNAS*, P. 348

PARA REFLETIR: Mt 16.16; 1Co 15.58; Ef 6.10-18; **Hb 6.18; 12.26-27;**
1Pe 3.15; 2Pe 1.5-8; 2Jo 1.1-7

Muito se ouve, em nossos dias, acerca da "reconstrução" da doutrina cristã. Não se deve dizer nada contra os esforços de reafirmar a era cristã da maneira mais eficaz para determinada era. Mas é preciso saber se "reconstrução" não quer dizer acobertamento e abandono da doutrina essencial. A "reconstrução" deixa os milagres de fora? Omite a encarnação, deixando-nos com um Redentor que não passa de um ser humano ideal? Tem o objetivo de deixar de fora o nascimento virginal e a ressurreição corpórea de nosso Senhor? Esquece a "queda" e a substitui pela doutrina evolucionista do ser humano como criatura que está sempre melhorando? A "reconstrução" deixa de fora a "expiação", Cristo morrendo por nossos pecados, o justo pelo injusto? Tem a intenção de eliminar a regeneração sobrenatural? Se esse é o propósito, então a "reconstrução" nada tem que ver com o cristianismo autêntico.

Os conselhos de Deus permanecem firmes. As verdades indispensáveis do evangelho do Novo Testamento serão aceitas quanto mais fielmente forem proclamadas.

JAMES ORR, A FÉ DO CRISTÃO MODERNO, P. 230-231, 234-235

Ó Deus, que todo o meu ser seja cheio de gratidão. Que tudo o que sou te louve e te ame por tudo o que deste e fizeste, por todas as tuas bênçãos ocultas e por aquelas que, em minha negligência e esquecimento, eu deixei de perceber. Que eu te ame e te louve por todo dom da natureza e da graça, por tudo o que usaste para me atrair a ti, seja a alegria, seja a tristeza. Todo louvor seja dado a ti. Amém.

EDWARD BOUVERIE PUSEY (1800–1882), ORAÇÕES:
ANTIGAS E MODERNAS, P. 301

PARA REFLETIR: 1Co 4.5; Gl 1.8-9; 1Tm 4.1; 2Tm 3.16; 4.2-4; Hb 13.9; **1Pe 3.18;** 1Jo 4.1; 2Jo 1.9

TERESA DE LISIEUX
(1873–1897)

Conhecemos a história de indivíduos como Agostinho de Hipona e John Newton, que se entregaram a Cristo após anos de rebeldia contra Deus. Mas existe também a experiência de pessoas que, desde o nascimento, foram tão alimentadas pela graça divina que evidenciaram amor ininterrupto pelo Senhor. Marie Françoise-Thérèse Martin, mais conhecida na cristandade como Teresa de Lisieux, é uma bela ilustração de tal obediência. Teresa também é chamada de Florzinha de Jesus ou apenas Florzinha, bem como de Teresinha do Menino Jesus e da Santa Face. A irmã Teresa nasceu em Alençon, na França, em 2 de janeiro de 1873. Morreu no convento de Lisieux, em 30 de setembro de 1897.

Teresa foi a filha mais nova de pais devotos. Antes de se casar, Louis Martin tentara entrar para um monastério e Zélie Guérin, para um convento. Depois de casados, prosperaram financeiramente, mas não viviam com luxo. Em vez disso, dedicavam parte considerável de sua renda para o evangelismo cristão e ministravam pessoalmente aos aflitos. A simplicidade era o marco de seu lar, e as virtudes cristãs eram cultivadas. A família ia à missa diariamente. Todos os nove filhos foram dedicados à Imaculada Maria (Marie) e receberam seu nome.

Aos 14 anos, em 1887, Teresa pediu, sem sucesso, permissão para entrar para o Convento Carmelita de Lisieux. Posteriormente, no mesmo ano, em visita a Roma, Teresa e o pai apelaram para o papa Leão XIII, pedindo uma intervenção. Mas Leão delegou o julgamento para a superiora carmelita. Por fim, após obter o consentimento da madre superiora, no dia 9 de abril de 1888, aos 15 anos, Teresa conseguiu entrar para o convento, onde passaria o resto da vida. Sua profissão de votos aconteceu em 8 de setembro de 1890. Três de suas irmãs haviam entrado para Lisieux antes dela.

De acordo com todos os relatos, a vida de Teresa foi marcada pelas virtudes cristãs e pelo avanço constante na santidade. Ao longo dos onze anos que passou em Lisieux, ficou bem conhecida pela santidade, pelas orações intercessoras e pelos milagres que aconteceram em resposta à sua intercessão.

Uma honestidade que desarma e atrai caracteriza a santidade de Teresa. Diversas vezes ela menciona a tentação de tratar algumas irmãs indelicadas e problemáticas de maneira inferior ao padrão do amor cristão. Confessou: "A prática da caridade nem sempre é tão agradável" (*História de uma alma*, cap. 10). O espírito das bem-aventuranças marca sua autobiografia: "Entendo também que o amor de Deus se torna manifesto tão bem em uma alma simples que não resiste à sua graça quanto naqueles mais ricamente agraciados" (cap. 1).

História de uma alma, autobiografia escrita em obediência à madre prioresa de Teresa, foi publicada em 1898. Foi sucedida, em 1912, pela *Autobiografia de Santa Teresa de Lisieux*. A publicação inclui *História de uma alma*, cartas, orações e uma coletânea de poemas. Os poemas de Teresa foram publicados em 1907. Aos 24 anos de idade, ela sucumbiu à tuberculose.

Em 1912, o cardeal Francis Bourne, arcebispo de Westminster, retratou de forma sucinta a vida e o ministério da Florzinha de Jesus. Observou que ela era caracterizada pela "simplicidade no serviço de Deus" e pela "perfeita realização de pequenos deveres recorrentes, de confiança plena naquele que nos criou, redimiu e santificou". O cardeal acrescentou que "humildade, apagamento do eu, [...] autocontrole" e caridade infalível estão escritos em todas as páginas da autobiografia de Teresa (*História de uma alma*, prefácio).

Teresa foi canonizada em 17 de maio de 1925 (a canonização é o evento por meio do qual a Igreja Católica Romana ou a Igreja Ortodoxa Oriental considera santa uma pessoa que já morreu). O papa João Paulo II a proclamou doutora da igreja em 1997.

Nosso Senhor deu a seus apóstolos um novo mandamento, seu próprio mandamento: "Amem uns aos outros como eu amo vocês". Ó meu Jesus, tu nunca pedes o que é impossível! Mas tu sabes muito bem como sou frágil e imperfeita. Sabes que jamais serei capaz de amar minhas irmãs como tu as amas, a menos que tu as ames em mim. Ao dar um novo mandamento, tu também desejas conceder a graça para o cumprir. Eu só posso amar teu mandamento se tiver a certeza de que é tua vontade amar em mim aquelas que tu ordenaste que eu ame. Sei que, quanto mais me unir a ti, tanto mais verdadeiramente serei capaz de amar minhas irmãs. Se, quando eu desejar demonstrar teu amor, o diabo trouxer à tona os defeitos de uma irmã, ajuda-me a prestar atenção às virtudes e boas intenções dela. Embora eu já possa tê-la visto cair, sem dúvida ela conquistou muitas vitórias que, em sua humildade, esconde. Ensina-me que aquilo que pode parecer um defeito muito provavelmente não passa de uma boa intenção.

TERESA DE LISIEUX, HISTÓRIA DE UMA ALMA, CAP. 9

Ó Deus de toda paciência e consolação, concede-nos uma vontade tão transformada que, com o coração livre, possamos amar e servir a ti e nossos irmãos e irmãs em Cristo. Tendo, assim, a mente de Cristo, que comecemos o céu na terra e nos exercitemos até chegar o dia em que o céu, onde habita o amor puro e verdadeiro, não pareça mais uma estranha habitação para nós, em nome de Jesus Cristo. Amém.

CHRISTINA GEORGINA ROSSETTI (1830–1894), ORAÇÕES:
ANTIGAS E MODERNAS, P. 351

PARA REFLETIR: Êx 15.2; 2Sm 22.31-37; Mt 6.24-34; Lc 6.37-38; **Jo 15.12;** 1Co 4.1-4; 2Co 9.8-9; Fp 2.12-13; 4.10-13; Tg 4.6

Quando o Senhor nos ordena a dar aos outros o que eles nos pedem, sem querer nada em troca, não se refere apenas a bens materiais, mas também aos dons do céu. Nada disso pertence de fato a mim. Se Deus deseja distribuir, não tenho direito algum de reclamar. Nossas riquezas espirituais, nossas ideias e nossos pensamentos formam um tesouro no qual parecemos pensar que ninguém tem o direito de colocar a mão. Se eu contar a uma irmã algo que me foi revelado em oração e posteriormente ela repetir como se fosse uma iluminação própria, sinto-me ferida, como se fosse vítima de roubo. Pela graça de Deus, não devo me apegar mais a seus dons espirituais do que aos dons materiais. Os tesouros espirituais pertencem ao Espírito Santo; devemos tomar o cuidado de não acumular o que é propriedade dele. Devemos ser gratos quando o Senhor permite que compartilhemos com os outros a fartura de suas bênçãos. Caso contrário, assim como o fariseu, acabaremos nos orgulhando de nossa riqueza espiritual. Seremos como a anfitriã morrendo de fome na presença de uma mesa suntuosa, enquanto os convidados desfrutam as mais ricas delícias.

TERESA DE LISIEUX, *HISTÓRIA DE UMA ALMA*, CAP. 10

Ó meu Deus, derrama sobre nós tamanha confiança, tamanha paz e tamanha felicidade em ti que tu sempre serás mais importante para nós que nossa própria vontade, e teu prazer, mais desejável a ti que nosso próprio prazer. Tudo o que nos dás é dom gratuito; tudo o que tiras de nós é graça a nós demonstrada. Agradecidos te somos por tudo, e por tudo nós te louvamos e te amamos, por meio de Jesus Cristo, nosso Senhor. Amém.

CHRISTINA GEORGINA ROSSETTI (1830–1894), *ORAÇÕES: ANTIGAS E MODERNAS*, P. 355

PARA REFLETIR: Rm 12.9-21; 14.13; Gl 6.1-6; Ef 4.17-32; Fp 2.3; Cl 3.16; 1Ts 5.11; Hb 10.19-25; Tg 5.16-20; 1Pe 4.7-11; 1Jo 2.9-11

Como nossa visão é limitada! Quando vemos que a luz de outro cristão ultrapassa o brilho da nossa, concluímos que o Mestre Divino deve nos amar menos. Deus perdeu o direito de usar seus filhos conforme lhe aprouver? Disse ele a faraó: "Eu o levantei a fim de mostrar meu poder por seu intermédio". O proceder divino não mudou. De acordo com sua vontade, Deus escolhe instrumentos humanos para cumprir sua obra. Se a tela de um artista pudesse falar, ela jamais reclamaria de ser usada da forma que o artista deseja. Nem teria inveja ao saber que toda beleza pertence ao artista. Tampouco o pincel do artista pode se gabar da obra-prima que ajudou a produzir. Também não reclamaria ao ver o artista usar às vezes um pincel grande e depois um pequeno. O pincel sabe que o artista jamais está perdido quando enfrenta dificuldades, mas simplesmente escolhe o meio que pensa ser melhor, inclusive o mais improvável e defeituoso. Escolhendo o que lhe agrada, o artista logo preenche toda a tela. Senhor, torna-me contente de ser o pincel pequeno que o Divino Artista usa para preencher os detalhes.

Teresa de Lisieux, História de uma alma, cap. 10

Ó Deus Todo-poderoso, só tu podes ordenar a vontade desgovernada e as afeições de homens pecadores; concede que teu povo ame tudo o que ordenas e deseje tudo o que prometes. Dentre as muitas mudanças deste mundo, que nosso coração se fixe em tua vontade e em tuas promessas, onde se encontram verdadeiras alegrias, por meio de Jesus Cristo, nosso Senhor. Amém.

Sacramentário gelasiano (492 d.C., alterado em 1662),
Orações: antigas e modernas, p. 355

PARA REFLETIR: Êx 9.16; Lc 22.24-30; Jo 13.1-17; Rm 12.3-8; 14.5-8; 1Co 12.4-30; 13.8; 14.1-40; Ef 4.1-16; Cl 3.12-17; Tg 1.1-18; 1Pe 4.7-11

Jesus disse: "Quando fizer uma festa, chame os pobres, os aleijados, os cegos e os mancos, e você será abençoado, pois eles nada têm com que retribuir a recompensa. Assim, o Pai, que tudo vê em segredo, o recompensará". Já observei que as irmãs mais santas são as mais amadas. Todos buscam a companhia delas e lhes prestam favores. Mas as almas mais imperfeitas — as mais necessitadas de amor, afligidas por toda sorte de deficiência, sem tato e refinamento, ultrassensíveis até mesmo a palavras de bondade — são deixadas sozinhas. São tratadas somente com a polidez que o dever cristão exige.

Com base nas palavras de Jesus, concluí que devo me tornar uma boa samaritana para as almas aflitas, para aquelas que me despertam aversão natural. Uma palavra ou um sorriso costumam bastar para levar nova vida à alma desanimada. Mas eu sei que logo ficaria desanimada se agisse meramente com base na boa vontade. Em vez disso, devo agir somente para agradar nosso Senhor e seguir o preceito do evangelho.

Teresa de Lisieux, História de uma alma, cap. 10

Ó Senhor, escreve teu nome bendito sobre meu coração, para ali permanecer gravado de maneira tão indelével que nenhuma prosperidade ou adversidade me afaste de teu amor. Sê para mim forte torre de defesa, consolador na tribulação, libertador na angústia, socorro bem presente na hora da aflição, e guia para o céu em meio às muitas tentações e perigos desta vida. Amém.

Tomás de Kempis (c. 1380–1471), Orações:
antigas e modernas, p. 356

PARA REFLETIR: Mt 5.43-48; 6.1-4; 25.31-46; **Lc** 10.25-37; **14.12-14;** Rm 4.25; 5.6-8; 12.9-13; 14.13-18; Gl 4.1-11; 1Tm 5.21; Tg 2.1-13; 3.17-18

Nosso Senhor está agora no céu. Logo, só posso segui-lo por meio de suas pegadas — pegadas cheias de vida e santa fragrância. Só preciso abrir os evangelhos e de uma só vez respirar o aroma de Jesus, a fim de saber para que lado correr. Deixo o fariseu para trás e *subo* cheia de confiança. Repito a humilde oração do publicano: "Deus, tem misericórdia de mim!". Não é por causa da ausência de pecado que ergo o coração a Deus, mas, sim, por confiança e amor. Se eu tivesse sobre minha consciência cada crime que cometo, ainda assim não perderia a confiança. Meu coração, alquebrado pela tristeza, *sobe* e se lança sobre Jesus. *Eu subo* a Jesus repetindo a amável audácia de Maria Madalena, da mulher apanhada em adultério e da mulher samaritana junto ao poço. Elas lançaram sua influência sobre mim.

Ora, ninguém pode me assustar, pois tais mulheres me ensinaram no que devo acreditar a respeito da misericórdia e do amor de Jesus. Por causa dele, uma multidão de pecados desaparece em um instante, como uma gota d'água jogada na fornalha ardente.

Teresa de Lisieux, História de uma alma, cap. 11

Amplia nosso espírito com tua caridade divina, para que tenhamos esperança em todas as coisas, suportemos todas as coisas e nos tornemos emissários de tua misericórdia curadora para as injustiças e enfermidades da raça humana. Em todas as coisas, sintoniza nosso coração com a santidade e harmonia de teu reino. E apressa o momento em que teu reino virá em plenitude e tua vontade será feita na terra assim como no céu. Amém.

James Martineau (1805–1900), Orações:
antigas e modernas, p. 356

PARA REFLETIR: Js 1.9; Sl 56.3-4; Is 41.10; 43.1-3; **Lc** 2.1-15; 7.36-50; 12.22-24; **18.9-14;** 24.1-12; **Jo 4.1-42; 8.1-11;** Rm 8.15; 15.13; 1Jo 4.18

O grego Arquimedes de Siracusa foi matemático, físico, engenheiro, inventor e astrônomo. Certa vez, afirmou: "Dê-me uma alavanca longa o suficiente e um ponto de apoio sobre o qual colocá-la, e serei capaz de erguer o mundo". Ele não pôde cumprir sua promessa, pois o pedido exigia uma base de material impossível de obter. Mas aquilo que Arquimedes não teve condições de realizar, os santos conquistaram por meio da confiança no poder incomparável de Deus. Sua alavanca é a oração inflamada pelo fogo do amor, e seu ponto de apoio é o poder divino. Ao usar essa alavanca, os santos do passado, hoje com o Senhor, ergueram o mundo. Com essa alavanca, os santos da igreja militante continuam a erguer o mundo e o erguerão até o fim dos tempos.

Teresa de Lisieux, História de uma alma, cap. 11

Deus Todo-poderoso, além de todas as boas dádivas, tu outorgaste a misericórdia suprema de sermos chamados em Cristo Jesus para te conhecer, amar e servir. Nós te prestamos graças e louvores pela luz divina que revela teu coração de graça. Ajuda-nos a demonstrar a gratidão apropriada pelas bênçãos sempre transbordantes que concedes, até mesmo em meio aos momentos mais sombrios da vida — alegrias temporais, consolação divina e esperança eterna. Tudo provém de tua misericórdia, por tua misericórdia e em tua misericórdia. Leva-nos a entoar teu cântico na luz e, nas trevas, a tocar tua mão e permanecer em paz. Dá-nos um coração confiante e agradecido, para tu sejas nosso Senhor e Rei para todo o sempre. Amém.

Henry W. Foote (1838–1889), Orações:
antigas e modernas, p. 358

PARA REFLETIR: Sl 9.10; 28.7; 37.4-6; 91.1-6; Is 26.5-6; Mt 4.1-25; 6.5-15, 25-34; Lc 11.5-13; Rm 8.28; Fp 3.7-11; Cl 4.2-6; 2Tm 2.5-13

FONTES BIBLIOGRÁFICAS

As leituras, orações e hinos usados neste livro foram adaptados das fontes abaixo. Os títulos entre colchetes indicam o nome pelo qual as obras, em geral, são conhecidas em língua portuguesa e mencionadas ao longo deste volume.

Ahlstrom, Sydney E. *A Religious History of the American People*. New Haven: Yale University Press, 1972.

American Catholic Sermons [Sermões católicos norte-americanos]. Special Collections. Georgetown University Library.

Augustine. *The Confessions of Saint Augustine* [Confissões]. Trad. de Edward B. Pusey. Reimp., Christian Classics Ethereal Library (CCEL). <http://www.ccel. org/ccel/augustine/confess.toc.html>.

Book of Common Prayer [Livro de Oração Comum, LOC]. Nova York: Church Hymnal Corporation, 1979. <http://justus.anglican. org/resources/bcp/formatted_1979.htm>.

Bright, William. *Ancient Collects and Other Prayers, Selected for Devotional Use from Various Rituais* [Coletas antigas e outras orações]. Oxford, UK: J. H. e Jas. Parker, 1864. Internet Archive. <https://archive. org/stream/ancientcollects00collgoog#page/n213/mode/1up>.

Calvino, John. *Hosea* [Oseias]. Vol. 1 de *Commentaries on the Twelve Minor Prophets*. Trad. de John Owen. 1846–1849. Reimpr., CCEL. <http://www.ccel.org/ccel/calvin/calcom26.i.html>.

Carey, William. *An Enquiry into the Obligations of Christians to Use Means for the Conversion of the Heathens* [Averiguação das obrigações dos cristãos de usar recursos para a conversão dos pagãos]. Leicester, Inglaterra: Ann Ireland, 1792. <http://www.wcarey.edu/ carey/enquiry/anenquiry.pdf>.

Chalmers, Thomas. *Sermons and Discourses* [Sermões e discursos]. 2 vols. Nova York: Robert Carter and Brothers, 1873. Making of America Books. <http://quod.lib.umich.edu/m/moa/ ajk3131.0001.001?view=toc>.

Chalmers, Thomas. *Sermons Preached at St. John's Church, Glasgow* [Sermões pregados na Igreja de St. John, Glasgow]. Glasgow:

Chalmers and Collins, 1823. Internet Archive. <https://archive.org/stream/sermonspreachedi00chal#page/n5/mode/2up>.

Collier, Mary A. *Memoirs of William Wilberforce* [Memórias de William Wilberforce]. Nova York: Robert Carter and Brothers, 1864. Internet Archive. <https://archive.org/details/memoirsofwilliam00coll>.

Dolan, Timothy M. "Right from the Start: John Carroll, Our First Bishop." Arquediocese de Milwaukee. CatholicCulture.org. <http://www.catholicculture.org/culture/library/view.cfm?recnum=8269>.

Douglass, Frederick. "Oration, Delivered in Corinthian Hall, Rochester" ["Oração"]. 5 de julho de 1852. Universidade de Rochester, Frederick Douglass Project. <http://www.lib.rochester.edu/index.cfm?PAGE=2945>.

Edwards, Jonathan. *Memoirs of Late Rev. Jonathan Edwards* [Memórias]. Vol. 1 de *The Works of President Edwards in Four Volumes*. Nova York: Levitt and Allen, 1856. Internet Archive. <https://archive.org/stream/workofpresident011856edwa#page/n5/mode/2up>.

______. *A Treatise concerning Religious Affections* [Afeições religiosas]. 1746. Reimpr., CCEL. <http://www.ccel.org/ccel/edwards/affections.txt>.

Escrivá, Josemaría. "Passionately Loving the World" [Amor passional pelo mundo]. 8 de outubro de 1967. <http://www.josemariescriva.info/docs/prayercard.pdf>.

Franklin, Benjamin. "Benjamin Franklin on Rev. George Whitefield, 1739." National Humanities Center Resources Toolbox. <http://nationalhumanitiescenter.org/pds/becomingamer/ideas/text2/franklinwhitefield.pdf>.

Fullerton, W. Y. *C. H. Spurgeon: A Biography*. Londres: Willams and Norgate, 1920. Internet Archive. <https://archive.org/stream/chspurgeonbiogra00full#page/n7/mode/2up>.

Galli, Mark; Olsen, Ted, eds. "William Carey: Father of Modern Protestant Missions." Em *131 Christians Everyone Should Know*. Nashville: Christianity Today, 2000.

Guilday, Peter. *The Life and Times of John Carroll*. Nova York: Encyclopedia Press, 1922. Internet Archive. <https://archive.org/stream/lifetimesofjohnc01guil#page/n11/mode/2up>.

Harvard Square Library. <http://www.harvardsquarelibrary.org/poetry-prayers-visual-arts/>.

Holy Ghost Orthodox Church [Igreja Ortodoxa do Espírito Santo]. <http://www.holyghostuoc.org/prayers>.

Hymnary.org [Hinário]. <http://www.hymnary.org/texts?qu=+in:texts>.

Keble, John. "National Apostasy" [Apostasia nacional]. Project Canterbury. <http://anglicanhistory.org/keble/keble1.html>.

______. *On Eucharistical Adoration* [Sobre a adoração eucarística]. 2ª ed. Oxford, UK: John Henry and James Parker, 1859. Project Canterbury. <http://anglicanhistory.org/keble/adoration/chapter1/html>.

Kidd, Thomas S. *George Whitefield: America's Spiritual Founding Father*. New Haven, CT: Yale University Press, 2014.

Kierkegaard, Søren. *Attack upon Christendom* [Ataque à cristandade]. Trad. de Lars Ulrich. Edit. por Wayne Kraus. Kraus House, 2014. Ed. Kindle. <https://www.amazon.com/dp/B00LS8G85E/ref=rdr_kindle_ext_tmb#reader_B00LS8G85E>.

______. *The Crowd Is Untruth: On the Dedication to "That Single Individual"* [A multidão é inverdade: Sobre a dedicação ao "indivíduo único"]. Trad. de Charles K. Bellinger. CCEL. <http://www.ccel.org/ccel/kierkegaard/untruth.txt>.

______. *Edifying Discourses* [Discursos edificantes]. Vol. 2. Trad. de David F. Swenson e Lillian M. Swenson. Minneapolis: Augsburg Publishing House, 1944.

______. *Edifying Discourses: A Selection* [Discursos edificantes: Uma seleção]. Edit. por Paul L. Homer. Trad. de David F. Swenson e Lillian M. Swenson. Nova York: Harper and Brothers, 1958. Internet Archive. <https://archive.org/detais/edifyingdiscour00kier>.

______. *Eighteen Upbuilding Discourses* [Dezoito discursos edificantes]. Ed. e trad. de Howard V. Hong e Edna H. Hong. Princeton, NJ: Princeton University Press, 1990.

______. *The Essential Kierkegaard* [O essencial de Kierkegaard]. Edit. por Howard V. Hong e Edna H. Hong. Princeton, NJ: Princeton University Press, 2000.

______. *The Journals of Kierkegaard* [Diários]. 1834–1854. Edit. por Alexander Dru. Londres: Collins Fontana Press, 1960.

______. *A Kierkegaard Anthology* [Antologia de Kierkegaard]. Edit. por Robert Bretall. Princeton, NJ: Princeton University Press, 1946.

______. *Kierkegaard's Attack upon "Christendom"* [Ataque de Kierkegaard à "cristandade"]. 1854–1855. Trad. de Walter Lowrie. Princeton, NJ: Princeton University Press, 1946. Internet Archive. <https://archive.org/details/kierkegaardsatta00kier>.

______. *Selections from the Writings of Kierkegaard* [Seleções]. Trad. de L. M. Hollander. Univerity of Texas Bulletin 2326. Austin, TX: University of Texas, 1923. Internet Archive. <https://archive.org/stream/selectionsfromwr00kieruoft#page/n1/mode/2up>.

______. *The Sickness unto Death* [O desespero humano]. Trad. de Walter Lowrie. Princeton, NJ: Princeton University Press, 1941.

______. *Training in Christianity and the Edifying Discourse Which "Accompanied" It.* Trad. de Walter Lowrie. Princeton, NJ: Princeton University Press, 1952.

______. *Works of Love* [Obras de amor]. Trad. de David F. Swenson e Lillian M. Swenson. Princeton, NJ: Princeton University Press, 1946.

______. *Works of Love* [Obras de amor]. Trad. de Howard e Edna Hong. Nova York: Harper and Brothers, 1962.

Lowrie, Walter. *A Short Life of Kierkegaard.* Garden City, NY: Doubleday and Company, 1961.

Maddox, Randy, ed. *Aldersgate Reconsidered.* Nashville, Kingswood Books, 1990.

Marsden, George. *Jonathan Edwards: A Life.* New Haven, CT: Yale University Press, 2003.

Melville, Annabelle M. *John Carroll of Baltimore: Founder of the American Catholic Hierarchy.* Nova York: Charles Scribner's Sons, 1955. Citado em Dolan, "Right from the Start".

Moody, Dwight L. *Moody's Anecdotes and Illustrations: Related in His Revival Work by the Great Evangelist* [Anedotas e ilustrações de Moody]. Chicago: Rhodes and McClure, 1899. Reimpr., Project Gutenberg, 2006. <http://www.gutenberg.org/cache/epub/19830/pg19830.txt>.

______. *Secret Power of the Secret of Success in Christian Life and Work* [Poder secreto, ou o segredo do sucesso na vida e no trabalho cristãos]. Nova York: Fleming H. Revell, 1881. Reimpr., Project Gutenberg, 2010. <http://www.gutenberg.org/files/33341/33341-h/33341-h.htm>.

______. *Sovereign Grace: Its Source, Its Nature and Its Effects* [Graça soberana]. Nova York: Fleming H. Revell, 1891. Internet Archive. <https://archive.org/stream/sovereigngraceit00mood#page/n0/mode/2up>.

______. *Wondrous Love and Other Gospel Addresses* [Amor assombroso e outros temas do evangelho]. Londres: Pickering and Inglis, 1876.

Reimpr., Project Gutenberg, 2010. <http://www.gutenberg.org/files/33520/33520-h/33520-h.htm>.

Neander, Augustus. *The Epistle of Paul to the Philippians, Practically Explained* [A epístola de Paulo aos filipenses]. Nova York: Lewis Colby and Company, 1853. Reimpr., CCEL. <http://www.ccel.org/ccel/neander_a/expo_phil.txt>.

______. *The First Epistle of John, Practically Explained* [A primeira epístola de João]. Nova York: Harper and Brothers, 1870. Reimpr., CCEL. <http://www.ccel.org/ccel/neander_a/expo_1john.txt>.

______. *The Life of Jesus Christ in Its Historical Connexion and Historical Development* [A vida de Jesus Cristo]. Nova York: Harper and Brothers, 1870. Reimpr., CCEL. <http://www.ccel.org/ccel/neander_a/life.txt>.

Newman, John Henry. *An Essay of the Development of Christian Doctrine* [Ensaio sobre o desenvolvimento da doutrina cristã]. Notre Dame, IN: University of Notre Dame Press, 1878. Reimpr., Project Gutenberg, 2011. <http://www.gutenberg.org/files/35110/35110-0.txt>.

______. *Parochial and Plain Sermons* [Sermões simples e paroquiais]. Vol. 7. Londres: Longmans, Green, 1891. Reimpr., Project Gutenberg, 2008. <http://www.gutenberg.org/cache/epub/24256/pg24256.txt>.

O'Donovan, Louis. "John Carroll." Em *The Catholic Encyclopedia* [A enciclopédia católica]. Nova York: Robert Appleton Company, 1908. New Advent. <http://www.newadvent.org/cathen/03381b.htm>.

Oremus.org. <http://oremus.org/>.

Orr, James. *Christian View of God and the World* [Visão cristã de Deus e do mundo]. New York: Charles Scribner's Sons, 1908. Reimpr., CCEL. <http://www.ccel.org/ccel/orr/view.txt>.

______. *The Faith of a Modern Christian* [A fé do cristão moderno]. Nova York: Hodder and Stoughten, 1910. Internet Archive. <https://archive.org/org/stream/cu31924029318312#page/n5/mode/2up>.

Orthodox Prayer [Oração ortodoxa]. <http://www.orthodoxprayer.org/Prayers%20for%20All%20Occasions.html>.

The Orthodox Prayers [As orações ortodoxas]. <http://ihtys.narod.ru/orthodox_prayers.pdf>.

Paul VI. "Homily of the Holy Father Paul VI" [Homilia do santo padre Paulo VI]. Homilia proferida na canonização de

Elizabeth Ann Seton, 14 de setembro de 1975. <http://www.vatican.va/holy_father/paul_vi/homilies/1975/documents/hf_p-vi_hom_19750914_en.html>.

Prayers of Augustine [Orações de Agostinho]. Mission and Ministry. Villanova University. <https://www1.villanova.edu/villanova/mission/campusministry/spirituality/resources/spirituality/restlesshearts/prayers.html>.

"Presbyterian Union Abroad." *Christian Worker* 4, n. 3 (março de 1873), p. 74-79. <https://books.google.com/books?id=7zksAQAAMAAJ&pg=PA2&dq=Chalmers+%E2%80%9D&source=gbs_toc_r&cad=3#v=onepage&q=Chalmers%20%E2%80%9Cthe%20crown%20rights%20of%20King%20Jesus%E2%80%9D&f=false>.

Price, Thomas. *The Memoir of William Wilberforce*. Boston: Light and Stearns, 1836. Internet Archive. <https://archive.org/stream/memoirwilliamwi00pricgoog/memoirwilliamwi00pricgoog_djvu.txt>.

Pusey, Edward Bouverie. *Prayers Gathered from the Writings of the Reverend Edward Bouverie Pusey* [Orações]. Londres: Walter Smith, 1884. Internet Archive. <https://archive.org/stream/prayersgathered02pusegoog#page/n0/mode/2up>.

Runyon, Theodore. *The New Creation: John Wesley's Theology Today*. Nashville: Abingdon Press, 1998.

Ryle, John Charles. *Holiness: Its Nature, Hindrances, Difficulties, and Roots* [Santidade]. 1877. Reimpr., CCEL. <http://www.ccel.org/ccel/ryle/holiness.txt>.

Schaff, Philip. "Reminiscences of Neander". Em *Saint Augustin, Melanchton, Neander: Three Biographies*, p. 128-158. Londres: James Nisbet. Internet Archive. <https://archive.org/stream/sainaugustinme00scha#page/128/mode/2up>.

Services for Congregational Worship [Serviços para o culto congregacional]. Ed. rev. Boston: American Unitarian Association, 1877. Internet Archive. <https://archive.org/stream/servcongr00amer#page/n7/mode/2up>.

Seton, Elizabeth Ann. *Collected Writings: Volume 3a* (2006) [Escritos reunidos]. *Vincentian Digital Books*. Livro 12. <http://via.library.depaul.edu/vincentian_ebooks/12>.

______. *Collected Writings: Volume 3b* (2006) [Escritos reunidos]. *Vincentian Digital Books*. Livro 10. <http://via.library.depaul.edu/vincentian_ebooks/10>.

Smith, Hannah Whitall. *The Christian's Secret of a Happy Life* [O segredo cristão para uma vida feliz]. 1875. Reimpr., CCEL. <http://www.ccel.org/ccel/smith_hw/secret.toc.html>.

______. *The God of All Comfort* [O Deus de toda consolação]. 1870. Reimpr., CCEL. <http://www.ccel.org/ccel/smith_hw/comfort.i.html>.

______. *The Unselfishness of God and How I Discovered It: A Spiritual Autobiography*. New York: Fleming H. Revell, 1903. Internet Archive. <https://archive.org/stream/unselfishnessgo00smitgoog#page/n6/mode/2up>.

Spurgeon, Charles H. *Talks to Farmers* [Conversas com lavradores]. Nova York: Funk and Wagnalls, 1889. Reimpr., Project Gutenberg, 2013. <http://www.gutenberg.org/files/42518/42518-h/42518-h.htm>.

______. *The Treasury of David* [Tesouro de Davi]. Vol. 2. Londres: Marshall Brothers, 1881. Internet Archive. <https://archive.org/stream/treasuryofdavid02spuruoft#page/n7/mode/2up>.

______. *The Treasury of David*. Vol. 4. Nova York: Funk and Wagnalls, 1883. Internet Archive. <https://archive.org/details/treasurydavid00spurgoog>.

______. *The Treasury of David*. Vol. 6. Londres: Marshall Brothers, 1881. Internet Archive. <https://archive.org/stream/treasuryofdavid06spuruoft#page/n7/mode/2up>.

______. *The Treasury of David*. Vol. 7. Nova York: Funk and Wagnalls, 1886. Internet Archive. <https://archive.org/details/treasurydavid04spurgoog>.

Thérèse de Lisieux. *Story of a Soul: The Autobiography of St. Thérèse de Lisieux* [História de uma alma]. Londres: Burns, Oates and Washbourne, 1912. Reimpr., CCEL. <http://www.ccel.org/ccel/therese/autobio.txt>.

Thompson, Francis. "The Hound of Heaven." Em *The Oxford Book of English Mystical Verse*, n. 239. Edit. por D. H. S. Nicholson e A. H. E. Lee. Oxford, UK: Clarendon Press, 1917. Bartleby.com, 2000. <http://www.bartleby.com/236/239.html>.

Tileston, Mary Wilder. *Prayers: Ancient and Modern* [Orações: antigas e modernas]. Nova York: Doubleday and McClure, 1897. Internet Archive. <https://archive.org/details/prayersancienta00tilegoog>.

Weisberger, Bernard A. *They Gathered at the River: The Story of the Great Revivalists and Their Impact upon Religion in America*.

Chicago: Quadrangle Books, 1958, p. 206 (citado emAhlstrom, *Religious History*, p. 745).

Wesley, John. *Covenant Renewal Service* [Culto de renovação da aliança]. Adapt. por George Lyons, com base no panfleto escrito por John Wesley, publicado pela primeira vez em 1780. Wesley Center Online. <http://wesley.nnu.edu/fileadmin/user_upload/Wesley_Covenant-George_Lyons.htm>. O *Culto de renovação da aliança* se baseava em um capítulo de uma obra de 1663 do puritano Richard Alleine: *A Vindication of Godliness in the Greater Strictness and Spirituality of It (Covenant Renewal Service)*. Discipleship Ministries, United Methodist Church. <http://www.umcdiscipleship.org/resources/covenant-renewal-service>.

______. *An Extract of the Rev. John Wesley's Journal* [Diário]. Vol. 1 de *The Works of John Wesley*.

______. *The Letters of John Wesley* [Cartas]. Wesley Center Online. <http://wesley.nnu.edu/john-wesley/the-letters-of-john-wesley/>.

______. *A Plain Account of Christian Perfection* [Explicação clara da perfeição cristã]. Wesley Center Online. <http://wesley.nnu.edu/john-wesley/a-plain-account-of-christian-perfection/>.

______. *Sermons on Several Occasions* [Sermões para ocasiões diversas]. Vol. 5 de *The Works of John Wesley*. Edit. por Thomas Jackson. 14 vols. 3ª ed. Londres: Wesleyan Methodist Book Room, 1872. Reimp., Kansas City: Beacon Hill Press of Kansas City, 1986.

______. "Preface to the Old Testament Notes." [Prefácio para comentários ao Antigo Testamento]. Em John Wesley's Notes on the Bible. Wesley Center Online. <http://wesley.nnu.edu/john-wesley/john-wesleys-notes-on-the-bible/preface-to-the-old-testament-notes/>.

______. *The Sermons of John Wesley* [Sermões]. Ed. de 1872. Wesley Center Online. <http://wesley.nnu.edu/john-wesley/the-sermons-of-john-wesley-1872-edition/the-sermons-of-john-wesley-thomas-jacksons-numbering/>.

Wheatley, Richard. *The Life and Letters of Mrs. Phoebe Palmer* [A vida e as cartas da Sra. Phoebe Palmer]. Nova York: W. C. Palmer, 1881. Internet Archive. <https://archive.org/stream/lifelettersofmr00whea#page/n7/mode/2up>.

Whitefield, George. *Selected Sermons of George Whitefield* [Sermões selecionados]. [s.d.] Reimpr., CCEL. <http://www.ccel.org/ccel/whitefield/sermons.txt>. (Ver Thomas S. Kidd, *George Whitefield:*

America's Spiritual Founding Father. New Haven, CT: Yale University Press, 2014.)

Wilberforce, William. *A Practical View of the Prevailing Religious System of Professed Christians, in the Higher and Middle Classes in This Country, Contrasted with Real Christianity* [Visão prática do sistema religioso predominante dos cristãos professos]. Dublin: Robert Dapper, 1797. Reimpr., Project Gutenberg, 2008. <http://www.gutenberg.org/caches/epub/25709/pg25709.txt.utf8>.

"William Wilberforce." The Wilberforce School. <http://www.wilberforceschool.org/william-wilberforce>.

Woolman, John. *The Journal of John Woolman* [Diário]. [s.d.] Reimpr., CCEL. <http://www.ccel.org/ccel/woolman/journal.i.html>.

______. *The Works of John Woolman: In Two Parts* [Obras]. Filadélfia: Joseph Crukshank, 1774. Internet Archive. <https://archive.org/stream/worksofjohnwoolm00wool/worksofjohnwoolm00wool_djvu.txt>.

Compartilhe suas impressões de leitura,
mencionando o título da obra, pelo e-mail
opiniao-do-leitor@mundocristao.com.br
ou por nossas redes sociais

Esta obra foi composta com tipografia Janson Text e Mr Eaves